Baker Book House Bestseller

Personality Plus
기질 플러스⁺
성공적인 삶을 위한 기질 다스리기

플로렌스 리타우어

에스라서원

당신은 특별한 존재다!

무엇이 당신을 특별하게 만드는가? 여러 가지가 있다. 하나님께서 당신을 얼마나 신기하고 아름답게 만드셨는지 이 책을 통해서 확인해 보라. 이 책에서 당신이 배우게 될 네 가지 기질은 다음과 같다.

- 유쾌하고 생기 있고 명랑한 다혈질
- 사려 깊고 충성스럽고 끈기 있는 우울질
- 모험적이고 설득력이 있고 자신감 있는 담즙질
- 친절하고 인내심 많고 만족해하는 점액질

당신은 위의 네 가지 기질 중 하나에 속하든지, 아니면 이 기질들의 배합이다. 당신은 하나님께서 주신 자신의 독특한 기질을 알게 되면 자신을 사랑하고 자신이 되고자 하는 모습이 무엇인지 확신을 갖게 될 것이다. 또한 다른 사람들의 다양한 기질을 이해하고, 그들과 좋은 인간 관계를 이루어 나가는 법을 배우게 될 것이다. 플로렌스 리타우어는 이렇게 말한다: "우리가 누구인지, 왜 이런 행동을 하는지 이해하게 될 때, 우리의 속사람을 이해하고 기질을 강화하여 꿈을 이룰 수 있으며, 다른 사람들과 함께 사는 법을 배울 수 있다."

Baker Book House Bestseller
Revised and Expanded Edition

Personality *Plus*⁺

성공적인 삶을 위한 기질 다스리기

Florence Littauer

제자들 선교회(DFC : Disciples For Christ)는 대학생 제자화를 토대로 민족복음화와 세계선교를 감당하는 초교파 선교단체입니다.

에스라서원은 DFC의 출판사입니다.

기질 플러스(개역판)

지은이 플로렌스 리타우어(Florence Littauer)
옮긴이 정숙희, 박태용
발행처 © 에스라서원, 1998, 2006
　　　　152-719 서울 구로구 구로동 E&C 2차 1301호
　　　　전화 (02) 730-2118
ISBN 89-8198-077-2(03370)
초판 1쇄 발행 1998.11; 개정판 1쇄 발행 2006.10
10쇄 발행 2009.9

Personality Plus

© 1983, 1992 by Florence Littauer
Published by Fleming H. Revell
　a division of Baker Book House Company
　Grand Rapids, Michigan, 49516, U.S.A.
All rights reserved

차례

감사의 글 • 7

제1부 기질 프로필: 자기 진단 • 9
1. 당신은 유일한 존재이다 • 11
2. 당신의 기질 테스트 • 19

제2부 기질의 강점: 각 기질의 독특한 면 • 25
3. 대중적 다혈질과 함께 즐거움을 누리자 • 31
4. 완벽주의 우울질과 함께 조직적으로 행하자 • 53
5. 우리의 감정을 돌아보자 • 73
6. 역동적 담즙질과 함께 앞으로 나아가자 • 79
7. 평온한 점액질과 함께 여유를 갖자 • 94

제3부 기질의 강화: 개개인의 약점을 극복하는 방법 • 113
서론: 장점도 지나치면 단점이 된다 • 115
8. 대중적 다혈질은 조직적으로 • 117
9. 완벽주의 우울질은 명랑하게 • 140
10. 역동적 담즙질은 차분하게 • 157
11. 평온한 점액질은 적극적으로 • 178

제4부 기질의 원리: 인간 관계를 개선하는 방법 • 191
    12. 기질의 독특한 배합 • 193
    13. 우리는 규격화된 존재가 아니다 • 201
    14. 반대의 기질끼리 서로 매력을 느낀다 • 213
    15. 외적 특성으로 기질을 알 수 있다 • 225
    16. 다른 기질과 함께 지내려면… • 233

제5부 기질의 능력: 가능성을 실현하기 위한 능력의 원천 • 257
    17. 기질에 그리스도의 능력을 더하면
        긍정적인 사람이 된다! • 259

부록: 기질 테스트에 나오는 단어들의 정의 • 269

감사의 글

25여 년 전, 나는 한 친구로부터 팀 라헤이가 지은 「성령과 기질」이라는 책을 선물로 받았다. 이 책을 통해서 나는 사람의 기질에 대해 새롭게 흥미를 품게 되었다. 저자는 네 종류의 기질에 대해 다루고 있는데, 이 이론은 주전 400년경 히포크라테스가 주장한 것이며, 지금까지도 설득력이 있다.

이 책을 읽으면서 나는 내 자신과 남편 프레드의 모습도 보게 되었는데, 저자는 마치 우리의 비밀스러운 모습들을 다 알고 있는 듯이 책의 내용을 풀어 나갔다. 그 당시 나는 팀 라헤이를 만난 적이 없었지만, 그와 한번 만나서 이야기를 나누고 싶었다. 그로부터 1년 후, 우리는 어느 세미나에서 강연자로서 만났다. 팀은 내가 생각했던 대로 힘있고 적극적인 사람이었다. 그는 나의 기질 연구에 대해 격려해 주었다.

이 책은 지난 수년 동안 내가 사람들을 가르치고 상담한 내용을 바탕으로 쓴 것이다. 내게 사람의 기질에 대하여 관심을 갖도록 영향을 준 팀 라헤이에게 이 책을 바치며, 그의 격려에 감사의 마음을 전한다. 그가 내게 보낸 편지의 다음 내용에 나도 동의한다.

"나는 「성령과 기질」이라는 책을 쓴 후, 사람들의 행동을 설명하는 데는 '네 가지 기질 이론'이 가장 타당하다고 확신하게 되었습니다."

플로렌스 리타우어

제 1 부

기질 프로필
자기 진단

1. 당신은 유일한 존재이다

 사람들은 누구나 더 나은 기질을 갖고 싶어한다. 유창하고 설득력 있게 말하기를 원하며, 남에게 매력 있고 귀족적인 존재로 보이기를 바란다. 실수하거나 머뭇거리지 않고, 낙담하거나 절망하지 않으며, 사람들과 재미있게 대화를 나누고, 매력적으로 사람들을 끌며, 지도력 있는 사람이 되고 싶어한다. 그러나 이러한 사람이 되려고 아무리 노력한다고 해도 이것은 연극 배우가 연기를 하는 것처럼 일시적인 변화에 불과할 뿐이다. 무대의 막이 내리고 연극이 끝나면 배우가 제 모습으로 돌아가듯이, 우리의 기질 역시 여전히 변하지 않은 이전의 모습 그대로인 것을 발견하고는 절망하게 된다.
 때때로 어떤이들은 24시간 내에 기질을 변화시키고 자신의 발전을 이루어 자신감 넘치고 지도력이 향상된 놀라운 사람으로 변화시킬 수 있다고 장담하는 기질 훈련 프로그램에 눈을 돌리기도 한다. 이런 훈련 프로그램을 선전하는 자들은 우리가 굉장한 잠재 능력을 가진 존재이며, 이 능력을 개발하기만 하면 장밋빛 미래가 펼쳐질 것이라고 말하기도 한다. 기적이 일어날 것을 기대하며 이런 훈련에 참여하는 사람도 있지만, 그 결과는 더욱 실망하고 낙담하게 된다. 훈련 강사는 사람은 누구나 재치 있고 가능성이 무한한 존재라고 역설하지만, 정작 우리 자신은 그런 기질들을 인정하지 않기 때문이다.
우리는 각자 기질이 다르고, 능력도 다르고, 성격도 다르다. 그러므로 모두 같은 사람처럼 취급될 수는 없다.

똑같은 사람은 아무도 없다

우리가 똑같이 만들어진 존재라면 같은 방법으로 취급될 수 있겠지만, 이것은 만화에나 나오는 이야기다. 우리는 모두 독특하게 만들어졌다. 우리의 강점과 약점이 다른 사람들과 다르고 독특하게 만들어졌기 때문에 어떤 훈련 프로그램도 우리를 모두 동일하게 변화시킬 수는 없다. 같은 훈련 프로그램에 참여하고, 같은 교실에서 같은 강사의 지도를 받으며 같은 시간을 보낸다고 해도 그 결과는 모두 다르다. 우리는 각자 독특한 존재이기 때문이다.
이 책은 우리 자신을 네 가지 기질이 배합된 존재로 본다. 그래서 겉으로 나타난 모습을 바꾸기 위해 노력하기 전에, 먼저 우리의 참된 모습이 어떠한지 이해하도록 도와 준다.

겉보다는 속이 중요하다

미켈란젤로는 다윗상을 조각하기 전에 대리석을 고르는 데 많은 시간을 할애했다. 대리석의 재질이 조각의 아름다움을 결정한다는 것을 알았기 때문이다. 그는 대리석 덩어리의 모양은 바꿀 수 있지만 재질은 변화시킬 수 없다는 것을 알고 있었다.

그가 조각한 걸작들 모두가 독특하고 유일한 것들이다. 그가 모조품을 만들어 낸다고 해도 똑같은 재질의 대리석은 세상에 없기 때문이다. 같은 채석장에서 대리석을 고른다고 해도, 서로 똑같은 것은 아니다. 비슷하지만, 결코 같을 수는 없다.

우리 각자는 독특하고 유일하다

한 가정에 형제와 자매가 여럿 있지만, 그들은 저마다 처음부터 독특한 기질로 만들어졌다. 대리석 조각이 조각가의 손을 통해서 조각품으로 만들어지듯, 우리는 세상에 태어난 후 조각을 당하는 것과도 같다. 사람들을 통해서 끌로 파이고, 대패로 밀리고, 망치로 두들겨지고, 모래로 긁히고, 부드럽게 닦이기도 한다. 우리가 완성된 조각품이 되었다고 느낄 때면 누군가 다시 끌로 파 내며 손질하기 시작한다. 때때로 사람들은 우리를 칭찬하며 쓰다듬기도 하지만, 또한 조롱하고 분석하며 무시하기도 한다.

우리는 모두 우리 자신의 독특한 기질을 가지고 태어났다. 그래서 어느 누구와도 똑같지 않다. 우리들 중에는 화강암도 있고, 대리석도 있으며, 현무암도 있고, 사암도 있다. 이런 재질은 변하지 않는다. 그러나 그 모양은 바꿀 수 있다. 우리의 기질도 이와 같다. 어떤 사람은 아름다운 금빛 재질로 태어나고 어떤 사람은 회색 흠집들을 가지고 태어난다. 우리의 성장 환경, 지능 지수, 국적, 경제 형편, 그리고 부모의 영향력 등이 모두 우리의 기질에 영향을 준다. 그러나 그 이면에 있는 기질은 변하지 않는다.

그 기질이 바로 나의 참된 모습을 나타낸다. 또한 그 기질은 변하지 않는다. 그러나 나의 기질이 어떠하다는 것을 알고 이해하면, 자화상을 올바로 갖게 되고 행동에 변화를 가져올 수 있다. 아침에 일어나서 거울을 보라. 꾸미지 않은 당신의 본모습이 보일 것이다. 그게 바로 당신의 모습이다. 그것은 바꿀 수 없다. 그러나 거기에다 당신은 화장을 할 수 있다. 머리를 손질하고, 화장을 하고, 어울리는 옷을 입으면서 당신의 원래 모습을 아름답게 가꿀 수 있다. 이와 마찬가지로 우리는 기질을 바꿀 수는 없지만 특정한 기질을 가진 우리 자신을 사랑하고, 그 기질에 어울리도록 행동에 변화를 가져올 수는 있다.

우리는 자신의 참된 모습을 볼 수 있어야 한다:

나는 어떤 기질을 가지고 태어났는가?
나는 누구인가?
나는 왜 이런 반응을 보이는가?
나의 강점은 무엇이며, 어떻게 극대화할 수 있는가?
나의 약점은 무엇이며, 어떻게 극복할 수 있는가?

우리는 자신을 이해하면서, 강점을 극대화하고 약점을 극복할 수 있다. 이 책은 우리 자신의 참 모습을 살펴보고, 강점은 더욱 개발하고, 약점은 극복하도록 도와 준다. 우리가 누구이며 왜 이렇게 행동하는지 이해하게 될 때, 우리는 자신의 참 모습을 이해하고 성장시키며 다른 사람들과 함께 사는 법을 배울 수 있다. 다른 사람을 모방하여 자신의 기질에 어긋나는 삶을 살지 않게 될 것이다. 우리는 각자의 변하지 않는 기질을 이해하고, 이에 근거하여 자신의 발전을 이룰 수 있다.

요즘에는 모조품 제조 기술이 발달하여 대형 선물 가게에 가면 영웅들의 동상을 모방해서 만든 모조품을 쉽게 볼 수 있다. 이렇듯 세상에는 모조품이 많다. 그러나 당신의 본래 모습은 아무도 모조할 수 없다. 당신은 유일하고 독특한 존재인 것이다.

어디서 시작할 것인가?

혹시 당신은 미켈란젤로 컴플렉스가 있지는 않는가? 당신의 배우자나 다른 사람들을 보면서 그들을 당신 마음대로 조각할 수 있다고 생각하지는 않는가? 당신을 열렬히 추종하는 사람이 있다면, 그 사람도 당신의 뜻대로 조각할 수 있다고 생각하고 있지는 않는가?

어떤 사람을 조각하여 전혀 다른 사람으로 빚어 낼 수 있다면, 나의 남편 프레드와 나는 이미 완전한 사람이 되어 있을 것이다. 우리는 결혼식을 올린 후 곧바로 서로를 조각하여 자신과 같은 사람으로 만들려고 했었기 때문이다. 나는 남편이 조금이라도 여유를 갖고 재미있게 살려고만 한다면 우리의 결혼은 완전할 것이라고 생각했다. 그도 마찬가지였다. 남편은 내가 조금이라도 긴장감을 가지고 조직적인 사람으로 변하기를 바랐다. 신혼 여행 중에 우리는 포도 먹는 법부터 서로 다르다는 것을 발견했다!

나는 시원한 청포도 한 송이를 옆에 놓고 마음대로 맛있게 보이는 것부터 따 먹기를 좋아한다. 프레드와 결혼하기 전까지 나는 "포도 먹는 법"이 있다는 것도 몰랐다. 이 세상에 이처럼 사소하게 즐기는 것까지도 소위 "바른 방법"이 있다는 것을 몰랐다. 우리가 버뮤다의 캠브리지 해변에 있는 작은 별장으로 신혼 여행을 갔을 때, 테라스에 앉아서 바다를 바라보며 아무 생각 없이 포도를 먹고 있을 때, 프레드는 "포도 먹는 법"을 내게 알려 주었다. 프레드가 나의 포도 먹는 모습을 관찰하고 분석하고 있었다는 것을 나는 생각지도 못했다.

"포도 좋아해?"

"그럼요. 얼마나 좋아하는데요."

"그렇다면 포도를 바로 먹는 법을 알려 줄까?"

그의 말에 내 신혼의 환상은 깨졌고 나는 그에게 물었다. 이런 질문과 응답은 이후 우리의 일상이 되었다.

"내가 뭘 잘못했나요?"

"당신이 잘못했다는 것이 아니라, 방법이 잘못되었다는 거예요."

난 그 방법들 사이에 무슨 차이가 있는지 이해하지 못했다. 하지만 그의 표현대로 다시 질문을 바꿨다.

"내 방법이 어떻게 잘못되었나요?"

"어느 누구라도 포도를 바로 먹는 법은 알 거야. 포도는 작은 송이부터 떼어서 먹어야 해요. 이렇게."

프레드는 손톱깎이를 꺼내서 작은 포도 송이를 잘라 내 앞에 놓았다. 그는 잘난 체하며 나를 내려다보고 있었다. 그래서 나는 다시 물었다.

"그렇게 먹으면 포도가 더 맛있나요?"

"맛 때문에 그러는 게 아니어요. 이렇게 해야 큰 포도 송이가 더 보기 좋잖아. 당신처럼 여기저기 아무데서나 포도를 따먹으면 포도 송이가 흉한 모습이 되잖아요. 당신이 어떻게 먹었는지 한번 봐요! 여기저기 작은 줄기들이 흉하게 드러나고 말았잖아? 이렇게 먹으면 포도 송이의 아름다운 모습이 보기 흉하게 일그러져요."

나는 주위를 둘러보며 별장 주변에 누가 있는지 살펴보았다. 주변에서 내가 포도 먹는 것을 바라보며 포도 송이가 일그러졌는지 어쨌는지 살펴보는 사람은 아무도 없었다. 나는 포도 예쁘게 먹기 경연 대회에 나온 것도 아니었다.

"아무러면 어때요? 이런 것에 상관하는 사람이 어디 있어요?"

나는 "아무러면 어때요?"라는 말을 프레드가 제일 싫어한다는 것을 몰랐다. 프레드는 내 말을 듣자마자 얼굴이 벌개지면서 탄식하듯 한숨을 쉬었다. 그리고 이렇게 쏘아붙였다.

"아무러면 어떻냐고? 아무도 상관하는 사람이 없다고? 내가 상관하잖아. 그렇다면 먹는 방법을 바꾸는 것이 당연하잖아?"

프레드는 아무리 사소한 것이라도 결코 아무렇게나 한 적이 없었다. 나와 결혼한 후, 그의 생활 전체가 나로 인해 일그러지는 것처럼 보였다. 프레드는 나를 바꿔 보려고 열심히 노력했다. 하지만 나는 남편의 그런 모습이 결코 고맙지 않았다. 나는 그의 노력을 고의로 방해하고, 도리어 그를 나와 같은 모습으로 변화시키려고 노력했다. 수년 동안 프레드는 나의 잘못을 끌로 파고 징으로 쪼으려고 했고, 나는 그의 결점을 사포로 문질러 댔다. 그러나 우리는 둘 다 실패하고 말았다.

우리 부부는 팀 라헤이(Tim LaHaye)가 쓴 「성령과 기질」(Spirit Controlled Temperament)이라는 책을 읽고서 우리가 무엇을 하고 있었는지 눈뜨게 되었다. 우리는 서로를 다시 빚으려고 했던 것이다. 서로 다르다는 것이 누구의 잘못도 아니라는 사실을 모른 채로…. 나는 재미있는 일을 좋아하는 다혈질이었고, 프레드는 진지하고 질서 있는 삶을 좋아하는 우울질이었다.

프레드와 나의 기질에 대하여 연구를 계속하면서, 우리 부부에게는 항상 옳고 자신의 뜻대로 하기를 원하는 담즙질 기질도 섞여 있다는 것을 알았다. 우리가 서로 조화롭지 못하게 지낸 것은 당연한 일이었다! 우리는 기질과 취미가 정반대였을 뿐만 아니라, 둘 다 자신만 옳다고 주장하는 사람들이었던 것이다. 이런 결혼 생활이 어떠했을지 상상해 보라!

그러나 우리에게도 희망이 있다는 사실을 발견하고 우리는 안도했다. 우리는 상대방의 기질을 이해하고, 그것을 있는 그대로 용납하기로 했다. 우리의 결혼 생활이 변하기 시작했고, 우리는 기질에 대해 가르치고 연구하고 글을 써 나갔다. 「기질 플러스」는 이렇게 25년 동안 세미나에서 강연하고 상담하고, 매일매일 사람들을 관찰한 결과를 바탕으로 쓰여진 책이다. 이 책은 심리학적인 내용을 쉽고 재미있게 쓴 책이다. 이 책을 읽으면서 당신은 아래의 두 가지를 경험할 수 있을 것이다:

1. 자신의 강점과 약점을 바로 알아 강점은 더욱 살리고 약점은 다스리는 법을 배운다.
2. 다른 사람을 이해하고, 그들은 나와 다를 뿐이며 잘못된 것이 아니라는 것을 인정한다.

자신이 어떤 사람인지 알기 위해서, 먼저 사람들의 기질에 대해 살펴보자. 네 가지 기질에 대해서는 약 2,400년 전에 히포크라테스가 연구하기 시작했다. 열정이 넘치는 다혈질을 공부하면서 함께 재미를 느껴 보자. 모든 일에 완벽을 추구하는 우울질을 연구할 때는 그들과 함께 진지해지자. 그리고 천성적인 지도자로 태어난 담즙질과 함께 앞으로 전진하며, 평온한 삶을 즐기는 점액질과 함께 긴장을 풀고 여유를 찾자. 우리 자신이 어떤 기질을 갖고 있든지, 이러한 기질로부터 무엇인가 배울 것이 분명히 있을 것이다.

2. 당신의 기질 테스트

　이 책을 읽으면서 당신은 기질이 사람의 행동에 영향을 미친다는 것을 인정하기 시작했을 것이다. 어쩌면 당신은 부모나 형제, 그리고 배우자와 다른 기질을 가졌을 것이다. 우리가 어떤 기질을 가졌는지 먼저 자신의 기질을 파악하는 것이 중요하다. 다음에 나오는 기질 프로필을 통해 당신의 기질이 무엇인지 쉽게 파악할 수 있다.

　기질 프로필에는 각 번호에 따라 네 개의 단어가 나온다. 당신을 가장 잘 나타내는 단어에 표시를 하며 40번까지 모두 마치라. 하나도 빠뜨리지 말고 답해야 한다. 어떤 단어가 당신을 가장 잘 나타내는지 잘 모르겠으면 당신의 배우자나 친구에게 물어 보거나, 당신의 어렸을 때 모습을 떠올리며 생각해 보라. (이 단어들에 대한 정의가 부록에 나와 있다. 단어들의 정확한 의미를 알고 싶으면 부록을 참조하면서 표시하라.)

기질 프로필

강점

1 __모험적인	__융통성 있는	__생동감 있는	__분석적인
2 __끈기 있는	__쾌활한	__설득력 있는	__평온한
3 __순응하는	__희생적인	__사교적인	__의지가 강한
4 __매력 있는	__감정을 다스리는	__경쟁심이 강한	__상대를 배려하는
5 __활기를 주는	__상대를 존중하는	__표현을 자제하는	__신속히 대처하는
6 __수용하는	__민감한	__독자적인	__생기발랄한
7 __계획하는	__참을성 있는	__긍정적인	__함께 권장하는
8 __확신 있는	__충동적인	__계획에 따라 하는	__과묵한
9 __체계적인	__포용력 있는	__솔직한	__낙천적인
10 __주관이 뚜렷한	__꾸준하고 성실한	__재담 있는	__상대를 따르는
11 __겁 없는	__즐거운	__외교적인	__섬세한
12 __명랑한	__정서적으로 안정된	__문화 예술적인	__자신감 있는
13 __즐거움을 주는	__남을 불편케 안하는	__독립적인	__이상을 추구하는
14 __결단력 있는	__감정을 표현하는	__순간 위트 있는	__몰두하는
15 __중재하는	__음악을 좋아하는	__행동가적인	__쉽게 어울리는
16 __사려 깊은	__목표 지향적인	__말하기 좋아하는	__관대한
17 __잘 경청하는	__신의 있는	__책임을 지는	__열정적인
18 __지도력 있는	__현실에 만족하는	__조직적인	__무대 체질인
19 __편안한	__완벽을 추구하는	__뭔가를 성취하는	__인기 있는
20 __활기 있는	__담대한	__예의 바른	__치우치지 않는

약점

21 _무표정한	_숫기 없는	_허세를 부리는	_남을 압도하려는
22 _규율이 없는	_동정심이 없는	_열정이 없는	_오래 용서 안하는
23 _상관하지 않는	_상처가 오래 가는	_대항하는	_한 말 또 하는
24 _까다로운	_두려워하는	_건망증이 있는	_노골적인
25 _마음이 조급한	_자신감 없는	_결단력 없는	_중간에 끼어드는
26 _재미 없는	_예측할 수 없는	_애정 표현이 없는	_모임, 활동에 흥미없는
27 _완고한	_되는대로 하는	_불만스러운	_망설이는
28 _미리 걱정하는	_감정이 밋밋한	_항상 내가 옳은	_인기에 민감한
29 _쉽게 흥분하는	_목표가 없는	_논쟁을 좋아하는	_소외감을 느끼는
30 _깊이가 없는	_부정적인	_자만하는	_안일한
31 _염려하는	_혼자 있으려 하는	_일만 하는	_칭찬을 바라는
32 _과민한	_무례한	_소심한	_말이 많은
33 _확신 없는	_무질서한	_남을 지배하려는	_기분이 저조한
34 _일관성 없는	_내성적인	_관대하지 못한	_무관심한
35 _어지르는	_쉽게 우울해지는	_불분명하게 말하는	_남을 조종하는
36 _느린	_고집센	_과시하는	_회의적인
37 _사람을 가리는	_주장하는	_게으른	_시끄러운
38 _나태한	_의심 많은	_성미가 급한	_산만한
39 _마지못해 하는	_쉽게 싫증내는	_마음을 닫는	_행동이 성급한
40 _타협하는	_비판적인	_약삭빠른	_변덕스러운

기질 판독 방법

   기질 프로필에 표시한 것을 모두 기질 판독으로 옮기라. 예를 들어 기질 프로필 1번에서 "분석적인"이라는 단어에 표를 했다면, 기질 판독 1번에서 다시 "분석적인"이라는 단어에 표를 하라.)

● 기질 프로필
1 __모험적인　　　__융통성 있는　　__생동감 있는　　　 V 분석적인

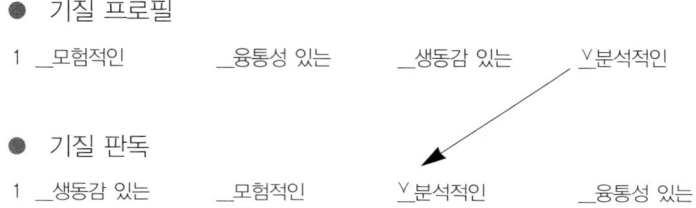

● 기질 판독
1 __생동감 있는　　__모험적인　　 V 분석적인　　　__융통성 있는

   이처럼 기질 판독으로 다 옮긴 후에는 각 기질 별로 표시한 항목의 숫자를 세어서 강점의 합계와 약점의 합계를 기록하고, 다음에는 이 두 개를 합해서 총계에 기록하라.
   기질 판독 결과를 보고 당신의 주된 기질과 보조 기질이 무엇인지 알 수 있다. 만일 담즙질의 총계가 30개 이상이라면, 당신은 강한 담즙질이다. 그러나 다혈질이 18개, 담즙질이 12개, 우울질과 점액질이 각각 5개라면, 당신의 주된 기질은 다혈질이고, 보조 기질은 담즙질이다. 이런 식으로 당신의 주된 기질과 보조 기질, 그리고 당신과 가장 관계 없는 기질이 무엇인지도 알 수 있다.
   이 책을 통해서 당신은 각 기질에 따른 강점을 효과적으로 개발하는 법과 약점을 보완하는 법을 배울 것이다. 또한 당신과 다른 사람들의 기질을 이해하고, 그들의 강점과 약점을 용납하게 될 것이다.

기질 판독

강점

대중적 다혈질	역동적 담즙질	완벽주의 우울질	평온한 점액질
1 __생동감 있는	__모험적인	__분석적인	__융통성 있는
2 __쾌활한	__설득력 있는	__끈기 있는	__평온한
3 __사교적인	__의지가 강한	__희생적인	__순응하는
4 __매력 있는	__경쟁심이 강한	__상대를 배려하는	__감정을 다스리는
5 __활기를 주는	__신속히 대처하는	__상대를 존중하는	__표현을 자제하는
6 __생기발랄한	__독자적인	__민감한	__수용하는
7 __함께 권장하는	__긍정적인	__계획하는	__참을성 있는
8 __충동적인	__확신 있는	__계획에 따라 하는	__과묵한
9 __낙천적인	__솔직한	__체계적인	__포용력 있는
10 __재담 있는	__주관이 뚜렷한	__꾸준하고 성실한	__상대를 따르는
11 __즐거운	__겁 없는	__섬세한	__외교적인
12 __명랑한	__자신감 있는	__문화 예술적인	__정서적으로 안정된
13 __즐거움을 주는	__독립적인	__이상을 추구하는	__남을 불편케 안하는
14 __감정을 표현하는	__결단력 있는	__몰두하는	__순간 위트 있는
15 __쉽게 어울리는	__행동가적인	__음악을 좋아하는	__중재하는
16 __말하기 좋아하는	__목표 지향적인	__사려 깊은	__관대한
17 __열정적인	__책임을 지는	__신의 있는	__잘 경청하는
18 __무대 체질인	__지도력 있는	__조직적인	__현실에 만족하는
19 __인기 있는	__뭔가를 성취하는	__완벽을 추구하는	__편안한
20 __활기 있는	__담대한	__예의 바른	__치우치지 않는

합계 _____   _____   _____   _____

기질 판독

약점

대중적 다혈질	역동적 담즙질	완벽주의 우울질	평온한 점액질
21 __허세를 부리는	__남을 압도하려는	__숫기 없는	__무표정한
22 __규율이 없는	__동정심이 없는	__오래 용서 안하는	__열정이 없는
23 __한 말 또 하는	__대항하는	__상처가 오래 가는	__상관하지 않는
24 __건망증이 있는	__노골적인	__까다로운	__두려워하는
25 __중간에 끼어드는	__마음이 조급한	__자신감 없는	__결단력 없는
26 __예측할 수 없는	__애정 표현이 없는	__재미 없는	__모임, 활동에 흥미없는
27 __되는대로 하는	__완고한	__불만스러운	__망설이는
28 __인기에 민감한	__항상 내가 옳은	__미리 걱정하는	__감정이 밋밋한
29 __쉽게 흥분하는	__논쟁을 좋아하는	__소외감을 느끼는	__목표가 없는
30 __깊이가 없는	__자만하는	__부정적인	__안일한
31 __칭찬을 바라는	__일만 하는	__혼자 있으려 하는	__염려하는
32 __말이 많은	__무례한	__과민한	__소심한
33 __무질서한	__남을 지배하려는	__기분이 저조한	__확신 없는
34 __일관성 없는	__관대하지 못한	__내성적인	__무관심한
35 __어지르는	__남을 조종하는	__쉽게 우울해지는	__불분명하게 말하는
36 __과시하는	__고집센	__회의적인	__느린
37 __시끄러운	__주장하는	__사람을 가리는	__게으른
38 __산만한	__성미가 급한	__의심 많은	__나태한
39 __쉽게 싫증내는	__행동이 성급한	__마음을 닫는	__마지못해 하는
40 __변덕스러운	__약삭빠른	__비판적인	__타협하는

합계 _____   _____   _____   _____

총계 _____   _____   _____   _____

제 2 부

기질의 강점
각 기질의 독특한 면

앞에 나온 기질 테스트를 통해 자기 진단을 해 보았다면, 당신은 자신의 기질이 무엇인지, 또는 어떤 기질을 함께 가지고 있는지 알게 되었을 것이다. 이제 각 기질의 강점을 알아보자. 당신은 자신에게 이렇게 좋은 점들이 있었다는 것을 미처 알지 못했을 것이다! 당신에게 다음과 같은 특징들이 가능성으로 존재한다는 사실을 깨닫고, 이런 가능성들이 당신에게 실제 현실로 나타나도록 노력하라.

대중적 다혈질 - 웅변가, 외향적, 낙천적

다혈질의 감정

- 다른 사람에게 호감을 준다
- 이야기하기를 좋아한다
- 파티를 좋아한다
- 유머 감각이 있다
- 기억력이 좋다
- 피부 접촉을 좋아한다
- 감정이 풍부하다
- 적극적으로 자신을 표현한다
- 명랑하다
- 호기심이 많다
- 무대 체질이다
- 순진하고 순박하다
- 현재를 중시한다
- 쉽게 기분을 전환한다
- 마음이 신실하다
- 항상 어린아이 같다

부모로서의 다혈질

- 가정 생활을 재미있게 한다
- 자녀들의 친구들이 좋아한다
- 어려운 상황에서도 명랑함을 잃지 않는다

다혈질의 일하는 태도

- 무슨 일이든 쉽게 자원한다
- 새로운 일을 만들어 낸다
- 겉으로 잘하는 것처럼 보인다
- 창조적이고 기발하다
- 힘과 열정이 넘친다
- 부지런하다
- 다른 사람들을 끌어들인다
- 다른 사람들이 일하게 만든다

친구로서의 다혈질

- 쉽게 친구를 사귄다
- 사람들을 좋아한다
- 사람들의 칭찬을 받으려고 한다
- 즐겁게 보인다
- 다른 사람들의 부러움을 산다
- 투덜거리지 않는다
- 빨리 사과한다
- 한순간도 지루하게 보내지 않으려 한다
- 즉흥적인 활동을 좋아한다

완벽주의 우울질 - 사색가, 내성적, 비관적

우울질의 감정

- 사려 깊다
- 분석적이다
- 진지하고 목적 의식이 있다
- 천재적인 면이 있다
- 재능이 있고 창조적이다
- 예술적이다
- 철학적이고 시적이다
- 심미안이 있다
- 다른 사람들에게 민감하다
- 자기 희생적이다
- 신중하다
- 이상을 추구한다

우울질의 일하는 태도

- 짜여진 계획에 따라 일한다
- 완벽주의자로서 높은 표준을 갖는다
- 세세한 것까지 신경을 쓴다
- 꾸준하고 철저하다
- 질서 있고 조직적이다
- 깔끔하다
- 경제적이다
- 문제를 잘 파악한다
- 창조적인 해결책을 찾는다
- 시작한 것은 끝을 내야 한다
- 도표와 그래프와 목록을 좋아한다

부모로서의 우울질

- 기준이 높다
- 모든 것이 바르게 되기를 바란다
- 집안을 잘 정돈한다
- 가족을 위해 자신을 희생한다
- 자녀의 학문과 재능을 개발하도록 격려한다

친구로서의 우울질

- 친구를 조심스럽게 사귄다
- 뒤에서 돕는 것으로 만족한다
- 사람들의 시선을 끄는 일을 피한다
- 신실하고 헌신적이다
- 불평에 귀를 기울인다
- 다른 사람들의 문제를 해결한다
- 다른 사람들을 깊이 염려한다
- 감동을 받아 눈물을 흘린다
- 이상적인 친구를 찾는다

역동적 담즙질 - 행동가, 외향적, 낙천적

담즙질의 감정

· 천성적인 지도자다
· 역동적이고 활동적이다
· 변화를 필요로 한다
· 잘못된 것은 고쳐야 한다
· 의지가 강하고 단호하다
· 감정에 치우치지 않는다
· 쉽게 낙담하지 않는다
· 독립적이다
· 자신감이 있다
· 무엇이든지 감당할 수 있다

담즙질의 일하는 태도

· 목표 지향적이다
· 전체를 바라본다
· 조직력이 있다
· 실제적인 해결책을 찾는다
· 즉시 행동에 옮긴다
· 다른 사람들에게 위임한다
· 생산성에 역점을 둔다
· 목표를 설정한다
· 다른 사람들을 참여시킨다
· 반대에도 굴하지 않는다

부모로서의 담즙질

· 지도력을 발휘한다
· 목표를 설정한다
· 가족들에게 동기를 부여한다
· 자신의 주장이 강하다
· 집안 일을 규모 있게 해낸다

친구로서의 담즙질

· 친구가 없어도 외로워하지 않는다
· 단체 활동을 한다
· 사람들을 지도하고 조직한다
· 일반적으로 옳은 주장을 한다
· 긴급한 상황에서 재치를 발휘한다

평온한 점액질 - 관찰자, 내성적, 비관적

점액질의 감정

· 겸손하고 온유하다
· 태평스럽고 느긋하다
· 고요하고 냉정하고 침착하다
· 인내심이 있다
· 균형 잡힌 생활을 한다
· 일관성이 있다
· 조용하지만 위트가 있다
· 동정심이 있고 친절하다
· 감정을 드러내지 않는다
· 현실을 즐겁게 받아들인다
· 어떤 일에도 잘 적응한다

점액질의 일하는 태도

· 유능하고 꾸준하다
· 평화롭고 상냥하다
· 행정 능력이 있다
· 문제를 중재한다
· 다투지 않는다
· 압력을 받아도 잘 견딘다
· 쉬운 길을 찾는다

부모로서의 점액질

· 좋은 부모가 된다
· 아이들을 위해 시간을 할애한다
· 서두르지 않는다
· 있는 그대로 용납한다
· 쉽게 기분이 상하지 않는다

친구로서의 점액질

· 함께 어울리기가 쉽다
· 유쾌하고 즐겁다
· 다른 사람의 마음을 상하게 하지 않는다
· 다른 사람의 말에 귀를 기울인다
· 정색을 하고서 농담을 한다
· 사람들을 관찰하기를 좋아한다
· 친구가 많다
· 동정심이 있고 다른 사람을 염려해 준다

3. 대중적 다혈질과 함께
즐거움을 누리자

아! 이 세상은 "대중적 다혈질"을 얼마나 필요로 하는지!

> 어려운 상황에서도 잃지 않는 기쁨
> 지쳐도 잃지 않는 천진 난만함
> 무거운 짐으로 시달릴 때 발하는 위트
> 마음이 무거울 때 던져 주는 유머
> 어두운 구름을 몰아내는 소망의 빛
> 칠전 팔기의 열심과 힘
> 단조로운 시간을 아름답게 장식하는 창의성과 매력
> 복잡한 상황에서 빛나는 어린아이 같은 단순함

"대중적 다혈질"은 밤하늘에 떠 있는 달에 그네를 매달고, 항아리에 별빛을 가득 담아 집으로 돌아오는 사람이다. 그들은 인생을 동화 속의 인물처럼 살고자 하며, 영원히 행복하기를 바란다.

전형적인 다혈질은 감정이 풍부하고, 일을 재미있게 하며, 사람들과 함께 있기를 좋아한다. 그들은 무슨 일이든지 매우 흥미있게 하며, 적극적이고 낙천적이다.

어느 날 나는 "완벽주의 우울질"인 아들 프레디와 함께 차를 타고 고속도로를 달리고 있었다. 길옆으로는 밝고 하얀 데이지꽃이 만발해 있었다. 너무 아름다운 꽃을 보고서 아들에게 "프레디, 저 아름다운 꽃들 좀 봐!"라고 외쳤다. 그러자 아들은 밖을 보다가 한숨을 지으며 이렇게 대답했다. "그래요. 하지만 잡초가 너무 많아요." 그리고는 잠시 동안 생각에 잠겨 있다가 물었다. "엄마는 항상 꽃만 보는데, 난 왜 항상 잡초만 보죠?" 다혈질은 꽃을 본다. 그들은 늘 가장 좋은 것들을 기대한다.

다혈질 아이들

사람은 자신의 기질을 타고나기 때문에 기질의 특성은 어려서부터 나타나게 된다. 다혈질은 천성적으로 재미있는 놀이를 좋아하고, 어려서부터 호기심이 많고 명랑하다. 다혈질 아이들은 아무 장난감이나 가지고도 재미있게 놀고, 웃고 이야기하며, 여럿이 함께 있는 것을 좋아한다.

내 딸 마리타는 다혈질이다. 그 아이는 어려서부터 유머 감각이 특출했다. 큰 눈을 초롱초롱하게 반짝이던 것을 기억한다. 최근에 우리는 마리타가 어려서부터 지금까지 자라 온 모습을 찍은 사진들을 정리해 보았다. 가끔 힘들어하기도 했지만, 늘 즐거워하는 마리타는 어려서부터 명랑한 개구쟁이였다. 조그마한 입은 쉴 틈이 없었고, 예술적 재능이 풍부했다. 보이는 것마다 색칠을 해 대고, 심지어 벽에도 여기저기 그림을 그려 놓았다. 우리가 코네티컷에서 이사올 때는 지하실 벽을 떼어 오고 싶은 심정이었다. 마리타가 방바닥에 포스터 물감을 엎질러 놓고 고사리 같은 손에 묻혀 여기저기 손도장을 찍어 놓았기 때문이다. 마리타는 지금 광고계에서 활동하며, 저술가이기도 하고, 재기 넘치는 강연자이기도 하다.

사람들의 인기를 끈다

다혈질은 다른 사람들보다 재능이나 기회를 더 적게 가진 것처럼 보일지도 모른다. 그러나 그들은 항상 더 재미있게 사는 것처럼 보인다. 그들에게는 천부적으로 사람을 끄는 매력이 있다. 다혈질 아이들은 주위에 그들을 따라다니는 어린이 팬들이 많다. 아이들은 행동하는 사람과 함께 있기를 좋아하기 때문이다. 마리타는 어려서 항상 재미있는 일을 꾸며 냈다. 다른 아이들이 장난감 자동차를 가지고 놀 때, 마리타는 우리 집 근처에 있는 언덕에 도시를 건설하곤 했다. 마리타의 지휘 아래, 친구들은 거리를 만들기도 하고 땅을 평평하게 다지기도 했다. 그 아이가 맨 처음 지은 건물은 돈이 많은 은행이었다. 마리타와 함께 도시를 건설하며 놀기 위해서 아이들은 그 은행에 진짜 돈을 넣고서 가짜 돈을 받아야 했다. 그 돈으로 마리타는 플라스틱 벽돌을 사서 아이들에게 집을 짓게 했다. 놀이터 안의 땅은 위치에 따라 가격이 달랐고, 돈을 많이 가진 아이들이 좋은 지역의 땅을 샀다.

아이들은 항상 우리 집 주위의 언덕을 오르내리며 놀았다. 난 아이들이 놀면서 진짜 돈을 내고 있다는 사실을 모르고 있다가 다섯 살 난 프레디가 돈을 구하려고 내게 들꽃을 한묶음 가지고 와서 팔려고 했을 때에야 알게 되었다. 우리집 주위에는 언덕이 많아서 아이들은 언제든지 무료로 자신의 도시를 건설할 수 있었다. 그러나 마리타는 특정한 곳을 가리켜 "최고의 위치"라며, 그곳에서만 사람들이 살 수 있다고 선포했던 것이다.

다혈질은 자라면서도 계속해서 사람들의 시선을 끈다. 그래서 응원 단장이 되기도 하고, 학교 연극에서 배우가 되기도 하며, 선거를 하면 이기는 경우가 많다. 직장에서는 자주 파티를 열고, 크리스마스 장식은 도맡아 한다. 단조로운 생활 가운데서도 이들은 흥미로운 일을 만들어 낸다.

다혈질 어머니들은 가정에서 재미있는 일들을 많이 만들어 내고, 주변 어린이들을 끌어들이는 힘이 있다. 다혈질은 주위에 사람이 많으면 많을수록 더 빛을 발하므로, 사람이 많지 않으면 최선을 다하지 않는 경향이 있다. 그래서 자기 아이들 몇 명 앞에서 조용히 이야기를 하기보다는, 방 안에 아이들을 가득 모아 놓고서 흥미진진하게 이야기하는 것을 더 좋아한다.

한번은 세미나에서 메리 앨리스라는 여인을 만났다. 그녀는 42달러로 400개의 풍선과 헬륨 가스통을 사서, 온 마을, 아니 온 시내 사람들의 주목을 받았다고 했다. 그녀는 딸의 생일날, 초대받은 손님들마다 풍선에 가스를 넣어 공중으로 날려 보내게 했다. 400개의 풍선이 공중으로 바람을 타고 떠오르는 것을 보고서, 그 도시에 사는 모든 사람들이 그녀의 딸의 생일이라는 것을 알게 되었다.

다혈질은 재미있는 일을 만들어 내는 대신, 종종 문제를 일으키기도 한다. 어느 어머니는 이웃 아이들에게 늘 인기가 있었다. 그녀에게만 가면 무엇인가 재미있는 일이 있었기 때문에 아이들은 그 집에 자주 놀러 가곤 했다. 어느 날 어린 손님들이 잔뜩 놀러 왔을 때, 그녀는 뒤뜰에 코끼리가 여러 마리 있으니 집 안에 꼭꼭 숨어 있어야 한다고 했다. 아이들은 모두 몸을 웅크리고 숨었다. 그 때 한 아이가 초인종을 누르자 그녀는 기어서 대문까지 갔다. 그리고는 웅크리고 앉아서 아이를 맞이했다. 아이는 깜짝 놀랐다.

"왜 이렇게 기어다니세요?"

"뒤뜰에 코끼리가 가득하기 때문이야. 코끼리들이 나를 보면 안 되잖아. 너도 나처럼 이렇게 웅크려야 해."

그녀가 뒤뜰에 코끼리들이 아직도 있는지 살펴보기 위해서 자주 창가로 가서 밖을 내다보는 동안, 아이들은 모두 조용히 웅크리고 있었다. 5시가 다 되어서야 그녀는 이렇게 말했다: "이제 코끼리가 다 가 버렸구나. 집에 돌아가도 안전하겠어."

이렇게 놀고 집으로 돌아온 아이가 그 모든 사실을 엄마에게 이야기했다. "스미스 아줌마랑 오후 내내 집에서 기어다녔어요. 뒤뜰에 코끼리가 가득했거든요." 아이의 엄마는 거짓말을 한다며 아이에게 벌을 주었다.

다혈질은 때때로 재미를 위해 이렇게 심한 놀이를 하기도 한다. 당신이 다혈질이라면, 재미 때문에 너무 심한 장난을 하지 말기 바란다.

이야기하기를 좋아한다

사람들이 모인 곳에서 그들이 이야기하는 것을 관찰해 보면 누가 다혈질인지 금방 알 수 있다. 다혈질은 큰 소리로 떠들고 계속해서 말을 하는 경향이 있다. 다른 사람들은 그저 대화를 주고받는데 반해서 다혈질은 길게 이야기하는 것을 즐긴다.

우리가 코네티컷의 뉴 헤이븐에 살고 있을 때, 그곳에 7층짜리 주차 빌딩이 지어졌다. 주차장은 회색 건물이었는데 마치 교도소 같았다. 어느 크리스마스 이브에 나는 이곳에 주차를 하고서 쇼핑을 하러 갔다. 다혈질은 그때 그때 형편에 따라 살아가고 기억력이 별로 좋지 않기 때문에 무엇을 어디에 두었는지 잘 기억하지 못하는 경우가 많다. 쇼핑을 마치고 자동차가 빼곡히 들어선 주차장으로 돌아왔을 때, 나는 어디에 주차를 했는지 기억할 수가 없었다.

다혈질 여성들에게 좋은 점이 있다. 그들은 이처럼 곤란한 일이 생기면 매우 난처한 표정을 지어 다른 사람들의 시선을 끌 수 있다는 것이다. 여느 다혈질 여자들처럼, 나는 거대한 7층 빌딩을 바라보며 어디서 차를 찾아야 할지 막막한 표정을 지었다. 손에 들고 있던 짐꾸러미가 무겁기도 했다. 이때 한 청년이 지나가다가 내가 곤란한 지경에 처한 것을 눈치채고서 말을 걸었다.

"무슨 일이세요?"

"이곳에 주차했는데 어딘지 기억이 안 나요."

"무슨 차인가요?"

"글쎄요, 그것도 모르겠어요."

"아주머니가 무슨 차를 타고 왔는지 모르신다고요?"

"네, 우린 차가 두 대 있는데 아침에 무슨 차를 몰고 왔는지 기억이 안 나요."

젊은이는 잠시 동안 생각하다가, 다시 이렇게 말했다.

"자동차 열쇠를 보여 주세요. 열쇠를 보면 어떤 차종인지 알 수 있을지도 몰라요."

사실 자동차 열쇠를 보여 주는 것도 쉬운 일이 아니었다. 난 짐을 모두 내려놓고서, 핸드백에 있는 물건들을 길바닥에 다 털어 놓은 후에야 두 개의 열쇠 꾸러미를 찾아냈다. 길바닥에 쭈그리고 앉아서 이렇게 야단을 떨고 있을 때, 또 다른 사람이 다가와서 물었다.

"무슨 문제가 있나요?"

"아주머니가 이 주차장에 주차를 하셨는데 그만 차를 어디에 두었는지 잊어버리셨대요."

"어떤 찬데요?"

"모른대요."

"모른다고요? 그러면 어떻게 찾나요?"

난 두 사람이 내 차를 찾는 것을 포기하기 전에 잽싸게 설명했다. "노란 차에 검은색 의자거나, 아니면 청색 차에 벨벳 시트 의자예요."

두 사람은 고개를 끄덕이며 내 짐꾸러미를 들고 함께 주차장으로 들어갔다. 우리가 7층까지 모두 찾아 헤매는 동안, 또 다른 사람들이 우리를 도와 함께 차를 찾아다녔다. 노란색 차를 찾았을 때, 우리는 이미 친구가 되어 있었고, 난 그들과 클럽을 만들어 내가 회장을 하면 어떨까 하는 생각까지 했다.

나는 서둘러 집으로 돌아왔다. 주차장에서 있었던 숨바꼭질 이야기를 남편에게 들려주고 싶었기 때문이다. 나는 남편에게 15분이나 신나게 이야기를 하고서 남편이 "당신을 도와 주다니 정말 고맙군"이라고 말해 주기를 기대했다. 그런데 남편은 고개를 저으며 "7층짜리 주차장에 차를 두고서 어디에 두었는지도 모르다니… 이런 미련스런 여자에게 내가 장가를 들다니…"라고 말하며 한숨을 쉬어댔다.

난 내 이야기를 재미있게 들어 줄 사람에게만 해야 한다는 교훈을 얻었다.

파티를 좋아한다

다혈질은 선천적으로 다른 사람들의 주의를 끌고자 하는 욕구가 있다. 거기에다 이야기를 재미있게 하는 재능도 있기에 그들은 파티를 좋아한다. 내 남동생 론이 사춘기를 맞았을 때, 나는 그가 다니는 고등학교 교사로 재직하고 있었다. 파티가 있을 때면, 우리는 그 파티에 참석하기 전에 나누어야 할 대화들을 예상해 보고 연습을 하기도 했다. 난 주요 시사 뉴스를 동생에게 알려 주었고, 동생은 이런 이야기할 때 어디서 익살을 부릴 것인지 연구했다. 이렇게 하고서 우리는 파티에 참석해 즉석에서 익살을 부리곤 했다. 우리가 이처럼 익살 부릴 것까지 연습한다는 사실을 사람들은 전혀 알지 못했고, 우리의 익살스런 명성은 여러 사람들에게 알려졌다. 어떤 사람들은 우리에게 파티에 참석해 달라고 간청을 하기도 하고, 심지어 돈까지 주면서 파티에 참석해 달라고 했다.

'로스앤젤레스 타임스 지'에는 "파티 손님 빌려 가세요"라는 제목의 글이 실린 적도 있다. 이 글에서는 성공적인 파티를 위해서 돈을 주고 초대할 수 있는 매력 있고 재치 있는 사람들에 대해 언급했다. 매일 밤 파티에 참석하고, 여기에 돈까지 받는다는 것은 다혈질에게 굉장한 직업이 될 수 있다.

돈을 주고 다혈질을 초대할 만큼 부유하지 못하다면, 주위에서 이런 사람을 찾아 저녁 파티 자리에 최소한 두 사람 정도는 꼭 초대하라. 그리고 두 사람을 나란히 앉게 하지 말라. 그렇게 되면 두 사람만 재미있게 이야기하고 다른 사람들은 모두 소외감을 느낄 것이다. 그러므로 두 사람을 식탁 양쪽에 따로 앉게 하라. 이렇게 하면 두 사람이 대화를 하는 동안 다른 사람들도 모두 즐거워하는 파티가 될 것이다.

색깔이나 특징적인 것을 잘 기억한다

　다혈질은 사람들의 이름이나 날짜, 장소나 사건 자체는 잘 기억하지 못한다. 하지만 사소한 특징이나 사람들의 특별한 면을 생생하게 기억한다. 다혈질이 어느 연사의 말을 들었다면, 그가 전한 메시지 자체는 기억하지 못한다고 할지라도 그 연사가 보라색 옷을 입었고, 그 옷에는 공작새가 그려져 있었으며, 가슴에는 노란색 달 모양의 브로치를 했었다는 것은 기억한다. 다혈질은 교회에서 있었는지, 아니면 음악회에서 있었는지는 기억하지 못하지만 어느 지휘자가 무대에 설 때 자리를 잘못 잡아서 실수를 했다는 사실은 기억한다.

　나는 사람들의 이름은 잘 기억하지 못한다. 그러나 그 사람이 무슨 직업을 가졌는지는 매우 생생하게 기억하는 편이다. 내 딸 로렌이 숙녀가 되어 여러 남자 친구들을 집으로 데려왔을 때 나는 그들의 이름을 다 기억할 수가 없었다. 그래서 그들의 직업을 이름 뒤에 붙여서 부르기 시작했다. 그 중에 데이비드가 있었는데, 성이 너무 길어서 도저히 기억할 수가 없었다. 그러나 그가 자전거 가게를 운영하고 있었다는 것은 기억해서 나는 그를 "데이비드 자전거"라고 불렀다. 또 다른 데이비드가 있었는데, 그는 카메라점을 운영하고 있었기에 "데이비드 카메라"라고 불렀다. 이렇게 해서 붙인 이름이 여럿 있다. 비행기 조종사인 디는 "디 비행기", 공군인 단은 "단 공군", 수도국에서 일하는 바비는 "바비 물", 은행원인 론은 "론 은행", 직업이 없었던 제프는 "제프 실업자"라고 불렀다. 로렌은 고대 동전을 연구하는 랜디와 결혼했는데, 난 그를 "랜디 동전"이라고 불렀다. 재정은 주로 사위가 관리한다.

　마리타는 내가 사람들의 이름을 재미있게 붙이는 것을 보고서 흉내

내기 시작했다. 그래서 야채 가게에서 일하는 지미는 "지미 야채"라고 불렸고, 경찰서에서 일하는 폴은 "폴 경찰", 페인트 회사에서 일하는 피터는 "피터 페인트", 그리고 부자 매니는 "매니 돈"이라고 불렀다.

다혈질 가족만이 이처럼 빈약한 기억력을 활용하여 가족의 전통을 만들어 갈 수 있다.

피부 접촉을 좋아한다

"대중적 다혈질"은 피부 접촉을 매우 좋아한다. 그래서 친구와 껴안고 입을 맞춘다거나, 어깨를 두드려 주기를 좋아한다. 그들에게는 이런 행동들이 너무나 자연스럽기 때문에 "완벽주의 우울질"에게 팔을 벌리고 다가갈 때 그들이 뒤로 물러서는 것을 눈치채지 못한다.

내 딸 마리타와 나는 둘 다 다혈질이다. 그래서 우리는 서로 껴안기를 좋아한다. 우리는 같은 사무실에서 일하기 때문에 항상 살을 맞대고 지낸다. 어느 날 마리타는 친구와 점심을 먹고, 식사 후에는 해리스 백화점으로 쇼핑을 하러 갔다. 오후에 나도 백화점에 갔는데, 화장품 코너에서 마리타와 마주쳤다. 나는 무의식중에 "마리타! 내 사랑!"이라고 불렀다. 마리타는 "엄마!"라고 외치며 내게 달려왔다. 우리는 마치 오랫동안 헤어졌던 사람들처럼 서로를 껴안고 백화점 직원이 옆에 있는 것도 아랑곳하지 않은 채 입을 맞추어 댔다. 조용히 서 있던 직원에게 마리타가 소개를 했다.

"우리 엄마예요."

"그러신 줄 알았어요. 얼마나 떨어져 있었나요?"

"몇 시간 동안이요." 마리타와 나는 거의 동시에 대답했다.

"정말이세요?" 그녀는 깜짝 놀란 듯이 대꾸했다. "난 최소한 일년은 떨어져 있다 만나신 줄 알았어요."

다혈질은 사람이 곁에 있다는 "느낌"을 좋아할 뿐만 아니라, 상대방의 관심을 빼앗기지 않으려고 피부 접촉을 한다. 다혈질이 다가가기도 전에 다른 곳으로 가 버리는 것은 다혈질에게 매우 큰 심리적인 상처가 된다.

무대 체질이다

다혈질은 무대의 중앙에 서는 것을 좋아하고, 카메라 조명에 매력을 느낀다. 그들은 파티가 지루하고 따분해지려고 할 때 흥미를 유발시키는 역할을 한다.

사람의 기질을 이해하면 당신은 그것을 일상 생활에 잘 이용할 수 있을 것이다. 사람의 기질에 대한 바른 지식을 갖게 되면, 각 사람에게 적합한 일을 맡길 수 있다.

다혈질은 손님을 맞이하고 접대하며, 의례적인 식을 주관한다거나 클럽의 장을 맡으면 탁월하게 해낸다. 그들은 매우 유쾌하게 일을 해내며 다른 사람들도 열정적으로 참여하게 만든다. 다혈질을 사람들이 보는 무대에 세워 보라. 물을 만난 물고기처럼 제격일 것이다.

순진하고 순박하다

다혈질은 항상 순진하고 순박하게 보인다. 그들은 나이가 들어서도 어린아이처럼 단순하다. 그들이 다른 기질의 사람들보다 우둔한 것은 아니고 다만 그렇게 보일 뿐이다.

내 친구 패티가 그렇다. 그녀의 눈은 크고 갈색인데. 화장을 할 때면 그 눈을 더 크게 보이게 하려고 속눈썹을 치켜올리기도 한다. 마치 한 쌍의 차일을 눈 위에 붙이고 다니는 것처럼 보인다. 패티에게 무슨 말을 건네면, 그녀는 눈을 깜빡이면서 "그래? 그런 줄 몰랐어!"라고 대답한다.

어느 날 남편은 내게 패티에 대해 말하며 이렇게 물었다: "그래, 패티가 또 새롭게 발견한 것은 뭐야?" 다혈질에게는 모든 것들이 항상 새롭게 보인다.

열정적으로 자신을 표현한다

다혈질은 감정적이고, 무슨 일에나 낙천적이고 열정적이며 겉으로 드러내기를 좋아한다. 무슨 일이 벌어지든지 그들은 하고 싶어하고, 어디를 가더라도 그들은 따라가고 싶어한다. 그들은 활동적이고, 가만히 있으면 좀이 쑤셔서 견디지 못한다. 내가 아는 다혈질 목사님은 설교 도중에 스스로 도취되어 한 손으로는 성경을 꼭 움켜쥐고, 다른 손으로는 팔을 흔들어 대며, 무엇인가 강조할 것이 있으면 발꿈치를 들고서 강단을 구르신다. 그분의 설교에 별 흥미가 없어도, 사람들은 넘어지지도 않고 그렇게 열정으로 오랫동안 춤추는 듯한 모습에 넋을 잃게 될 것이다.

어느 소녀는 다혈질 가정에서 자랐다. 그녀는 "우리 집은 벽에서도 감정이 줄줄 흘러내려요"라고 했다.

내 친구 코니는 여러 개의 미용실을 경영하고 있다. 그녀는 내게 다혈질 미용사를 고용하려 한다고 말했다. 하루 종일 단골 손님들의 끝없는 불평을 듣고서도 열정을 잃지 않을 사람은 다혈질밖에 없기 때문이라고 했다. "점심 때쯤 되면 미용실은 온통 난장판이 되지요. 미용 기구들은 여기저기 흩어져 있고, 빗을 빌리느라 정신이 없지요. 온종일 쉬지도 못하고 일해요. 저녁이 되면 미용실이 너무 어지러워서 청소부를 따로 불러서 정돈을 해야 할 정도랍니다."

다혈질의 특성을 묘사하기 위해서는 "특별하다"라는 단어를 써야 할 것 같다. 그들의 생각이나 말은 평범하지 않고 정말 특별하다. 마리아는 "아무리 해도 충분하지 않다"라고 말했는데, 이 말은 다혈질의 열정을 잘 묘사한 말이다.

호기심이 많다

다혈질은 호기심이 많고, 어떤 것도 놓치질 않는다. 파티 석상에서 어떤 사람과 대화를 하다가도 다른 쪽에서 자신의 이름을 언급하는 소리만 들려도 하던 대화를 중단하고 그곳으로 간다. 다혈질은 마치 라디오를 켜고서 주파수를 돌려 가며 여러 가지 방송 프로를 듣는 것과도 같다. 그들은 한 가지 주제로 대화를 나누다가도 화제를 바꾸며 모든 일에 다 참견한다.

그들은 "모든 것"을 알고자 한다. 누군가 가지고 있는 비밀을 알지 못하면 견디지 못한다. 크리스마스 선물을 교환할 때면 이곳 저곳을 기웃거리며 누가 누구에게 무엇을 선물했는지 알려고 한다.

다혈질은 그들이 모르는 일은 어떻게 해서든지 알고자 한다. 어느 다혈질 여성은 자기 집 지붕을 새로 교체했다. 그녀는 지붕을 어떻게 덮는지 보고 싶어 지붕으로 기어 올라갔다. 지붕 위에 있던 인부들은 그녀가 나타나자 깜짝 놀랐다. 잘못하면 미끄러져 떨어질 수 있는 위험 때문이었다. 인부들이 말렸지만, 그녀는 막무가내였다. 할 수 없이 인부들은 그녀를 부축하여 지붕 위 굴뚝에 앉게 했다. 그곳에서 그녀는 인부들과 열심히 이야기를 나누며 지붕 덮는 방법에 대해 배웠다. 그러다가 그녀는 무의식중에 마치 의자에 앉은 듯 뒤로 기대었고, 결국 지붕 아래로 떨어지고 말았다. 다행히 중간에 받침대가 있어서 바닥까지 떨어지지는 않았지만 인부 네 명이 다리와 팔을 하나씩 잡고서 끌어올렸다. 등은 상처투성이가 되었고, 하얀 바지는 숯검정으로 더러워졌다. 인부들은 그녀를 끌어올리면서, "당신이 무슨 원더우먼이나 되는 줄 아세요? 우리에겐 원더우먼은 필요 없어요"라고 했다.

항상 어린아이 같다

다혈질은 어린아이와 같은데, 이것은 그들이 어린 시절에 칭찬을 많이 받았기 때문이다. 집에서는 부모로부터, 학교에서는 선생님들로부터 칭찬을 받았다. 그들은 항상 다른 사람들의 관심을 받으며 살아왔다. 그래서 어른이 되고 싶지 않은 것이다. 다혈질은 자신이 세상에서 무슨 대단한 사람이나 되는 것으로 생각한다. 소녀들은 마치 자신을 신데렐라나 되는 것처럼 생각하고, 소년들은 왕자병에 걸려있다. 그래서 험하고 힘든 일보다는 인생을 즐기려고 한다. 사람이란 나이가 들면 책임을 져야 하는 법이다. 그러나 다혈질은 가능한 한 그 책임을 져야 하는 위치에 도달하는 시간을 늦추려고 한다.

무슨 일이든 쉽게 자원한다

　다혈질은 남을 돕고 그들의 환심을 사려고 한다. 그래서 깊이 생각해 보지도 않고 무슨 일이든 하겠다고 자청한다. 어느 날 밤 파티 도중에 린다와 보니스는 아이를 돌볼 사람이 필요하다고 이야기하고 있었다. 린다는 다섯 명의 아이들을 밤새워 돌볼 사람이 필요했던 것이다. 다혈질인 보니스는 "린다, 걱정 말아요. 우리가 사람을 찾아볼게요"라고 했다. 그 날이 가까워 오고 있었다. 린다는 보니스에게 아이 돌볼 사람을 찾았는지 물어 보려고 전화를 걸었다. 그러나 린다는 한 달 간의 휴가를 즐기러 유럽 여행을 떠난 후였다.

　다혈질이 "우리"가 돕겠다고 해도 진지하게 생각해서는 안 된다. 그들은 돕겠다고 자청하며 약속했다가도 쉽게 잊어버리기 때문이다.

　어느 날 밤 프레드와 나는 뉴욕에서 기질 세미나를 하고 있었다. 거기서 나는 다혈질은 무슨 일을 하겠다고 쉽게 자청하지만 끝까지 수행하는 경우는 드물다고 말하며 이런 예를 들었다: "다혈질은 휴식 시간에 마실 커피를 준비하겠다고 약속하지만 커피포트에 플러그 꽂는 것도 잊어버린답니다." 그 때 눈을 반짝이며 내 말을 듣고 있던 한 소녀가 비명을 지르며 일어나서 부엌으로 달려갔다. 그녀는 다혈질이었다. 그 날 저녁에 그녀가 커피를 준비하기로 되어 있었는데, 커피포트에 플러그 꽂는 것을 잊고 있었던 것이다. 그 날 저녁 우리는 커피를 마시지 못했다. 다혈질은 무엇을 하겠다고 즐거이 자청한다. 그러나 커피를 꼭 마시고 싶다면, 다혈질이 이 일을 하기를 기다리지 말고 당신 스스로 커피물을 끓이는 것이 나을 것이다.

창의적이고 기발하다

다혈질은 무엇인가 새롭고 신나는 일들을 생각해 낸다. 그들은 매일매일 새로운 일을 하고자 한다. 위원회에서 새로운 아이디어를 내고 신나는 프로젝트를 생각해 내는 자들은 주로 다혈질이다.

내 딸 로렌이 초등학교 2학년 때의 일이다. 그녀는 선생님께 "우리 엄마는 파티 때마다 꼭 특별한 것을 준비해요"라고 했다. 그래서 반 아이들은 나를 자기 반의 "엄마 대표"로 선출했다. 맨 먼저 내가 해야 했던 일은 할로윈 축제에 파티를 주관하는 일이었다. 로렌은 반 친구들에게 "우리 엄마가 모두 깜짝 놀랄 만큼 특별한 것을 준비하실 거야"라고 했고, 내게 그것을 상기시켜 주었다.

로렌이 그렇게 나를 믿는 것을 보고 내 자신도 신이 나서 무엇인가 새롭고 기발한 파티를 열고 싶었다. 아이들이 평생 동안 잊지 못할 재미있는 잔치를 준비해 주고 싶었다. 로렌은 다른 엄마들은 시시하게 일회용 컵에 콜라나 따라 주는 정도라고 코웃음을 쳤다. 그래서 나는 특별한 오렌지 주스를 큰 유리 그릇에 담아, 수정처럼 화려하게 반짝이는 유리잔으로 마시도록 준비하려고 했다. 오렌지 주스에는 사탕이 박혀 있는 동그란 장식용 얼음을 둥둥 띄우려고 했다. 파티가 열리는 날, 나는 제과점에 가서 28마리의 까맣고 예쁜 고양이 장식이 있는 케이크와 할로윈 축제를 위해 특별히 제작한 손수건과 예쁜 모자를 준비했다. 오렌지 주스도 3갤론이나 사서 큰 통에 붓고 동그란 장식용 얼음을 띄웠다. 케이크는 자동차 바닥 한 쪽에, 그리고 오렌지 주스 통은 다른 쪽에 실었다.

난 다혈질이기 때문에 시간이 닥쳐서야 서두르는 경향이 있다. 그날도 시간이 되어 서둘러 차를 후진하여 길로 나섰다. 도로에 들어서자마자 다른 차가 바로 스치듯 지나갔고, 나는 급히 브레이크를 밟았다. 뒷자리에서 파도가 치듯 "출렁"하는 소리가 났고, 순간 나는 할로윈 파티가 엉망이 되어 버렸다는 것을 알았다. 뒤를 돌아보니 바닥은 오렌지 주스로 바다를 이루었고, 케이크 위에 있던 28마리의 검은 고양이 장식도 엉망이 되어 버렸다.

난 콜라와 웨하스 몇 상자만을 들고 파티에 늦게 도착했다. 내 옷은 오렌지 주스로 얼룩져 있었다. 로렌은 파티 내내 울었고, 반 아이들은 그 후 다시는 나를 "엄마 대표"로 뽑지 않았다.

다혈질은 늘 창의적이고 기발한 생각을 해내지만 그것을 실현하려면 누군가 이성적인 친구들의 도움을 받아야 한다.

다른 사람에게 동기 부여를 잘한다

다혈질은 에너지와 열정이 넘치므로 다른 사람들을 끌어들여 일을 벌인다. 트루먼 대통령은 지도력이란 다른 사람들에게 동기를 부여하여 행동하게 하고, 그것을 즐기게 만드는 것이라고 했다. 이 말은 바로 다혈질에 대한 요약이며, 그들이 지도력을 발휘할 수 있다는 말이다. 다혈질은 무엇인가 새로운 일을 생각해 내고, 다른 사람들로 그 일을 수행하여 생산적인 결과를 가져오게 한다. 그러나 다혈질은 새로운 일을 시작하게만 하는 사람이므로 그 일을 끝까지 마치도록 도와 줄 친구들이 있어야 한다.

다혈질은 사람들에게 동기를 부여하는 데 천부적인 재능이 있어서, 아무런 보수도 받지 않은 채 일을 하겠다고 쉽게 자원한다. 내 동생 론은 어려서부터 이런 일을 기가 막히게 잘했다. 나는 다혈질의 특성에 대해 배우기 전에 이미 동생 론을 통해서 다혈질에게 이처럼 다른 사람들에게 동기를 부여하는 재능이 있다는 사실을 알았다. 그에게는 기지가 있었고, 그 기지로 다른 사람들을 움직여서 가능하면 자신은 일하는 것을 피하려고 했다. 한국 전쟁이 일어났을 때 론은 거대한 군함을 타고서 바다를 건너 한국으로 가게 되었다. 그가 샌프란시스코에 도착한 첫날 저녁 스피커에서는 이런 말이 흘러 나왔다: "내일 아침 모두 갑판으로 모여라. 항해하는 동안 너희들이 해야 할 일을 지정해 주겠다."

다혈질은 어떻게 해서라도 힘든 일은 피하려고 한다. 론도 배의 갑판을 닦는 일은 피하고 싶었다. 다음 날 아침 부대가 모두 집결했을 때, 론은 병사들에게 해야 할 임무를 부여하는 상사 곁에 종이와 펜을 들고 섰다. 상사는 군인들에게 임무를 부여하기 시작했다. "너희 10명은 화장실 청소, 너희 20명은 페인트를 긁어 내라." 론은 그 상사를 격려하며 그가 하는 지시를 기록해 나갔다. 다른 모든 병사들이 임무를 부여받고 론만 남았을 때, 상사는 "넌 이곳에서 무슨 임무를 맡았느냐?"고 물었다.

"저는 장기 자랑을 책임졌습니다"라고 그는 자신 있게 대답했다.

"난 모르겠는데… 그런 계획도 있었던가?" 상사는 놀라서 물었다.

"그렇습니다." 론은 상사에게 자신 있게 말했다: "항구에 도착하기 전날 밤, 우리는 신나게 쇼를 벌일 계획입니다. 항해하는 동안 저는 이 일을 계획해야 합니다. 상사님은 군인들에게 임무 분담을 참 잘하셨습니다. 또 다시 뵙겠습니다."

론은 이렇게 상사를 격려한 후에 남은 2주 동안 휴가를 보내듯이 즐겁게 항해를 했다. 그는 갑판을 어슬렁거리면서 사람들을 만나 그들이 무슨 장기를 가졌는지 물었다. 육지에서는 아무것도 못하던 병사들이 배 안에서는 모두 가수가 되었다. 론은 병사들의 이름과 함께 그들의 장기를 기록했다. 마지막 날 오후, 그는 사람들을 불러모아 연습을 하게 했다. 그리고 사람들이 즐거워하도록 어떻게 익살스러운 진행할 것인지 생각해 두었다. 그 날 밤 쇼에서 사람들은 모두 즐거워했다. 어느 누구도 그가 이 일을 맡은 것에 의문을 제기하는 사람은 없었다. 그 날 밤 장기 자랑은 단조로운 항해중인 병사들에게 매우 재미있고 유쾌한 행사가 되었다. 몇 주 후에 론은 정부에서 주는 표창장을 받았다. 부대의 사기를 진작시켰다고 주는 상장이었다. 2주 동안 아무 일도 하지 않으면서 그렇게 했다고 칭찬을 들을 수 있는 사람은 다혈질밖에 없다.

쉽게 친구를 사귄다

다혈질은 누구도 낯선 사람으로 생각하지 않는다. 그들은 사람을 보면 "안녕하세요"라는 말로 금새 친구가 된다. 보통 사람들은 낯선 사람과 대화하는 것을 머뭇거리지만, 다혈질은 누구와도 쉽게 대화를 한다. 나는 계산대 앞에 줄을 서서 기다리는 동안에도 옆에 있는 사람들과 곧잘 대화를 한다. 다른 사람의 카드만 쳐다봐도, 그 사람과의 화젯거리를 발견할 수 있다.

어느 날 나는 백화점에서 "완벽주의 우울질"인 내 아들 프레디와 함께 계산대 앞에 줄을 서 있었다. 그 때 아들은 감성적으로 예민한 사춘기였다. 내 앞에 서 있던 여인은 커다란 봉투에 빵을 가득 담아 가지고 있었다. 그것은 일반적인 일이 아니었기에 나는 그녀에게 왜 그렇게 빵을 많이 사느냐고 물었다. 그녀는 교회에서 저녁 식사 준비를 맡았다고 했다. 우리는 곧 신앙에 대한 이야기를 나누면서 서로에게 유익했다고 느끼며 금새 친구가 되어 버렸다. 계산을 마치고 주차장으로 가는 길에 프레디는 "엄마와 함께 백화점 가기가 정말 당혹스러워요"라고 했다.

"무슨 말이니?" 난 전형적으로 순진한 사람이라 이렇게 물었다.

"앞에 있는 아주머니에게 왜 그렇게 빵을 많이 사느냐고 물을 필요가 있었어요? 그 사람이 빵을 많이 사든 적게 사든 엄마가 상관할 일이 아니잖아요. 이제 엄마하고는 함께 쇼핑을 못하겠어요."

다혈질은 자신의 사교성을 장점이라고 생각하지만, 다른 사람들은 꼭 그렇게 생각하지는 않는다. 어느 날 저녁 우리는 외식을 하러 나간 적이 있다. 나는 프레디를 자리에 남겨 두고서 화장실에 갔다. 손을 씻다가 한 젊은 여인이 침울한 모습으로 플라스틱 의자에 홀로 앉아 있는 것을 보고 나는 "무슨 일이 있나요? 도와 드릴까요?"라고 물었다.

그녀는 한숨을 쉬더니 곧 흐느꼈다. 그래서 나는 그녀 곁에 앉아서 이야기를 나누었다. 그녀는 아직 신혼이었는데 조금 전에 남편과 싸웠다는 것이다. 나는 그녀의 이야기를 다 듣고서 그녀에게 먼저 사과하라고 설득하여 남편에게 돌려보냈다. 테이블로 돌아오자 프레디는 내게 왜 그렇게 화장실에서 오래 있었느냐고 물었다. 내가 화장실에서 새 친구를 만나 도와 주었다고 하자 프레디는 "화장실에서 낯선 사람하고 친구가 된다고요?"라며 놀랐다.

다른 기질을 가진 사람들은 모르겠지만, "대중적 다혈질"은 어디서든지, 심지어 화장실에서도 친구를 사귈 수 있다.

즐거워 보인다

다혈질은 무슨 일이든 재미있게 하기 때문에 다른 사람들보다 더 즐겁고 신나게 사는 것처럼 보인다. 그들이 특이한 일을 해서가 아니라, 자신이 하는 일에 신을 내고 재미를 느끼기 때문이다.

한번은 비행기를 타고 여행을 하는데 한 다혈질 청년이 내 옆에 앉게 되었다. 그는 헐리우드 배우들에 대해서 이야기를 시작하는데 마치 헐리우드 스타들은 모두 다 아는 것처럼 보였다.

"조안 크로포드가 정말 안됐지요? 수잔 헤이워드가 죽었을 때 난 헐리우드가 모두 죽는 줄로만 알았어요. 공항에서 그녀는 정말 아름다워 보였지요. 나는 그녀가 가는 곳마다 따라다녔는데 그녀의 아름다운 머리결에서 눈을 뗄 수가 없었어요. 그녀는 마치 여왕처럼 우아하게 걸었어요!"

그가 잠시 숨을 고르는 동안 나는 그에게 헐리우드에서 일하는 영화 감독이냐고 물었다. 그는 "아니오! 그랬으면 좋겠지만 난 어메리칸 항공의 공항 카운터에서 일하고 있어요. 그러나 은막의 스타들을 많이 만난답니다."

다혈질 청년은 공항 카운터에서 일하면서 자신의 관점으로 헐리우드 스타들을 평가하고 있었던 것이다. 다혈질이 하는 일은 항상 재미있어 보인다. 그런 다혈질을 보면서 부러워하는 사람들도 있겠지만, 다혈질들이 실제로 그들보다 특별한 일을 하는 것은 아니다.

다혈질은 일상적인 일을 자신도 모르는 사이에 특별한 일로 만드는 재주가 숨겨져 있다. 어느 날 저녁, 우리 온 가족이 딸 로렌의 집에 모였다. 그 날 마리타는 팝콘을 만들기로 했다. 마리타는 벌떡 일어나 부엌으로 갔고, 그 뒤를 4살 난 랜디가 따라갔다. 10분쯤 후에 랜디가 부엌에서 튀어나왔다. 아이는 자동차 헤드라이트처럼 눈을 크게 뜨고서 거실로 뛰어왔다.

"와서 팝콘 좀 보세요. 팝콘이 공중으로 날아다녀요!"

우리는 모두 부엌으로 달려가서 팝콘이 "펑 펑" 소리를 내며 로켓처럼 튀어오르는 광경을 보았다. 모두들 그릇을 하나씩 들고서 튀어오르는 팝콘을 잡으려고 이리저리 뛰어다녔다. 마리타가 새 팝콘 기계에 옥수수를 정량보다 많이 넣고 불을 켜 놓은 채 4살배기 랜디만 놔 두고 화장실에 갔던 것이다. 그 실수로 인해서 매우 흥겨운 파티가 열린 셈이다. 식구들은 공중으로 튀어오르는 옥수수 알을 잡으려고 뛰어다녔고, 당연히 어린 랜디는 마리타 이모처럼 팝콘을 만들어야 한다고 생각했다!

> 마음의 즐거움은 좋은 약이 되어도 마음의 근심은 **뼈**를 마르게 한다
>
> [잠언 17:22 현대인의 성경]

4. 완벽주의 우울질과 함께 조직적으로 행하자

아! 이 세상은 "완벽주의 우울질"을 얼마나 필요로 하는지!

    사람의 마음과 영혼을 바라보는 깊이
    이 세상의 아름다움을 감상하는 예술가적 특성
    무에서 유를 창조해 내는 재능
    사태를 분석하고 적합한 결론에 도달하는 능력
    다른 사람들이 대충 할 때에도 꼼꼼히 살피는 눈
    시작한 것은 완성하려는 목적 의식
    "가치가 있다면 잘하자"는 결심
    모든 일을 질서 있게 하고자 하는 욕구

사람의 기질을 이해하기 전까지 나는 다른 사람들이 나와 다르다는 것에 대해 감사하지 않았다. 나는 인생을 즐기며 살고 싶었고, 내 자신에게 몰두해 있었기 때문에 내가 다른 사람의 도움을 필요로 하는 부족한 존재라는 것을 알지 못했다. 그런데 내 자신을 돌아보고 분석하면서, 나는 내 자신이 남들 앞에 나서기를 좋아하고 무슨 일이든지 시작은 잘하지만 끝까지 완수하는 일은 드물다는 것을 알게 되었다. 내 남편 프레드의 사려 깊은 마음, 다른 사람의 입장을 생각하는 자상함, 그의 조직력과 계획성이 귀하다는 사실을 인정하기 시작했다. 나에게는 프레드와 같은 배우자가 적합하고, 인생의 내면을 살필 줄 아는 우울질 친구가 필요하다는 것도 깨달았다.

"완벽주의 우울질"은 어릴 때부터 깊이 생각하는 습성을 보인다. 우울질은 조용하고, 보채지도 않고, 혼자 있는 것을 좋아한다. 그들은 어릴 때부터 계획에 따라 활동하기를 좋아하고, 조직적인 부모의 말을 잘 듣는다. 소음과 혼란스러운 것을 싫어하고, 이곳 저곳 계획 없이 돌아다니는 생활에는 잘 적응하지 못한다.

아들 프레디를 입양했을 때, 우리는 기질에 대해 전혀 아는 바가 없었다. 이 아이의 기질이 우울질이라는 것도 몰랐다. 아이가 매우 골똘하게 생각하고, 잘 웃지도 않고, 생후 삼 개월 정도 되었을 때부터 주위의 사물이나 사람들을 관찰하는 것 같았다고 보모가 말해 주었다. 프레디의 그런 기질은 성인이 되어서도 마찬가지였다. 십대 때 벌써 진지하고 신실한 사람으로 성숙했고, 마리타가 천하 태평으로 지내는 것이 종종 그의 눈에는 거슬리기까지 했다. 그 아이에게는 인생이란 그렇게 재미있는 것이라고 느껴지지 않았고, 아침부터 미소를 짓고 산다는 것은 불가능한 일이었다. 그는 아직도 내성적이고 분석적이며, 이 기질은 외향적인 가족들과 살아도 바뀌지 않았다.

성인이 되면 우울질은 사색가가 된다. 그들은 진지하게 인생의 목적을 추구하고, 모든 일을 질서 있고 조직적으로 하려 하고, 아름다움과 지성에 가치를 둔다. 그들은 그때 그때의 흥미를 따라 살아가지 않고, 인생을 어떻게 사는 것이 가장 좋을지를 계획하며 살아간다. 이 세상에 "완벽주의 우울질"이 없다면, 우리에게 시나 그림, 문학과 철학, 교향곡 같은 것들은 없었을 것이다. 문화나 세련된 멋도 즐길 수 없었을 것이다. 세상에 과학자나 발명가나 기술자도 훨씬 적었을 것이고, 회계 장부를 정확히 맞추는 사람도 적었을 것이다.

"완벽주의 우울질"은 인간의 마음과 혼과 영혼과도 같다. 아, 이 세상은 진정 우울질을 필요로 한다.

사려 깊고 분석적이다

다혈질이 외향적이라면 우울질은 내성적이다. 다혈질은 말하기를 좋아하고 개방적이다. 그러나 우울질은 조용하고 사려 깊다. 다혈질은 인생을 장밋빛 창을 통해서 바라보지만, 우울질은 비관적이고 어떤 문제가 일어나기 전에 그것을 예측하고, 건물을 짓기 전에 먼저 계산한다. 우울질은 무슨 일이든지 겉으로 나타나는 것만으로 평가하지 않고, 그 근본적인 문제를 다루고자 한다.

예컨데, 다혈질이 말을 한다면, 담즙질은 행동을 하고, 점액질은 바라보며, 우울질은 창의적으로 생각하고 계획하고 고안해 낸다. 우울질은 그들에게 미래가 보인다면 현재 아무리 재미없는 일이라고 해도 꾸준히 행한다. 다혈질 아이가 피아노를 한두 번 연습하다가 뚜껑을 닫고 놀러 나가 버린다면, 우울질 아이는 한 시간 동안 꾸준히 연습을 하면서 익혀야 할 기술들을 익힌다.

우울질에게는 마음의 활동이 중요하다. 그들은 아기 때부터 침대 안에서 밖을 바라보며 인생을 관찰한다. 아동이 되면 연구하고 분석할 장난감이나 놀이를 필요로 한다. 그들은 손가락으로 하는 일을 좋아하고, 복잡한 문제라도 해결책을 찾으며, 놀 때도 진지하고 계획적이다.

학교 생활에서도 우울질은 연구하고 보고서 제출하는 과제를 즐긴다. 그들은 다른 사람들과 함께 하는 것보다는 혼자 일하는 것을 좋아한다. 그들은 사람들이 조사하고 연구하지 않는 주제에 더 흥미를 갖고, 조직적이고 논리적으로 가르치는 선생님을 좋아한다.

남편 프레드는 아이 때부터 접시 닦는 일을 좋아했다. 그는 더 효과적으로 일하기 위해서 매번 일하는 과정을 분석하기를 즐겼다. 내가 프레드를 처음 만났을 때, 그는 뉴욕에 있는 스투퍼 레스토랑의 지배인이 되기 위해 훈련을 받고 있었다. 거기서 그는 자신의 분석적인 능력을 유감 없이 발휘하고 있었다. 남편은 아직도 접시 닦기를 좋아하는데, 직장에서도 접시 닦는 훈련이 필요하다고 생각하는 유일한 사람이었다. 그는 점심 때가 되면 복마전 같은 주방에 들어가 질서 있게 일하도록 지도하는 것을 좋아했다.

가끔 너무 심할 때도 있다. 우리가 결혼한 직후에 그는 내가 설거지하는 것을 관찰하면서 이렇게 말했다: "당신은 필요 없는 동작을 42번이나 했어." 내가 필요 없는 동작을 했는지도 모른다. 하지만 난 그런 소리를 들으며 일하고 싶은 생각은 없었다.

스투퍼 레스토랑에서 문제가 생기면, 프레드는 별 소란 없이 문제들을 조용히 해결하는 능력이 있었다. 그래서 스투퍼 씨는 프레드를 좋아했다. 프레드는 레스토랑의 지배인이 되고자 하는 야망이 있었고, 식당 한쪽에 서서 어느 웨이트리스의 리본이 잘못 매였고, 어느 액자가 비뚤어졌으며, 소금과 후추가 중앙에 바로 놓이지 않은 식탁이 어디고, 의자가 제대로 놓여 있지 않은 곳이 어디인지 금방 알아낼 수 있었다. 이 모든 일들을 마치고 프레드가 집에 돌아오면 어떤 일이 벌어졌겠는가? 그는 집에 들어서자마자 한눈에 집안을 훑어본다. 그 다음에는… 무슨 일이 일어났을지 말하지 않아도 당신은 짐작할 수 있을 것이다.

우울질은 자신의 재능을 인정받는 곳에서 직장을 잡는다. 그들은 인생의 문제들을 분석하면서 생각하고 해결책을 찾는다. 사려 깊고 분석적인 특성은 우울질의 긍정적인 면이다. 그러나 이런 기질이 극단적으로 가게 되면 우울질은 문제들만 생각하고 다른 사람들이 이루어 놓은 일들에 대해서 평가만 하게 된다. 남을 감시하는 듯한 우울질의 눈빛 때문에 다른 사람들은 예민하고 초조해질 수도 있다.

진지하고 목적 의식이 있다

우울질은 진지하다. 그들은 장기적으로 목표를 세우고 먼 미래를 계획하며 추진해 나간다. 불행하게도 그들은 대부분 시시하고 가볍고 흥미있는 일을 좋아하는 사람들과 결혼해서 배우자가 사소한 것들을 즐거워하는 것 때문에 일생을 우울하게 살아간다.

딸 로렌이 신혼이었을 때, 우리는 딸 부부가 살 집을 구하기 위해 돌아다녔다. 꼭 집을 사기 위해서라기보다는 그저 집을 보러 다닌다는 것이 흥미로웠다. 어느 집이든지 꼭 한 가지씩 흠이 있었다. 점심 때가 되어서 나는 그 동안 보았던 집들에 대해 이런 저런 흠이 있다고 남편에게 흉을 보고 싶어 견딜 수가 없었다. 나는 남편의 사무실로 가서 그 날 보았던 집들에 대해서 이러쿵 저러쿵 흉을 보기 시작했다. 내 스스로 내 이야기에 도취되어 재미있게 이야기를 하고 있을 때, 프레드는 내 이야기를 잘라 버리듯이 이렇게 물었다: "그러니까 로렌이 살 집을 구했다는 말이오?"

난 대답하고 싶지 않았다. 대답하면 더 이상 이야기를 할 수 없었기 때문이다.

"그러니까…"

"로렌이 집을 샀다고요?"

"아니오. 하지만…"

"집을 아직 사지도 않았는데 '하지만…' 이라니? 난 바빠서 어쩔 줄을 모르겠는데… 사지도 않은 집이 이렇고 저렇고 시시콜콜한 소리까지 다 듣고 있어야 하는 거요!"

난 집으로 돌아왔다. 우울질은 아무것도 이루어진 것이 없는 사소한 일들에 대해 한 시간씩이나 듣고 있을 사람이 아니라고 생각했다.

천재적이고 지적이다

아리스토텔레스는 "모든 천재들은 우울질이다"라고 했다. 작가, 화가, 음악가의 대부분은 우울질이다. 그들은 천재성을 가지고 태어났으며, 동기를 부여받고 잘 훈련받으면 그 방면으로는 거장이 된다. 미켈란젤로가 지금까지 살아 있지 않아서 시험해 볼 수는 없지만, 그는 분명히 우울질이었을 것이다.

그는 모세상과 다윗상, 마리아상을 조각하기 전에 먼저 인간의 육체에 대해 깊이 연구했다. 시체 보관실에 가서 사람의 근육과 힘줄을 연구하기 위해 시신을 해부하기도 했다. 그가 당시의 보통 조각가들보다 인체에 대하여 더 깊이 연구했기 때문에 오늘날까지도 사람들은 그의 작품들을 소장하고 그를 칭송한다.

내가 조각을 했다면, 대리석을 대충 다듬어 다윗상을 조각해 냈을 것이다. 운이 좋았다면 내 작품은 어디 빈 공간에라도 처박혀 있을 지도 모른다. 그러나 그의 작품은 지금 이 순간에도 성 베드로 성당을 장식하고 있다.

미켈란젤로는 또한 건축가였다. 그는 시인이었을 뿐만 아니라 로마 시스틴 성당의 천정에 벽화를 그려 장식하기도 했다. 그가 지상 75피트 위에 누워 창세기에 근거하여 아홉 장면을 그리는 데 무려 4년이 걸렸다(1508-1512년).

미켈란젤로가 다혈질이었다면 어떠했겠는가? 아마 아홉 개의 벽화를 그리겠다는 계획조차도 세우지 않고, 그저 한쪽 구획부터 시작해서 그때 그때 마음에 떠오르는 대로 그려 냈을 것이다. 또한 그림을 그릴 붓과 염료를 잊고 천정으로 올라왔다는 것을 알고는 다시 내려와야 했을 것이다. 며칠 일을 하다가 곧 흥미를 잃고서 아담이 무화과 잎으로 앞을 가린 모습만 그린 채 포기해 버렸을 것이다. 그러나 다행히도 미켈란젤로는 우울질이었을 것이다. 그랬기 때문에 사람들은 오늘날까지도 그의 천재적인 작품들과 함께 그를 기억한다.

당신이 우울질이라면, 당신의 잠재된 재능을 개발하기 위해 최선을 다하고 있는가 돌아보라.

재능이 있고 창의적이다

어떤 기질보다도 우울질은 재능이 많고 창의적이다. 그들 중에는 화가, 음악가, 철학자, 시인, 작가 등이 많이 있다. 또한 그들은 천부적인 재능을 가진 사람들의 작품을 감상하는 것도 좋아한다. 감수성이 풍부하여 자연의 장엄함에 놀라고 감동하기도 한다. 음악을 들으면 거기에 푹 젖어든다. 그래서 우울질 기질이 강할수록 오디오 기기를 더 필요로 하는 사람이 된다.

  최근에 한 세미나를 인도하면서 우리는 사람의 기질에 따라서 그룹을 나누었다. 프레드는 우울질 중에서 음악적인 사람이 얼마나 되는지 알아보고자 했다. 그는 인도자에게 음악적인 사람이 몇 명이나 되는지 숫자를 파악하여 보고해 달라고 했다. 인도자는 나와서 이렇게 말했다:

  "음악적"이라는 말이 무슨 뜻인지 정확히 알 수 없었습니다. 어떤 사람들은 음악적 재능이 있는 사람이라고 생각할 것이고, 어떤 사람들은 음악을 좋아하는 사람까지 포함시켜야 한다고 할 것입니다. 우리는 이 문제에 대해 한동안 토의하다가 음악을 좋아하는 사람과 음악적 재능이 있는 사람, 두 종류로 구분하기로 했습니다. 그 결과, 음악을 좋아하는 사람은 18명이었습니다. 숫자를 막 기록하려는 찰나에 어떤 청년이 "고전 음악을 좋아하는 사람인가요, 아니면 현대 음악을 좋아하는 사람인가요?"라고 물었습니다. 여기서도 사람들의 의견은 엇갈렸습니다. 그래서 우리는 다시 고전 음악을 좋아하는 사람과 그 외에 다른 음악을 좋아하는 사람으로 구분하기로 했습니다.

  이어서 우리는 음악적 재능이 있는 사람의 숫자를 파악했는데 15명이 손을 들었습니다. 그러자 한 여자가 "지금 악기를 다룰 수 있는 사람을 말합니까? 저는 고등학교에 다닐 때는 클라리넷을 연주할 수 있었습니다만…"이라고 했습니다. 우리는 이 문제의 답을 찾기 위해서 토론을 하게 되었습니다. 그래서 예전에 악기를 다루던 사람과 지금 악기를 다룰 줄 아는 사람을 구분해서 숫자를 파악하려고 했는데, 또 다른 사람이 "내일 피아노 레슨을 받으려고 하는데 이런 경우는 어떻습니까?"라고 물었습니다. 그러자 시간은 다 되고 말았습니다. 그래서 우리는 토론을 중단 할 수밖에 없었습니다!

만일 다혈질 그룹에서 이런 조사를 시켰더라면, 이렇게 조사를 해야 한다는 사실조차도 잊어버렸을 것이다. 담즙질 그룹의 인도자는 "여러분 중에서 음악적인 사람은 손을 드세요"라고 물었을 것이고, 그 숫자를 헤아려서 곧 보고했을 것이다. 담즙질 사람들은 "그게 도대체 무슨 상관입니까?"라고 물었을 것이다. 오직 우울질만이 "음악적"인 것이 무엇을 말하는지 정의를 내리고, 다섯 종류의 사람들을 분류하여 보고하려고 했을 것이다.

도표와 그래프와 목록을 좋아한다

우리는 누구나 한번씩은 목록을 만든다. 그러나 우울질은 자주 도표와 그래프와 목록을 만들어 이용한다. 다혈질이 사람을 보는 동안 우울질은 그들의 숫자를 파악하고, 다혈질이 어떤 사건을 보는 동안 우울질은 어떻게 통계를 낼 것인지를 생각한다.

비비안은 도표와 그래프를 좋아하는데 다른 사람들도 모두 좋아할 것이라고 생각했다. 그녀는 이런 도표와 그래프를 그리는 원리를 사람들에게 한참 동안 설명했는데, 그것을 이해하지 못하는 사람들을 보고서 의아해했다. 그러다가 사람들의 서로 다른 기질에 대해 알게 된 뒤에야 왜 재미있는 그래프와 도표에 대해서 3/4이나 되는 사람들이 흥미를 보이지 않았는지 이해할 수 있었다.

누구든지 더 조직적으로 일하면 더 나은 수준에 도달할 수 있겠지만, 우울질에게는 이것이 기본적인 삶이다. 프레드는 주머니에 일정한 크기의 메모지를 항상 휴대하고 다닌다. 그는 메모지에 매일매일 해야 할 새로운 일들을 기록하고, 일을 마치면 지워 버린다. 또한 6가지 다른 필기 도구를 들고 다니며 윗주머니에는 3가지 연필과 소형 전등이 붙어 있는 볼펜을 넣고 다니는데, 조명이 흐린 식당에서 메뉴를 읽는 데 도움이 되었고 어두운 극장에서는 잃어버린 물건을 찾는 데 도움이 되었다. 바지 오른쪽 주머니에는 칼과 잔돈을 넣고 다니고, 왼쪽 주머니에는 손톱깎이를 넣고 다닌다. 손수건은 오른쪽 뒷주머니에, 그리고 지갑은 왼쪽 뒷주머니에 넣고 다녔는데 아침에 출근할 때면 좀 뚱뚱해 보이기는 하지만 그렇게 해야 떠날 준비가 된 것이다.

디트로이트에 사는 바바라는 딸의 결혼식을 자기 집에서 완벽하게 치를 것이라고 했다. 그녀는 수개월에 걸쳐서 예식 준비를 했는데, 가족 모두에게 그들이 각자 해야 할 일이 무엇인지를 기록해 주었다. 그녀는 아무도 초인종을 누르지 못하도록 테이프로 붙여 버렸고, 대문에는 "결혼식 진행중"이라는 팻말을 붙여 두었다. 전화선은 모두 뽑아 버렸고, 진행자에게는 구체적인 시간표를 주었다. 예식이 시작되고 웨딩 마치가 울려퍼지면 먼저 에어컨을 꺼야 했다. 에어컨 돌아가는 소리가 주의를 산만하게 할 것을 염려했기 때문이다. 계단 꼭대기에는 신부에게 전하는 마지막 지시 사항을 크게 붙여 놓았다: "웃으세요!"

세세한 것까지 신경을 쓴다

　다혈질이 전혀 의식하지도 못하는 것들을 우울질은 매우 중요하게 여긴다. 화장실 휴지를 예로 들어 보자. 난 화장실에 휴지를 되는 대로 걸어 두는데 어느 날 프레드는 내가 휴지를 잘못 걸어 두었다고 지적했다. 난 도대체 무엇이 잘못되었는지 알 수가 없었다.
　"무슨 말이에요? 저기 걸려 있잖아요?"
　"물론 거기 걸려 있기는 하지. 하지만 잘못 걸려 있잖아. 당신은 휴지를 거꾸로 걸어 두었어." 프레드는 한숨을 쉬면서 말했다.
　난 자세히 보았지만 어떻게 해야 거꾸로 거는 것인지 또는 똑바로 거는 것인지 알 수가 없었다. 프레드는 화장지를 걸 때는 두루마리의 끝부분이 앞쪽으로 나오도록 해야 한다고 했다. 벽 쪽으로 끄는 부분이 걸려 있으면 그 부분을 찾느라고 시간이 걸린다는 것이다. 두루마리 끝부분 찾는 데 얼마나 시간이 걸린다고 그렇게 하는지 이해가 되지 않았다. 하지만 나는 그가 원하는 대로 걸겠노라고 약속했다.
　몇 년 후, 꽃무늬 화장지가 시판되었다. 프레드는 그것을 보고서 내게 신이 나서 말했다. 화장지를 제대로 걸면 활짝 핀 꽃이 보이고, 거꾸로 걸면 아무것도 보이지 않을 거라고 설명했다. 난 그의 말에 동의했고, 그는 자신이 옳았다는 것이 증명되어 의기 양양했다. 지금은 화장실에 화장지가 거꾸로 걸려 있으면 내가 먼저 바로 걸려고 한다.
　프레드는 종종 세미나 시간에 이런 이야기를 예로 들었다. 그 때마다 여러 명의 우울질이 그에게 와서 고맙다는 말을 하는 것을 보고 난 놀랐다. 아내나 남편에게 화장지를 거는 바른 방법이 있다는 것을 가르쳐 준 것에 대해 감사를 표한 것이다.
　우울질은 세세한 일도 놓치지 않고 세심한 주의를 기울이는 데 전문가다. 다혈질이 여행을 할 때 우울질과 함께 하는 것이 좋다. 우울질은 비행기 좌석표나 짐을 분실하지 않고, 탑승구가 몇 번이인지 잊지 않는다.

우울질은 위원회에서 없어서는 안 될 존재이다. 그들은 다음과 같이 다혈질이 잊기 쉬운 문제들을 잊지 않고 확인한다: "이 활동에 필요한 재정은 있는가? 사무실이나 홀을 빌리는 데 얼마가 드는가? 몇 사람이나 올 것으로 예상하고 있는가? 돈은 얼마나 지불할 것인가? 이 활동을 꼭 해야 할 필요는 있는가? 행사일로 예정한 날이 공휴일이라는 사실은 알고 있는가?" 우울질이 점검하고 예산을 맞추어 주지 않는다면, 위원회는 재정이 얼마나 소요될 것인지도 모른 채 열정만으로 소집되고 해산될 것이다.

질서 있고 조직적이다

다혈질은 재미를 추구하는 반면, 우울질은 질서를 추구한다. 다혈질은 어질러진 부엌이나 어지럽게 흩어져 있는 책상에서도 일할 수 있지만, 우울질은 잘 정돈되어 있지 않으면 아무 일도 할 수 없다.

어느 소녀는 자신이 방과후에 아르바이트로 다른 집 청소를 해 주었던 일에 대해 이야기했다. 그녀는 집안 청소를 마치고 병들을 진열장에 잘 정돈해 두었다. 모든 것을 끝내고 집으로 돌아가려는데 집주인은 소녀를 불러서 질서 있게 정리 정돈을 하라고 했다. 여주인은 진열장 위에 그려진 여러 가지 부호에 맞추어서 병을 정돈해야 한다는 것이었다. 원이 그려져 있는 곳에는 샴푸를, 타원형 위에는 세제를, 사각형 위에는 주방 세제를, 큰 원 위에는 표백제를 두어야 한다고 했다. 그녀는 병들을 다 제자리에 정리해 두고서 "이렇게 제자리에 두면 필요할 때 언제든지 바로 가져다 쓸 수 있단다"라고 했다.

우울질은 방이나 캐비넷, 옷장 등 무엇이든지 체계적으로 정돈된 것을 좋아한다. 프레드는 반팔 Y셔츠, 남방, 정장을 두는 곳을 각기 구분했다. 바지와 벨트를 거는 곳도 정해져 있어서, 바지를 찾기 위해서 두 개의 옷걸이를 내린다거나 바지에 맞는 벨트를 고르느라고 허둥대는 법이 결코 없다. 셔츠나 바지도 돌아가며 걸어 놓는다. 밤에 돌아오면 왼쪽에 걸어 두고, 다음 날 아침에 나갈 때는 오른쪽에서 옷을 찾아 입는다. 그렇게 하면 옷을 번갈아 가면서 입게 된다. 구두도 신발장에 반듯이 정리해 둔다. 한달에 한번은 구두를 모두 반짝반짝 닦아 놓는다.

신혼 때, 나는 프레드의 빨래를 다혈질 스타일로 정리해 두었다. 빨래를 적당히 개서 장롱에 어떻게든지 집어넣고 문을 닫아 버리면 그만이었다. 어느 날 프레드는 내게 이렇게 말했다: "당신이 내 빨래를 정리해 주는 것은 고맙지만 이제부터는 빨래를 정리해서 옷장에 넣는 일은 내가 하겠소." 난 늘 그랬듯이 "내가 뭘 잘못했는데요?"라고 물었다. 그는 내가 양말을 되는 대로 적당히 말아서 서랍 속에 던져 놓는다고 했다. 그리고는 어떻게 빨래를 접어야 하는지 시범을 보여 주었다. 그는 양말을 정확하게 반으로 접고, 뒤꿈치 부분은 모두 같은 방향을 향하게 쌓았다. 그렇게 하고 나니 장롱 서랍은 너무나도 반듯하게 정리되었다.

거의 40년을 남편과 함께 살았지만, 난 아직도 우울질처럼 반듯하게 양말을 접지는 못한다. 차라리 적당히 말아서 서랍에 넣었다가, 양말을 신어야 할 때 여기저기 찾는 것도 재미있다고 생각한다!

어느 의사에게 우울질 아내가 있었다. 그녀는 집에 초대받아 온 손님들에 대한 정보들을 두 가지 서류철에 정리해 두었다. 한 가지 서류철은 행사별로 정리한 것이다. 예를 들어 1975년 성탄절, 1995년 부활절 등에 참석한 사람들의 명단을 작성하고, 그 때 제공했던 음식 메뉴까지 적어 두었다. 또 다른 서류철에는 손님의 이름을 순서대로 기록해 두었다. 각 사람이 언제 왔는지, 그가 음식을 먹고서 어떤 반응을 보였는지도 기록했다. 또한 손님이 돌아간 후에 감사 편지나 전화를 했는지 점검해 두는 칸도 있었다. 그 뒷면에는 그 사람의 집에 언제 초대받았는지도 기록했다. 그녀는 지난 14년 동안에 자신의 집에서 벌인 모든 파티의 세세한 면까지 다 기록했다.

우울질은 이처럼 무엇이든 체계적으로 정리하는 것을 매우 중요시한다. 우울질이 아닌 사람들은 우울질에게 이런 특성이 있다는 사실을 알고 또한 이런 면을 배운다면 많은 도움이 된다는 사실을 기억해야 한다.

깔끔하다

우울질은 대부분 옷도 깔끔하게 차려입고 머리도 꼼꼼하게 빗는다. 남자들은 유능해 보이고 여자들도 단정해 보인다. 그들은 주변도 깨끗하고 청결하게 정리한다. 다른 사람들이 어질러 놓은 것도 따라다니면서 치운다. 프레드와 나는 15년 전에 유럽 여행을 간 적이 있다. 우리 그룹에는 다혈질 여자 두 명이 있었는데 박물관이나 성당에 가면 다른 것에는 관심이 없고 그저 사진 찍는 데만 열심이었다. 그들의 여행 가방 속에는 폴라로이드 필름이 가득했다. 우리는 그리스에서 가이드의 설명을 들으며 파르테논 신전을 자세히 구경하고 있었는데, 그 두 사람은 기둥 옆에서 멋진 포즈를 취하며 사진을 찍고 있었다. 그들은 폴라로이드 사진을 찍으면서 쓰레기를 아무데나 버렸다. 프레드는 그냥 보고 있지 못하여 그 여인들을 두 주일 동안 따라다니며 청소를 하고 다녔다. 어느 날 프레드는 그들이 버린 쓰레기를 조용히 넘겨주면서 그들의 잘못을 고치려고 이렇게 말했다.

"실례합니다. 이걸 떨어뜨리셨지요?"

"아, 괜찮아요. 별것 아니에요."

아들 프레디도 아기 때부터 우울질 기질을 보였다. 요람에서부터 그는 우리를 바라보며 관찰했다. 아장아장 걷기 시작한 때부터 장난감을 가지고 놀다가도 낮잠을 자기 전에는 꼭 정돈을 했다. 침대를 정돈할 때도 커다란 침대 시트 무늬가 흐트러지지 않고 반듯하게 되도록 정리했다. 매일 똑같은 위치에다 장난감을 두었고, 하나라도 제 위치를 벗어나면 곧 알아차렸다.

한번은 어떤 우울질 청년이 다혈질 숙녀와 데이트하던 때의 이야기를 해 주었다. 그는 여자가 일하는 사무실로 약속 시간에 맞추어서 갔는데, 그녀의 책상은 마구 어질러져 있었고 그녀는 약속 시간을 잊은 채 심부름을 갔다는 사실에 놀랐다. 앉아서 그녀를 기다리는 동안 그는 옆자리가 잘 정돈되어 있는 것을 보았다. 책상 위에 있는 달력도 단정하게 잘 기록되어 있었고, 연필도 같은 방향으로 가지런히 놓여 있었다. 쓰레기통도 깨끗이 비워져 있었다. 곧 그 자리 주인이 돌아왔고, 그녀와 함께 이야기를 했다. 그녀는 옷차림도 매우 단정했다.

그 청년은 내게 이렇게 말했다: "갑자기 정신이 들었습니다. 나와 데이트하던 여자는 나의 이상형이 아니라는 사실을 깨달았습니다. 그 첫번째 여자는 나타나지도 않았습니다. 그래서 나는 두번째 여자와 점심 식사를 했습니다. 그 때부터 지금까지 우리는 질서 있게 데이트를 하고 있습니다."

완벽주의자로서 높은 표준을 갖는다

우울질에게는 "해야 할 가치가 있다면, 올바르게 하라"는 삶의 모토가 있다. 그들에게는 얼마나 빨리 하느냐가 문제가 아니라 얼마나 올바르게 하느냐가 문제이다. 양보다는 질을 중요시한다. 우울질이 맡은 일이 있다면 그가 그 일을 시간에 맞추어서 잘 해낼 것을 믿어도 좋다.

신디는 우울질 남편 빌이 집에 새로 페인트칠을 한 일에 대해 이야기를 들려주었다. 페인트칠을 누가 한다 해도 빌은 만족하지 않을 것이라는 사실을 스스로 알고 있었다. 그래서 그는 손수 페인트칠을 하기 시작했다. 너무 꼼꼼히 칠을 했기에 꼬박 1년이 걸려서야 끝이 났다. 그러나 페인트칠을 마친 후 그들은 집을 팔고서 다른 곳으로 이사를 가야 했다. 신디는 페인트칠이 너무 잘 되어 있어서 집값을 더 받았다고 했다.

우울질인 아들 프레디는 꼬깃꼬깃 구겨진 달러를 내게 보여 주면서 자신은 구겨진 돈이 싫어서 항상 다림질을 한다고 했다. 세상에 구겨진 돈을 다림질해서 펴는 아이는 없을 것이다. 오직 우울질 아이만이 그렇게 다림질을 할 것이다.

난 내 자신이 집안을 잘 정리하는 편이라고 생각했다. 그러나 아들 프레디는 그렇게 생각하지 않았던 것 같다. 그가 보기에 나는 수준 이하였다. 어느 날 나는 딸 마리타와 함께 여행을 떠나게 되었는데 프레디는 한숨을 내쉬며 아빠에게 이렇게 말했다고 한다. "이제 우리 집 여자들이 다 떠났으니, 집을 잘 정돈하고 살아야겠어요." 그날 저녁, 프레디는 진공 청소기로 마루 바닥을 청소하고, 여기저기 쌓인 먼지를 걸레로 닦아 내고, 모든 가구들을 우울질의 표준에 따라 정리했다.

요즘은 대충대충만 해도 기준 이상으로 받아들여지는 시대다. 이런 때 우울질은 우리들이 본받고 따를 높은 표준을 제시한다.

경제적이다

우울질은 천성적으로 낭비를 하지 않는다. 물건을 살 때면 흥정하여 값을 깎는 것을 좋아한다. 프레드는 신문에 나오는 할인 쿠폰을 가위로 깨끗하게 잘라서 적당한 때 쓸 수 있도록 잘 모아 둔다. 나 같으면 손으로 대충 신문을 찢어서 그대로 상점으로 들고 갈 것이다. 커피 1파운드에 1달러를 할인해 주는 쿠폰이 있거나, 백화점에서 쿠폰 값을 두 배로 쳐주는 날이 있으면 그 날은 프레드의 날이라고 해도 과언이 아니다. 어느 날인가는 쿠폰을 두 배로 쳐주어, 그는 37센트라는 매우 싼값에 커피캔을 하나 구입해 왔다. 그 날 그는 온종일 즐거워했다. 다혈질은 이런 쿠폰으로 할인을 받는 경우는 거의 없다. 반면 우울질은 그들이 당연히 받아야 할 것이라면 잊지 않고 할인을 받는다.

프레드는 상점에서 흥정을 잘할 뿐만 아니라, 내가 쓸 만한 것을 버리지는 않는지 조사하려고 쓰레기통을 뒤지기까지 한다. 마요네즈를 다 먹고 나면 병은 씻어서 유용하게 쓸 수 있는데 버렸다고 잔소리를 한다. 약간 상해서 버린 바나나도 바나나 빵을 만들면 먹을 수 있다고 한다. 낡은 빗자루를 버리면 아직도 쓸만하다고 나를 나무란다. 버린 물건을 프레드가 다시 찾아오지 않게 하려면, 난 그것들을 이웃집 쓰레기통에 몰래 버려야 한다.

우리 할머니는 우울질이셨는데 노끈을 모으곤 하셨다. 항아리에 노끈들을 모아 놓으셨는데, 한 항아리에는 "너무 짧아 쓸 수 없는 끈"이라는 표시를 해 둘 정도였다. 내가 아는 한 우울질 주부는 음식이 조금이라도 남으면 플라스틱 그릇에 담아 냉장고에 넣어 둔다. 그녀는 그릇에 내용물과 날짜까지 기록해 둔다. 새 그릇을 찬장에 넣을 때면 뒤에서부터 채워 넣어서 오래 된 것이 앞쪽으로 오게 한다. 이렇게 해서 그녀는 남은 음식들을 순서대로 먹고, 아무것도 버리지 않는다.

다른 사람들을 깊이 염려한다

우울질은 남을 염려하며 그들의 필요에 매우 민감하다. 다혈질은 사람들의 주의와 시선을 끄는 데 관심이 있는 반면, 우울질은 다른 사람들을 관찰하고 그들의 문제에 대해 함께 마음 아파한다. 내 우울질 친구는 어느 날 텔레비전을 보다가 비행기에 가득 찬 베트남 고아들을 보고서 눈물을 흘렸다고 했다. 그녀가 텔레비전을 보면서 마음 아파하자, 그녀의 담즙질 남편은 "도대체 왜 우는 거요? 거기 아는 사람이라도 있소?"라고 했다.

거리를 지나가다 퍼레이드를 보게 되면, 남편 프레드는 나라를 위해 죽어 간 영령들을 생각하며 깊은 감동에 젖어든다. 그러나 나는 퍼레이드 인파 속에서 아는 사람을 찾으려고 한다. 퍼레이드가 끝난 후에 함께 파티를 열고 싶기 때문이다.

우울질은 상담자로서 적격이다. 그들은 다른 사람의 마음을 깊이 헤아릴 수 있는 능력이 있기 때문이다. 다른 사람들의 문제를 듣고, 그것을 분석하며, 적절한 해결책을 찾아낸다. 그러나 다혈질은 다른 사람의 문제를 긴 시간 동안 앉아서 잠잠히 들어 줄 능력이 없다. 그들은 부정적인 일에는 별로 관여하려고 하지 않는다. 그러나 우울질은 다른 사람의 문제를 진지하게 들어 주고 그들을 동정하며 신실하게 돌보려고 한다.

이상적인 친구를 찾는다

우울질은 완벽주의자이기 때문에 친구들도 완벽한 사람을 찾는다. 그들은 조심스럽게 친구를 사귄다. 다혈질은 아는 사람을 많이 만들려고 하지만, 우울질은 소수라도 정말 믿고 의지할 만한 친구를 찾는다.

프레드는 내게 구혼을 하기 전에 자신이 아내에게 바라는 점들을 모두 기록했다. 그는 내가 이런 특성을 지녔는지 철저하게 검사를 하고서, 90%는 합격이라고 판단했다. 남은 10%는 살면서 가르쳐 주겠다고 생각했다. 그러나 우리가 결혼한 후에는 어떻게 되었겠는가? 사소한 결점은 더욱 크게 보이고, 조금 부족하다고 생각했던 부분은 필수적으로 있어야 할 부분처럼 보였다.

시간이 지난 후에 프레드는 내가 그의 기대치에 미치지 못하자 너무나 의기소침했다. 그리고 결혼 전에 나에 관해 차트를 만들었다고 이야기해 주었다. 그 말을 듣고서 나는 뒤통수를 한 대 얻어맞은 듯했다. '나를 그래프로 재다니… 더군다나 내가 그의 기대치에 미치지 못했다니….' 우리가 당시 기질에 대한 지식이 있었더라면 나는 그가 차트를 그렸다는 것이나, 완벽한 아내를 구하고자 했다는 사실도 이해할 수 있었을 것이다. 또한 그도 자신이 세웠던 기대치가 다혈질에게는 사실상 무리라는 것을 이해했을 것이다. 그랬다면 우리는 이렇게 많은 문제들로 인해서 어려움을 겪지는 않았을 것이다.

우리는 어느 세미나에서 이 이야기를 했다. 그 때 한 아름다운 숙녀가 앞으로 나와서 이야기를 털어 놓았다. 수년 전, 그녀는 남편으로서 가져야 할 12가지 특성을 기록해 놓고서, 그것으로 그녀가 만나는 남자들을 평가했다고 말했다. 그 중 가장 나은 남자가 9가지 특성을 가졌고, 그녀는 그 남자와 7년 동안 교제하면서 더 나아지기를 바라며 기다리고 있었다. 우리는 그녀에게 그를 있는 그대로 받아들이든지, 아니면 헤어지라고 권했다. 그래야 그 남자도 다른 여자를 찾을 것이 아니겠는가. 후에 그녀는 그와 파혼했다고 알려 주었다. 이상적인 목표를 추구하는 것은 긍정적인 일이다. 그러나 이 세상에는 완벽한 사람이란 없다는 것을 알아야 한다.

> 슬기로운 사람은 시험을 보면 피하지만 어리석은 사람은 그대로 나아가다가 어려움을 당한다
>
> [잠언 27:12 현대인의 성경]

5. 우리의 감정을 돌아보자

이제 명랑하고 활기가 넘치는 다혈질과 분석적이고 사려 깊은 우울질에 대해서 어느 정도 이해가 되었을 것이다. 이 두 기질은 정반대이지만 한 가지 공통점이 있다. 모두 감정적이고 상황에 좌우된다는 점이다.

다혈질의 즉각적인 감정 표현

다혈질은 감정 표현을 분명하게 하고, 또 감정의 기복도 심하다. 전형적인 다혈질은 오전 중에 여섯 번의 감정적인 위기를 맞는다. 무슨 일을 하든지 그것이 기분 좋은 일이든지 기분 나쁜 일이든지 둘 중의 하나이며, 그 중간은 없다. 다혈질 엄마는 기분 좋게 전화를 하다가도 아이가 의자에서 떨어지면 "아이가 죽겠어요!"라고 비명을 지르며 수화기를 떨어뜨린다. 그녀는 우는 아이와 함께 비명을 지르면서 일회용 반창고를 찾느라 법석을 떤다. 만일 그 때 초인종이 울리면서 목사님이 방문한다면 어떻게 되겠는가? 그녀는 일단 목사님을 안으로 모시고, 아이는 침대에 눕혀 놓고 상처의 피를 닦아 내면서 "울면 안 돼. 목사님이 오셨잖아"라고 할 것이다. 그녀는 다시 거실로 나와서 미소를 지으면서 "날씨가 참 좋지요? 와 주셔서 정말 고맙습니다"라고 말할 것이다.

다혈질이 얼마나 감정적인지 이해할 수 있겠는가? 다혈질의 감정을 그래프로 그린다면, 다음과 같이 변화가 극심하게 나타날 것이다.

우울질은 다혈질의 즉각적인 감정 표현을 보고서 어떤 태도를 취할 것 인가? 그는 한걸음 뒤로 물러서서 관조하면서 이렇게 말할 것이다: "제발 좀 침착했으면… 제발 좀 진정했으면…."

우울질의 장기적인 감정 표현

우울질은 자신이 감정적이라는 사실을 잘 인식하지 못한다. 기분이 좋을 때는 다혈질보다 더 좋아하고, 나쁠 때는 그들보다 더 기분 나빠한다. 다혈질은 이런 감정이 즉각적으로 나타나고 바뀌는 반면에 우울질은 이런 감정이 지속적으로 나타난다.

우울질이 기분이 좋지도 않고 나쁘지도 않은 중간 지점에서 시작했다고 가정하자. 아직까지 그의 신경을 거슬리는 일은 없다. 그가 출근하기 위해서 점심 가방을 들었는데 다혈질 아내가 점심으로 샌드위치 준비하는 것을 잊었다고 하자. 그는 아내를 불러서 아내가 분주하게 샌드위치 만드는 모습을 바라본다. 아내는 샌드위치를 만들면서 상추를 집어넣기 위해 손가락을 뺐았다. 그러면 남편은 매우 불결하다고 생각하지만 아내처럼 감정적이지 않기 때문에 아무런 표현도 하지 않는다. 아내는 샌드위치를 한쪽 손에 들고서 다른 손으로는 이것을 싸기 위해 랩을 찾는다. 씽크대 서랍을 열고 그 안에 있는 랩을 꺼내다가 그만 샌드위치 조각을 땅에 떨어뜨리고 만다. 아내는 "먼지 좀 묻었다고 먹고 죽는 사람은 없어요"라며 떨어진 조각을 주워서 위에 얹고 랩으로 대충대충 싼다. 우울질 남편은 이 광경을 지켜보면서 배가 뒤틀리는 것 같은 기분일 테고, '차라리 맥도널드에 가서 사 먹을 걸…' 하고 후회한다.

그는 기분이 나쁜 채 집을 나서지만 겉으로는 드러내지 않는다. 다음 날도 그녀는 샌드위치 준비하는 것을 깜빡 잊는다. 그는 아내를 부르다가 이내 생각을 바꾸어 직접 만들기 시작한다. 소시지에는 곰팡이가 피었고 빵은 딱딱해져 있다. 아내가 잘 싸 놓지 않았기 때문이다. 그는 이것을 분명하게 지적하며 아내를 꾸짖고, 아내는 울고 만다. 다혈질 아내는 이처럼 감정적이고 마음이 동요하기 쉽다.

셋째 날에는 남편이 손수 샌드위치를 만든다. 전날 필요한 재료를 아예 사 가지고 왔다. 속에서는 화가 부글부글 끓고… 아내는 남편의 점심을 준비해야 한다는 것도 잊고서 전화통을 붙들고 웃어 댄다. 남편은 다녀오겠다는 말도 하지 않은 채 문을 "꽝" 닫고서 출근해 버린다. 아내가 조금이나마 깜짝 놀라야 한다고 생각한다. 남편이 집에 돌아와서는 아무런 말도 하지 않자, 아내는 도대체 무엇이 문제냐고 묻는다. 그래도 남편은 침묵하고 이런 일은 계속된다.

아내는 일주일 내내 기분이 나빠 있는 남편에게서 마침내 그 이유를 듣게 된다. 자신이 샌드위치를 준비해 주지 않았기 때문에 남편의 기분이 나빴던 것이다. 그러면 아내는 "그래, 소시지 한 조각 때문에 일주일 내내 내게 말을 하지 않았단 말이에요!"라고 소리를 지른다.

남편은 너무 기분이 상하고, 그녀가 왜 저렇게 감정적인지 의아해 한다. 그녀가 샌드위치를 수주일 동안 정성스럽게 만들어 준 후에야 우울질 남편은 다시 정상적인 감정으로 회복된다. 우울질과 다혈질의 감정 변화가 어떻게 일어나는지 알겠는가? 그들은 모두 감정적이고 주위 환경에 영향을 받는다. 다혈질은 즉각적으로 감정이 변하지만, 우울질은 한달에 걸쳐서 감정이 변한다.

공통점도 많다

우울질과 다혈질이 함께 지내면, 그들은 서로 상대방이 감정적이라고 생각한다. 우울질은 다혈질이 신경질적이라고 생각한다. 다혈질은 우울질이 아무것도 아닌 문제로 심하게 기분이 상할 수 있다는 것을 이해하지 못한다. 그러나 두 사람은 상대방의 감정 변화의 형태를 이해하기 시작하면서 둘 사이에 공통점이 있다는 것을 알게 된다. 그들은 감정의 변화 속도가 다를 뿐, 모두 감정적이다. 그들이 서로 자신의 문제들을 공개적으로 표현할 때에야 둘 사이의 문제는 줄어들고 원만한 관계를 유지할 수 있다. 우울질은 다혈질이 매일 겪는 감정의 위기를 모면하도록 돕고, 다혈질은 계획을 세우고 민감하게 대함으로써 우울질의 감정이 나락으로 떨어지지 않게 도울 수 있다.

담즙질과 점액질에 대해서

다혈질과 우울질은 감정적이고 주위 환경에 많은 영향을 받는다. 그러나 담즙질과 점액질은 이들처럼 복잡하지는 않다. 담즙질은 직접적이고, 분명하며, 행동하는 사람이다. 그들에게는 한 가지 목표가 분명하다: "다른 사람들도 모두 내가 지시하는 대로 행해야 한다. 지금 당장 그렇게 해야 한다."

점액질은 태평스럽고 안이한 사람이다. 그들은 상대방이 원하는 대로 적응하려고 하고, 무슨 일이든지 불평 없이 행한다. 그들은 무엇보다도 다른 사람들과 다투고 논쟁하는 것을 피하려고 한다.

담즙질은 다른 사람들이 자신이 지시한 대로 행하지 않으면 순간적으로 폭발한다. 그러다가도 그들이 지시한 대로 모두 행하면 모든 것을 다 잊고 다시 원래 상태로 돌아간다. 점액질은 어떤 곤란한 문제도 당하지 않으려는 자들이다. 이런 노력에도 불구하고 그들에게 문제가 생기면 순간적으로 기분 나빠하기도 한다. 그러나 그가 기분이 나쁘다는 것을 당신은 눈치 채지도 못할 것이다. 점액질은 자신이 늘 안정적이라는 것을 자랑하며 "난 내가 어떻게 느끼는지를 다른 사람들에게 절대로 알려 주지 않는다"라고 한다. 담즙질이 항상 역동적이라면, 점액질은 꾸준하다.

변덕스러운 다혈질이 사려 깊은 우울질에게 매력을 느끼고, 앞으로 나서기를 좋아하지 않는 우울질은 외향적인 다혈질에 매력을 느낀다. 이와 마찬가지로 역동적인 담즙질은 평화롭게 다른 사람을 따르는 점액질을 좋아하며, 잘 결단을 내리지 못하는 점액질은 결단력이 있는 담즙질을 찾게 된다.

다혈질과 우울질이 서로 자신에게 부족한 것을 찾아 매력을 느끼는 것처럼, 담즙질과 점액질도 서로 이해하고 상대방의 기질을 용납한다면 서로 보완적인 관계를 이룰 수 있다. 이제부터 담즙질과 점액질에 대하여 살펴볼 것이다. 이들이 서로 보완적인 관계가 된다는 것을 이해할 수 있을 것이다.

6. 역동적 담즙질과 함께
앞으로 나아가자

아! 이 세상은 "역동적 담즙질"을 얼마나 필요로 하는지!

주변 사람들이 절제를 하지 못할 때도 흔들림 없는 자기 절제
사람들이 망설일 때도 단호한 결단
최선의 결론에 도달하고자 인도하는 지도력
애매한 상황에서도 기회를 부여잡으려는 의지
사람들의 조롱에도 불구하고 옳은 일은 굳건히 붙드는 확신
혼자서도 분연히 일어서는 독립심
길을 잃었을 때 발휘하는 삶의 이정표 역할
고난의 바다를 대항하여 싸워 이기게 하는 자극제

"역동적 담즙질"은 역동적인 사람이고, 불가능한 꿈을 꾸는 사람이며, 도달할 수 없는 별을 따고자 목표를 세우는 자이다. 그들은 로버트 브라우닝이 "남자라면 자신의 능력보다 더 원대한 것을 붙잡아야 한다. 그렇지 않다면 무엇 때문에 하늘이 있겠는가?"라고 했던 말이 옳다고 느끼는 자들이다. 그들은 항상 무엇인가 목표를 삼고, 그것을 성취하려고 하고, 마침내 목표한 것을 이루고 만다. 다혈질이

말을 하고 우울질이 생각하는 동안, 담즙질은 그것을 행동으로 옮긴다. 그는 "이것을 지금 당장 내가 지시하는 방식대로 하라"고 명령하는데, 이 명령을 그대로 따르는 사람은 담즙질을 이해하고 그를 따르기가 가장 쉬운 사람이다.

담즙질과 다혈질은 외향적이고 낙천적이라는 공통점이 있다. 담즙질은 다른 사람들과 개방적으로 이야기를 할 수 있고, 그가 책임을 지고 하는 일이라면 결국에는 잘 될 것이라고 생각한다. 그들은 다른 기질을 가진 사람들보다 더 많은 것을 이루어 내고, 자신의 입장을 다른 사람들에게 분명히 밝힌다. 담즙질은 목표 지향적이고 천성적으로 지도자의 자질을 가지고 태어나기 때문에 자신이 택한 분야에서 일반적으로 정상에 오른다. 대부분의 정치인들이 담즙질이다. 이런 정치인을 예로 들라면 1980년대 초에 영국의 대처 수상을 꼽을 수 있다.

신문이나 잡지에서 영국의 대처 수상에 대해서 다룰 때는 담즙질을 묘사하는 용어를 많이 사용했다. 출중하다, 압도적이다, 재능이 있다, 능력이 있다, 결단력이 있다, 경쟁심이 강하다, 직설적이다, 도전적이다, 공격적이다, 심하다 등의 표현으로 대처 수상을 묘사했는데, 이런 표현은 담즙질을 나타내는 것들이다. 사람의 기질에 대해서 이해하고 일상 생활에 적용하기 시작하면 여러 가지 재미있는 일들을 발견하게 될 것이다. 심지어 신문이나 잡지를 읽는 것에서도 예전과는 다른 재미를 느끼게 된다. 그리고 남을 더 잘 이해할 수 있고, 남들의 반응에 대해서 예측하기도 쉬워진다.

천성적 지도자다

담즙질은 어려서부터 자신의 주장을 펼치려는 의지를 보인다. 그들은 천성적인 지도자이며, 요람에서부터 세상을 바라보며 언제쯤에나 엄마로부터 독립된 주권을 회복할 수 있을지를 생각한다. 그들에게는 엄마로부터 독립하여 주권을 회복할 것이냐 말 것이냐가 문제가 아니라, 언제 그렇게 할 것이냐가 문제이다. 그들은 자신의 인생을 통해서 무엇을 하고 싶은지 부모에게 분명하게 의사를 표현하고, 어려서부터 자신들의 권리를 주장하며, 자신이 주도권을 장악하기 위해서는 큰 소리를 지르거나 짜증을 내기도 한다.

흔히 기질에 대한 이해가 없는 엄마들과 이야기를 하다 보면, 그들이 아이들에게 무엇을 하라고 해도 전혀 말을 듣지 않는 고집센 자녀에 대해 하소연하는 것을 듣는다. 이런 아이들은 뭐든지 자신의 뜻대로 하려 하고, 자기 주장을 굽히려 하지 않고 무슨 일이든 책임 있게 해낸다.

딸 로렌은 담즙질이다. 그 아이는 걷기 시작할 때부터 집안 일을 할 수 있었다. 마리타가 태어났을 때 로렌은 불과 4살밖에 되지 않았는데도 마치 마리타의 엄마처럼 행동했다. 젖병을 데우고, 아기를 돌보는 사람을 감독하고 훈련할 수도 있었다. 아이가 유아원에 들어갔을 때 선생님은 이렇게 말했다: "난 교실을 비워 놓고도 아무 걱정하지 않습니다. 로렌이 혼자서도 반을 잘 이끌어 나갈 것을 알기 때문입니다." 선생님의 말은 옳았다. 로렌은 학교 생활을 하면서 항상 학생들의 리더가 되었다.

딸 마리타는 담즙질과 다혈질 기질을 모두 갖고 있다. 한번은 캐나다에서 집으로 돌아오는 길에 스포카네에서 시애틀로, 거기서 다시

로스앤젤레스로 비행기를 타고 올 예정이었다. 비행기가 스포카네에 도착했을 때, 항공사는 아무런 해명도 없이 시애틀 비행이 취소되었다고 통보했다. 마리타는 출구로 가 보았는데, 거기에는 공항 직원은 아무도 없었고 발을 동동 구르는 승객들만 있었다. 마리타는 다음 출구로 가서 직원으로부터 상황을 전해 들었다. 그리고 돌아와서는 사람들에게 알고 있는 대로 상황을 전했다. 사람들은 곧 그녀에게 승객들을 대표해서 주도적으로 일을 처리해 주기를 바랐다.

다음 비행기도 몇 시간이나 지연되어 출발하게 될 것이 분명했고, 승객들은 불만으로 웅성거렸다. 마리타는 렌트카 회사를 찾아가서 시애틀까지 차를 임대하는 가격이 얼마나 되는지 알아보았다. 필요한 모든 정보를 얻은 후에 다시 승객들을 모았다. 승용차를 임대해서 시애틀로 가는 계획을 설명하는 동안 사람들은 모두 그녀의 말을 경청했다. 그녀는 운전할 수 있는 사람들을 파악한 후에, 승객들을 6명씩 모았다. 운전자와 돈을 걷을 회계도 정했다. 마침내 그녀가 사람들을 인솔하여 렌트카 회사로 가게 되었을 때 한 여자가 "항공 회사에서 이렇게 예쁜 숙녀를 고용하여 우리를 친절히 안내해 주어서 참 좋습니다"라고 했다.

위기에 처했을 때, 담즙질은 상황을 장악하고 문제를 해결한다.

잘못된 것은 고쳐야 한다

담즙질은 무엇인가 잘못된 것이 있다거나 힘없는 사람이 부당한 대우를 받고 있으면, 이것을 고치지 않고는 못 배긴다. 그들은 대의명분이 있는 일에 즐거이 동참하고, 옳은 일에는 캠페인을 벌이기도 한다. 그들은 무관심하거나 무정한 사람들이 아니다. 그들은 다른 사람을 염려해 주고 확신과 자신감에 찬 사람들이다.

　담즙질이 남의 집을 방문했을 때 액자가 비뚤게 걸려 있으면 바로 잡아 주고, 주방에 수저가 씻어져 있지 않으면 팔을 걷고 씻어 준다. 어느 날 나는 다혈질 친구의 집을 방문했다. 그녀가 요리하는 것을 도우면서 나는 싱크대 서랍 안에 수저와 포크와 나이프가 모두 뒤섞여 있는 것을 보았다. 나는 별 생각도 없이 이것들을 모두 끄집어 내어 서랍 안을 깨끗이 닦고 수저와 포크와 나이프를 정리해서 제자리에 놓았다. 수저와 포크가 모두 제 자리에 잘 정리된 것을 보고서 그녀는 눈을 깜빡이며 이렇게 말했다: "서랍 안에 왜 작은 칸들이 만들어져 있는지 이제야 알겠어요. 이전에는 이런 것들을 왜 만들어 놓았는지 몰랐거든요."

　피닉스에 기질 플러스 세미나를 하러 갔을 때, 담즙질 친구인 마릴린과 나는 진지하게 대화를 나누고 있었다. 그 때 그녀의 동생 마리아가 우리에게 다가왔다. 우리는 손뼉을 치며 반겼다. 난 마리아의 블라우스 칼라가 안으로 접혀진 것을 보고서 무의식적으로 고쳐 주려고 손을 올렸다. 나의 손이 마리아의 오른쪽 어깨로 올라갔을 때, 친구 마릴린의 손은 왼쪽 어깨 위에서 먼지를 털어 내고 있었다. 우리는 모두 담즙질로서 무엇을 하고 있다는 것을 의식하지도 못한 채 잘못된 것들을 바로잡고 있었던 것이다. 담즙질은 이처럼 잘못된 것을 고치지 않고서는 배기지 못한다.

의지가 강하고 단호하다

모든 조직과 사업과 가정은 담즙질의 결단력과 강한 의지를 필요로 한다. 다른 사람들이 쉽게 결심하지 못할 때 담즙질은 즉시 결단한다. 다른 사람들이 그들의 결단력을 별로 알아주지 않을 때에도 그들은 문제를 해결하고 시간을 아낀다.

헬렌은 세미나가 끝난 후에 내게 와서 이렇게 말했다: "지난번 유럽에 갔을 때 일어났던 일을 이제야 이해할 수 있어요. 당시 나는 기질이 무엇인지 이해하지 못했어요. 함께 갔던 세 친구들은 모두 점액질이 분명합니다." 이어서 그녀는 그들이 얼마나 결단력이 없었는지, 그리고 그녀가 어떻게 그들을 돌보아야 했는지 이야기했다. "매일 밤 나는 그들에게 호텔 로비에서 몇 시에 만나야 하고 무슨 옷을 입어야 하는지 알려 주어야 했습니다. '아침 7시 30분에는 꼭 나와야 해. 운동화를 신어. 이번에는 성을 돌아야 하거든.' 그들은 무엇을 해도 흥미있어 하지 않았습니다. 버스를 타고 다닐 때도 관광을 하라고 차에서 끌어내야 했답니다. 한 친구는 성은 다 같은 거라면서 노틀담에 가는 것도 거절했습니다. 오후에 호텔로 돌아오면 그들은 낮잠을 자려고 했어요. 그래서 난 '너무 오래 자지는 마. 그러면 밤에 여행을 못하게 돼'라고 했답니다. 만일 내가 없었더라면 그 친구들은 아직도 피카딜리 광장에 있었을 것이고, 이곳으로 돌아오는 것은 꿈도 꾸지 못했을 것입니다. 하지만 그들은 모두 내 도움을 받았으면서도 돌아온 후에 고맙다는 전화 한 통화도 없었답니다."

담즙질은 이 세상에서 어려운 역할을 수행해야 한다. 그들은 사람들이 어떻게 처신해야 한다는 것을 잘 알고 있고, 결단력도 있으며, 다른 사람들을 잘 도와 준다. 그러나 담즙질은 별로 인기가 없다. 그들이 다른 사람들을 독려하고 이끌어 가는 것이 남을 부담스럽고 초조하게 만들기 때문이다. 또한 지도자로서의 능력을 발휘하다 보면 다른 사람들에게 군림하는 것처럼 보이기도 하기 때문이다. 담즙질은 조심스럽게 행동해야 한다. 그래야 사람들이 담즙질에게서 상처를 받지 않고 그들의 능력을 인정하게 된다.

무슨 일이든지 더 나은 해결책을 찾는다

담즙질은 무슨일이든지 처리해 낼 수 있다. 그들이 세부적인 규칙을 알고 있든지 모르고 있든지 문제가 되지 않는다. 사실 나는 어떤 모임에 들어가더라도 1년 이내에 회장의 자리에 오를 자신이 있다. 한번은 내가 처음으로 참석한 '코네티컷 연설 연극 협회' 회장으로 선출될 예정이었는데, 그 때는 내가 아직 그 협회에 입회도 하지 않은 상태였다. 담즙질은 어떤 모임에서든지 정상에 올라 리더가 될 수 있는 능력이 있다.

우리가 살고 있는 도시의 시장 부인은 담즙질이다. 우리는 약 500명 정도의 여성들이 참석하는 모임에 점심 식사를 하러 갔다. 그곳은 뷔페 식당이었는데 식탁이 V자 형태로 정리되어 있었다. 양쪽에서 음식을 가져가다 보니 중앙에서 때로는 예기치 않은 문제가 생기기도 했다. 사람들끼리 접시를 부딪히기도 하고, 음식을 쏟고 접시를 떨어뜨려 바닥을 더럽히기도 했다. 음식을 가져가는 속도도 느리고, 사람들이 줄을 서기도 전에 음식이 다 떨어지기도 했다. 나는 자리에 앉아 이 문제를 어떻게 해결해야 할지를 생각하고 있었다. 담즙질이기에 어쩔 수 없었다. 옆에 있는 시장 부인 페니도 생각에 잠겨 있는 것이 보였다. 나는 그녀에게 무슨 생각을 하느냐고 물었고, 우리는 똑같이 해결책을 찾고 있다는 것을 알았다. 우리는 식탁을 V자 형태가 아니라 X자 형태로 놓아야 한다고 생각했다. 그렇게 놓으면 두 줄이 아니라 네 줄로 서서 음식을 가져갈 수 있을 것이고 번잡하지 않아서 서로 부딪힐 일도 없을 것이기 때문이다.

나는 담즙질은 어쩔 수 없다고 생각하고서 그녀와 함께 웃었다. 이처럼 담즙질은 다른 사람의 실수나 인생의 문젯거리들을 보면 자연스럽게 해결책을 찾으려 한다. 그리고 다른 사람들은 왜 이런 생각을 하지 못하는지 의아해한다.

목표 지향적이다

담즙질은 남을 기쁘게 하기보다는 목표를 달성하는 데 항상 더 관심이 있다. 이것은 긍정적이면서도 부정적인 면이다. 결국 그들은 정상에 오르지만 혼자 외롭게 오른다. 내가 잘 아는 어느 '젊은 여성들의 모임' 지부장은 그녀의 임기 중에 굉장한 목표를 세웠다. 그녀는 회원들 한 사람 한 사람을 독려하고 계획대로 일을 진행시키도록 들들 볶아 댔다. 그녀가 임기를 마쳤을 때 그녀의 지부는 다른 어떤 지부보다도 많은 상을 탔다. 그러나 그녀는 이렇게 고백했다: "하지만 우리 지부 내에 내 친구로 남아 있는 사람은 하나도 없어요."

내가 샌 버나디노에서 '여성들의 모임' 회장으로 있을 때 한 담즙질 여성에게 어느 위원회의 위원장 자리를 맡아 달라고 부탁한 적이 있다. 그러자 그녀는 이렇게 대답했다: "저 여자들이 없다면 위원장을 기꺼이 맡겠습니다. 위원들로 있는 저 여자들이 방해가 되거든요."

담즙질은 사람들이 없다면 일을 더 잘할 수 있다. 그들은 혼자 있기 일쑤인데, 그것은 고의가 아니라 그들이 원하는 만큼 일할 수 있는 사람이 없기 때문이고, 또 담즙질은 남들이 자신의 발전을 저해하고 있다고 생각하기 때문이다.

조직적이다

나는 가정을 방문할 기회가 많기 때문에 각각 다른 기질을 가진 엄마들이 자녀들을 어떻게 양육하는지 관찰하게 되었다. 내 친구 코니는 담즙질인데, 조직력이 있고 자녀들에게 지시한 것을 꾸준히 추적하고 점검하기 때문에 가정을 원만하고 효과적으로 이끌어 가고 있었다. 코니의 담즙질 아들 앤디와 점액질 아들 제이는 여기에 훈련이 잘 되어 있어서 엄마가 집에 없을 때도 집안 일을 잘 꾸려 나간다. 어느 날 저녁 마리타와 나는 예정했던 시간보다 훨씬 더 늦게 그 집을 방문했고, 코니는 모임이 있어서 집을 비워야 했다. 코니의 아이들은 밖으로 나와 우리를 맞이하며 "엄마는 외출하셨어요. 그래서 제이와 제가 저녁을 준비할게요"라고 했다. 아이들이 저녁을 준비하는 동안, 나는 식탁 위에 간단한 지시 사항들이 적혀 있는 쪽지를 보았다:

앤디: 샐러드 준비, 상추와 과일을 위에 얹을 것
　　　수프를 준비할 것
제이: 얼음물을 준비할 것
　　　빵을 데울 것, 후식은 냉장고에 있음

아이들은 지시대로 금방 저녁 식사를 차려 냈고, 우리는 모두 정말 멋있는 식사를 했다. 10살과 12살 난 사내아이들이 이렇게 효과적으로 일하는 경우는 드물 것이다. 그러나 엄마가 조직적이고 일관성이 있는 사람이라면 자녀들을 이렇게 훈련할 수 있다.

집안을 살펴보면서 코니가 이곳 저곳에 아이들에게 상기시키기 위해 간단한 메모들을 남겨 놓은 것을 보았다. 텔레비전 위에는 "주말 저녁에 자신의 일을 마쳤을 때는 1시간 동안 텔레비전을 볼 수 있음. 낮에는 텔레비전을 보는 것은 허락을 받아야 함"이라고 적혀 있었다.

피아노 위에는 "큰 소리로 박자를 센다"라고 적혀 있었다. 화장실 거울 위에는 "변기와 거울을 깨끗이"라는 메모가 붙어 있었다. 부엌에는 "접시를 물에 담그지 않은 사람은 벌금 25센트"라는 글이 벽에 붙어 있었다.

다른 기질의 엄마들은 이렇게 조직적으로 아이들을 지도한다는 것이 너무 힘들 거라고 생각할 것이다. 그러나 내 경험에 의하면 이렇게 조직적으로 일하면 행복하고 효과적인 가정을 이룰 수 있다. 나는 내 자녀들이 어릴 때부터 나를 돕도록 훈련했고, '근로표'를 만들어서 목표를 달성할 때마다 표시를 하게 했다. 엄마가 굳건히 서면 가족 모두가 굳건히 서고, 엄마가 조직적으로 일하면 가족 모두 조직적으로 일하게 된다.

내가 자녀들을 조직적으로 훈련시켰기 때문에 우리 아이들의 기질은 서로 다르지만 모두 훈련된 일꾼이 되었다. 그들이 가정에 있든지 직장에 있든지, 조직력을 행사한다는 것은 목표 달성을 위해서 절대적으로 필요한 일이다. 자신이 어디를 향해 나아가는지 알지 못하는 사람은 그 목표를 이루지 못한다. 담즙질은 실질적인 조직을 속히 파악하는 데 전문가들이다.

다른 사람들에게 위임한다

담즙질의 가장 큰 장점은 조직력을 동원하여 다른 어떤 사람보다도 많은 것을 성취하는 능력이 있다는 것이다. 담즙질이 어떤 임무를 맡게 되면, 그들은 일을 어떻게 수행할 것인가를 파악하고 몇 개로 구분한다. 다음에는 어떤 도움을 받을 수 있는지 파악하고 그 일들을 다른 사람들에게 속히 위임한다. (담즙질은 앉아서 노는 것보다는 일하는 것이 낫다고 생각한다.)

우리 아이들이 자랄 때, 남편과 나는 집에 '근로표'를 만들어 놓고서 매일 우리 아이들이 해야 할 일을 기록했다. 우리 식구들은 모두 담즙질 기질을 가지고 있었던 것이다. 아이들이 학교에서 돌아오면 근로표를 보고서 자기가 놀러 가기 전에 해야 할 일이 무엇인지 점검했다. 만일 아이들의 친구들이 우리 집에 와서 3일 이상을 지내게 되면 그들의 이름도 역시 표에 기록하고 일을 할당했다. 한 아이가 내 아들에게 말하는 소리를 들은 적이 있다: "너희 엄마가 나를 좋아하시나 봐. 내 이름도 근로표에 기록하셨어."

사실 엄마들이 집안에서 다른 식구들에게 위임할 수 있는 일들을 위임하지 않기 때문에 많은 노동력이 상실된다.

어떤 담즙질은 자신이 모든 것을 철저하게 책임져야 한다는 생각 때문에 중요한 일은 절대로 남에게 위임하지 않고, 시시하고 가벼운 일들만 위임한다. 지혜롭게 다른 사람에게 위임한다면 더 많은 것을 이룰 수 있을 텐데, 중요한 것은 꼭 자신이 해야 한다는 생각 때문에 위임하지 않으므로 성취할 수 있는 것도 실패하게 된다.

반대에도 굴하지 않는다

담즙질은 목적을 달성하는 것을 즐길 뿐만 아니라, 반대에도 굴하지 않는다. 만일 다혈질이 무슨 일을 하려는데 누군가가 그것은 불가능한 일이라고 말한다면, 그는 이 말을 해 준 사람에게 깊이 감사하며 금방 포기해 버릴 것이다. 우울질이 그런 상황이라면, 그는 그 일을 하려고 계획하고 분석하는 데 보낸 시간을 아까워할 것이다. 점액질은 그 일이 불가능하다는 사실에 감사할 것이다. 왜냐하면 그는 처음부터 그 일을 해낸다는 것이 너무 어렵다고 생각하고 있었기 때문이다. 그러나 담즙질에게 그 일은 불가능하다고 말해 보라. 그는 더욱 도전을 받고 달려들 것이다.

로라는 남편 조가 해야 할 집안 일을 하지 않았을 때 말 한마디로 즉시 일하게 한 이야기를 내게 전해 주었다: "어머님이 오늘 오셨는데, 난 당신이 커튼을 치려고 하지 않는다고 말했어요. 어머님은 '아니, 조가 커튼 치는 법도 모른단 말이야!' 라며 깜짝 놀라셨어요."

그러자 남편 조는 소파에서 일어나 즉시 커튼을 달아 주었다고 했다.

담즙질이 프로 선수가 되는 경우가 많은데, 그 까닭은 담즙질은 반대를 무릅쓰고 일하기를 좋아하기 때문이다. 다른 기질은 축구장에서 11명의 거대한 상대 선수들이 나타나면 기가 죽는데, 담즙질은 그들과 전투를 하듯 경기하는 것을 좋아하기 때문이다. 남자든지 여자든지 담즙질은 도전적이고 짓밟고 정복하고자 하는 욕구가 강하기 때문에 사업에서도 성공한다. 그들은 남에게 비난을 당할 때도 실망하지 않고, 다른 사람들이 흥미를 보이지 않을 때도 조금도 굽히지 않는다. 그들은 목표에 눈을 고정시키고 반대에도 절대 굴하지 않는다.

친구가 없어도 외로워하지 않는다

다혈질은 청중이 되어 줄 친구들이 있어야 한다. 우울질도 그들을 붙들어 줄 친구가 필요하다. 그러나 담즙질은 주위에 친구가 없어도 문제가 되지 않는다. 그들은 자신이 성취해야 할 과업이 있으며, 주위에 있는 사람들과 함께 일하는 것은 그 일을 성취하는 데 별로 도움이 되지 않기 때문에 시간 낭비라고 생각한다. 담즙질은 의미 있는 그룹 활동이라고 생각되면 즉시 동참해서 조직력을 발휘하며 함께 일하겠지만, 쓸데 없는 잡담으로 시간을 낭비하지 않는다.

일반적으로 옳은 주장을 한다

담즙질은 어떤 상황을 파악하는 데 특별한 재능을 타고났으며, 자신이 옳다고 확신할 때는 이것을 공개적으로 주장한다. 이 점이 큰 자산이기는 하지만, 담즙질과 함께 사는 사람들은 그들의 이런 행동을 항상 좋아하는 것은 아니다. 미시는 담즙질 남편이 전혀 실수를 하지 않는 것이 싫었다. 그녀는 남편도 언젠가는 실수를 해서 망신을 당하기를 바랐다. 그도 실수가 있는 인간이라는 것을 나타내기 원했기 때문이다. 그러던 어느 날 그녀는 '만일 우리 사업을 이끌어

갈 매니저를 고용해야 한다면, 전혀 실수를 하지 않는 사람을 고용해야 하겠지' 라는 생각을 하게 되었다. 그 때 그녀는 이미 이런 사람을 곁에 두고 있었던 것이다. 그것도 아무런 봉급도 지불할 필요가 없는 사람으로 말이다. 그 후 미시는 남편을 긍정적으로 다시 보게 되었다.

긴급한 상황에서 더욱 빛을 발한다

내 안에 있는 담즙질 기질은 비상 사태를 좋아한다. 어느 날 내가 산타 로사 클럽에서 강연을 하려고 하는데, 그 지역에 갑자기 전기가 나가 버린 일이 있었다. 여자들은 어두운 식당에서 자신들이 마셨던 물컵을 찾느라 비명을 질러 댔다. 담즙질 연사가 아니었더라면 이런 상황에서는 강연을 취소하고 돌아가 버렸을 것이다. 그러나 담즙질 연사인 나는 어두움 속에서 강연한다는 것도 재미있을 것이라고 생각하며 대비를 하고 있었다. 강연의 서두를 어떻게 시작할 것인지도 준비해 두었다:

이제 저는 어두움 속에서 가장 잘 어울리는 나이가 되었습니다.
여러분들은 아무것도 보려 하시지 마시고 그저 듣기만 하십시오.

강연의 서두를 어떻게 시작할 것인지 생각하는 동안 다시 전기가 들어왔다. 산타 로사에서 강연을 들었던 사람들은 어둠 속의 즐거움에 대해 내가 하고자 했던 말을 듣지 못하게 되었다.
한번은 인디애나폴리스에서 강연을 하던 중에 예기치 않은 일이 벌어졌다. 갑자기 옆에서 스코틀랜드 백파이프 연주대가 연주를 시작한 것이다. 바로 무대 뒤에서 일어났다. 내 말소리는 백파이프 소리에 파묻히고 말았다. 의장이 무대 뒤로 가서 연주를 중단시키는 동안 나는 무슨 말을 어떻게 할 것인지 생각하고 있었다. 연주는 그치고, 의장이 돌아와서 무슨 일이 있었는지 알려 주었다. 그들은 이곳에서 강연회를 갖고 있다는 사실을 모른 채, 토요일에 있을 퍼레이드를 준비하느라고 연주 연습을 하고 있었던 것이다. 나는 스코틀랜드 연주대가 강연 중간에 우리에게 음악을 들으며 휴식을 취할 수 있도록 연주해 주어서 참 감사하다고 했다. 나의 어머니도 스코틀랜드 남자들이 입는 치마를 입고서 백파이프 연주를 하신 적이 있다는 이야기도 했다. 내게도 스코틀랜드인의 피가 흐르고 있다는 이야기로 나는 강연을 마쳤다.

담즙질은 위기 상황을 즐긴다. 그래서 예기치 않은 상황에서 사람들의 이목을 집중시키고, 새로운 방향을 제시한다.

> 훌륭한 지도자가 없으면 나라가 망하여도 충언자가 많으면 평안을 누린다
>
> [잠언 11:14 현대인의 성경]

7. 평온한 점액질과 함께 여유를 갖자

아! 이 세상은 "평온한 점액질"을 얼마나 필요로 하는지!

    하던 일을 지속하는 안정감
    사람을 자극하고 괴롭게 하는 자들과도 함께 지내는 인내심
    다른 사람이 자신의 주장을 펼칠 때 그것을 들어 주는 능력
    서로 대적하는 세력들을 중재하여 하나가 되게 하는 재능
    어떤 값을 치르고라도 최우선으로 삼는 화목
    상처받는 사람을 위로하는 자비심
    다른 사람이 낙심할 때도 잃지 않는 용기
    자신과 맞지 않는 사람과도 탈 없이 살아가려는 생활 태도

  사람의 기질을 이해하는 것은 그 사람을 이해하는 첫번째 단계이다. 만일 사람마다 천성적으로 다르게 태어난다는 사실을 인정하고 그들을 있는 그대로 받아들이지 않는다면, 우리는 자신과 다른 사람들은 조금은 비정상적인 사람이라고 여기게 될 것이다.
  사람의 기질을 이해하면, 사람들이 왜 서로에게 끌리는지 알게 된다. 가족 중에서도 서로 다른 기질을 가진 식구가 있어서 여러 가지

다채로운 행동과 취미 생활을 하게 된다. 하나님은 우리 모두를 다혈질로 만들지는 않으셨다. 만일 그러셨더라면 우리는 재미있는 일은 많이 하겠지만, 조직적인 일은 하지 못할 것이다. 하나님은 우리 모두를 담즙질로 만들지도 않으셨다. 그러셨더라면 다 지도자이고 뒤에서 따르는 사람은 아무도 없을 것이다. 하나님은 우리를 모두 우울질로 만들지도 않으셨다. 만일 그러셨더라면, 무슨 잘못된 일이라도 생기면 우리는 모두 좌절하고 우울해할 것이다.

하나님께서는 "평온한 점액질"을 만드셔서 다른 세 기질을 가진 사람들의 감정에 완충자로서의 역할을 하게 하고, 균형과 안정을 유지하게 하셨다.

점액질은 다혈질의 흥분을 가라앉히고 담즙질의 눈부신 결단에도 크게 영향받지는 않으며 우울질이 아무리 복잡하게 계획해도 그것을 진지하게 받아들이지 않는다.

점액질은 "그건 별로 중요하지 않아"라고 말하며 균형을 이루게 한다. 결국 우리가 하는 일이 그렇게 중요한 것은 아니지 않는가! 우리 모두는 각자 다른 기질을 가진 사람으로 창조되었다. 따라서 서로 다른 기질을 가진 사람들이 서로 잘만 하면 흥미 진진하고 균형 잡힌 삶을 공유할 수 있게 된다.

어디에나 잘 적응한다

점액질은 다른 어떤 기질의 사람들보다도 남과 잘 어울린다. 점액질 아이는 부모에게 축복이다. 부모와 함께 나들이를 가게 되면 너무나 즐거워한다. 어디를 데려가도 좋아한다. 불규칙적인 생활을 하게 된다고 해도 그것을 용납한다. 친구를 좋아하지만 혼자서도 잘 지낸다. 아무것도 문제 삼지 않는 것 같고, 남들이 지나쳐 가는 것을 구경하는 것도 좋아한다.

나는 사위 랜디의 아버지로부터 점액질인 랜디의 어릴 때 이야기를 들은 적이 있다. 랜디는 다른 아이들과 잘 어울렸고, 어떤 상황에서도 잘 적응했다고 한다. 밤이면 부모는 곧잘 카드놀이를 했는데, 그 때마다 아이를 혼자 두었기 때문에 랜디에게는 독서하는 습관이 생겼다. 그래서 아이는 학창 시절에 진지하게 공부했고, 동전을 모으는 취미도 갖게 되었다. 부모는 어디를 가든지 랜디가 읽을 책을 챙겼다고 한다. 아이는 어디에서든지 잘 적응했고, 아무런 불평도 없이 책을 읽었다고 했다. 그는 항상 즐거워했고 더 많은 지식을 얻고자 갈망했다. 그 결과 그는 유명한 금화 수집가가 되었고 '고전(古錢) 협회' 회장이 되었다. 점액질의 랜디는 상황에 따라서 침묵을 지키든지 말을 똑부러지게 하든지 했다. 우리 어머니는 가끔 "랜디는 성자야"라고 말씀하셨다.

점액질은 누구보다도 조화를 잘 이루는 사람이다. 극단적으로 행동하지 않고 중도를 걸으며 극단적인 주장을 하는 양쪽 모두와 다투지도 않는다. 점액질은 다른 사람에게 상처를 주거나 자신을 드러내지 않으며, 자신이 해야 할 일은 조용히 처리하지만 그것으로 어떤 이익을 얻고자 하지 않는다. 담즙질이 "천성적 지도자"라면, 점액질은 "훈련된 지도자"이다. 적당한 동기가 생기면 그는 정상에 오를 수도 있는데, 이것은 다른 사람과 함께 어울릴 수 있는 능력이 탁월하기 때문이다. 담즙질은 모든 것을 앞에 나서서 주관하고 싶어하지만, 점액질은 다른 사람들의 요청이 있기 전까지는 앞에 잘 나서지 않는 경향이 있다.

어느 날 나는 백화점 공중 전화 박스에서 전화를 하고 있었다. 그 때 '기질 플러스' 세미나 테이프를 들은 한 여인이 내 목소리를 듣고 서 나를 알아보았다. 다혈질인 그녀는 버데타라고 했다. 우리는 함께 이야기를 나누기 시작했는데, 그녀는 점액질 남편에게 전화를 해야 한다고 했다. 자신은 테니스를 치러 가야 하기 때문에 남편에게 빨래 건조기의 전원을 꺼 달라고 부탁하기 위해서라고 했다. 만일 내가 남편에게 이런 부탁을 했다면 그는 들어주지 않았을 것이다. 그러나 버데타는 남편이 집에 화재가 나지 않도록 타이머 기능이 고장난 건조기의 전원을 껐을 거라고 확신하고 있었다. 운동복 차림으로 껑충껑충 뛰는 그녀에게 점액질 남편의 장점을 써서 편지로 보내 줄 수 있겠느냐고 부탁을 했더니 얼마 후 내게 이런 편지를 보내 왔다:

플로렌스 부인,
12월 14일, 사우스 코스트 백화점 공중 전화 박스에서 테니스복 차림의 한 여자가 당신의 목소리를 알아듣고서 이야기 나누었던 일을 기억하십니까? 그 사람이 바로 저입니다. 부인은 점액질 남편의 장점을 편지로 알려 달라고 하셨습니다. 저는 제 남편과 20년을 행복하게 살아왔습니다. 당신이 부탁한 대로 점액질 남편의 장점을 적어 보냅니다.
저는 다혈질/담즙질이기 때문에 나 같은 기질만이 즐겁게 사는 사람이고, 가치가 있다고 생각했습니다. 내가 생각하는 것이 가장 훌륭하고 유일하다고 생각했습니다.
부인과 대화를 나눈 후, 점액질의 긍정적인 면에 대해 생각해 보는 가운데 주님은 저를 겸손하게 하셨습니다. 내게 진정한 힘이 되어 주고 결혼 생활에 안정을 유지시켜 준 사람은 바로 제 남편입니다.

　점액질은 항상 침착하고, 노하기를 더디 하며(잠언 14:29), 스트레스를 받아도 자제하고, 결코 충동적으로 일을 벌이지 않고, 논리적이고, 믿음직스럽고, 충성스럽고, 오래 참습니다(전도서 7:8). 그들은 다른 사람들에게 무엇을 꼭 해야 한다고 목표를 설정해 주지도 않습니다. 그들은 자신의 아내도, 자녀들도 있는 그대로 용납하기 때문에 그들에게 어떤 과정으로 자기 발전을 이루어야 한다고 강요하지도 않습니다.

　점액질 부모는 자녀를 훈련하는 데는 약한 면이 있기는 하지만 훌륭한 부모가 됩니다. 안정적인 삶을 추구하기 때문에 자녀들도 만족해 합니다. 10살 난 내 아들은 야구를 좋아합니다. 이기든지 지든지 아빠는 상관하지 않습니다. 그저 아들을 열심히 응원해 줍니다.

　점액질은 위대한 지도자감입니다. 사람들은 점액질로부터 어떤 압력이나 비판도 받지 않기 때문에 그들을 위해 일하기를 좋아합니다. 비서들은 이런 점액질 상관에게 더 친절하고 성실하게 대합니다. 그런 환경에서는 생산성도 향상되기 때문에 자존감도 향상됩니다.

　점액질은 이상적인 중재자입니다. 평온하고 감정에 치우치지 않기 때문에 몇 마디 부드러운 말로 경직된 상황을 풀어 줍니다.

　점액질 여성들은 다혈질에게서 찬사를 받습니다. 그들은 조용하고 정숙한 여인과도 같습니다. 온유하고 조용한 성품 때문에 같이 있는 사람들을 즐겁고 유쾌하게 해줍니다(베드로전서 3:4).

　점액질인 제 남편은 인생에 대해 별로 심각하게 생각하지 않기 때문에 유머 감각도 무딥니다. 제가 당신을 만났을 때, 사무실에 있는 남편에게 집에 들러서 빨래 건조기의 전원을 꺼 달라고 부탁한 것을 기억하세요? 그는 아무 염려도 하지 말라고 했습니다. 집에 불이 나면 또 다른 집을 사면 된다고 했지요. 그러면서 "지난주에 화재 보험금 냈지?"라고 물었습니다. 지금까지 보험금을 내가 낸 적은 한번도 없고, 또 보험에 들었다는 것도 내가 모르고 있다는 것을 남편은 알고 있었답니다. 예기치 않은 그의 농담 때문에 걱정을 덜 수 있었습니다.

점액질은 다른 사람을 편안하게 해 주고 도와 줍니다. 우리 주위에는 이런 사람들이 많이 있어야 한다고 생각합니다.

안녕히 계십시오.

버데타 호네스코

겸손하고 온유하다

점액질은 다른 사람에게 상처를 주는 법이 없고, 같이 지내면 유쾌하다. 집안에 이런 식구가 없다면 이런 사람을 식구로 맞아들여야 한다. 브렌다는 몇 주 동안 우리 집에서 아이들과 함께 지냈는데, 우리 식구들 모두 그녀를 사랑하게 되었다. 우리 집안은 담즙질로 가득한데, 브렌다의 겸손하고 온유한 기질을 보면서 가족들은 모두 자신을 돌아보게 되었다. 우리가 무엇을 하자고 해도 그녀는 흔쾌히 따라 주었는데, 항상 무엇을 계획하기를 좋아하는 담즙질이 그런 기질을 얼마나 좋아하겠는가. 브렌다는 어떤 상황에서도 잘 적응했다. 우리 식구들 중에 그녀가 떠나기를 바라는 사람은 아무도 없었고, 그녀는 우리의 가족이 되어 버렸다. 6년 후, 그녀는 점액질 특유의 담담한 어조로 "그 때 금방 떠나지 않은 이유는 짐을 꾸린다는 것이 너무나 힘들어 보였기 때문이에요"라고 했다.

점액질인 팀은 고등학교 회장으로 뽑혔는데, 주 의회 의사당에 항의하기 위해 시위대를 파견하는 일을 해야 했다. 그의 엄마는 다혈질이었는데, 전에 없이 공격적인 그의 기질을 보고서 너무나 기뻐했다. 그녀는 친구들과 모여서 6시 텔레비전 프로를 보고 있었는데, 그 때 팀이 무리를 이끄는 모습이 텔레비전에 나오기로 되어 있었기 때문이었다. 그러나 시위대가 행진하는 모습이 나왔을 때도 팀은 보이지 않았다. 카메라가 구경꾼들을 비췄을 때, 그는 머리에 손을 얹고서 구경꾼들 틈에 있었다. 그녀는 실망하고 분노했다. 집으로 돌아온 아들에게 그녀는 왜 앞장서지 않았느냐고 물었다. 그는 "내가 왜 바보짓을 해요?"라고 대답했다.

점액질은 지도자의 자리에 있다고 해도 겉으로 드러나기 전에 그 자리를 사임하는 경우가 많다. 사람들에게 인정을 받을 필요를 느끼지 못하고, 자신을 광대로 만들려고도 하지 않는다.

언젠가 점액질 여자 친구를 사귀고 있는 청년에게 "당신 여자친구의 어떤 점이 좋습니까?"라고 물었다.

그는 잠시 동안 생각하더니 "특별히 뛰어난 것이 없는 것을 보니, 아마 그녀의 모든 것을 좋아하나 봅니다"라고 했다. 이것이 바로 점액질을 나타내는 말이다. 그들에게 특출한 면은 없다. 그러나 그들과 함께 있으면 편안하다. 그들은 절대로 우쭐대지 않으며 겸손하다. 점액질의 어떤 사람은 "나는 그저 평범한 사람입니다"라고 자신을 표현했다. 또 누군가는 "사람들이 나를 좋아한다니 그저 놀라울 뿐입니다"라고 한숨을 쉬며 말했다. 점액질은 겸손함과 온유함으로 남을 기쁘게 하며, 다른 기질의 사람들이 본받아야 할 긍정적인 성품이다.

태평스럽고 느긋하다

점액질은 일을 쉽게, 그때 그때 상황에 따라 처리하는 것을 좋아한다. 그들은 먼 미래를 미리 생각하고 계획하지 않는다. 한번은 아들 프레디의 친구가 집에 놀러 왔다. 그에게 저녁 식사를 하겠느냐고 물었더니, "생각해 보고 그 때 가서 말씀드릴게요"라고 했다. 내가 식사와 잠자리를 준비한 것을 알고서야 그는 우리 집에 머물렀다.

저녁 식사 후에 그를 위해서 텔레비전을 켜며 "특별히 보고 싶은 프로가 있니?"라고 물었다.

그는 "무슨 프로를 보든지 상관 없어요"라고 했다.

후에 광고 방송이 나갈 때가 되어서야 아이는 "실은 저도 '다저 게임'을 보고 싶었어요"라고 중얼거렸다.

"근데 왜 말하지 않았니?" 내가 물었다.

"아줌마가 그 프로그램을 싫어하실 것 같아서요."

점액질은 문제를 야기시키려고 하지 않으며 변화를 요구하기보다는 상황을 있는 그대로 받아들인다.

아들 프레디에게는 또 한 명의 점액질 친구가 있는데 그는 정말 태평스런 아이였다. 언젠가 우리 집 소파에 앉아 있던 그 아이는 찢어진 청바지와 티셔츠를 입고 있었고, 머리는 덥수룩하며, 맨발이었다.

나는 "마이크, 오늘은 치장하는 데 별로 시간을 들인 것 같지 않구나"라고 한마디 했다.

그러자 옆에 앉아 있던 다혈질 아이가 "마이크는 겸손하게 보여야 한다고 생각해요"라고 했다. 그 말은 점액질을 잘 묘사한 말이었다.

고요하고 냉정하고 침착하다

점액질은 인생의 태풍을 만나도 고요하고 침착할 수 있다. 이것이 바로 그들만의 놀라운 특성이다. 다혈질이 비명을 지르고, 담즙질이 다른 사람들을 몰아세우고, 우울질이 낙담할 때, 점액질은 냉정함을 유지한다. 그들은 잠시 뒤로 물러서서 기다릴 줄 알며, 금방 바른 방향으로 조용히 움직인다. 그들은 감정의 지배를 받지 않으며 마음속에 분노도 없다. '이건 화낼 문제가 아니야'라고 생각한다.

우리 형제들은 점액질 어머니 밑에서 자랐다. 우리는 참 많이도 어머니 속을 썩여 드렸다. 우리가 너무 심하게 장난을 칠 때면, 어머니는 "너희들이 여기서 조용히 있기만 한다면 뭘 하든지 상관하지 않겠다"고 하시며 우리를 작은 방에 가두곤 하셨다.

인내심이 강하고 균형 잡힌 생활을 한다

점액질은 결코 서두르는 법이 없고, 남들이 성가셔하는 상황에서도 그들은 별로 영향을 받지 않는다. 담즙질의 글래디스는 자신의 점액질 남편에 대해 이런 이야기를 해 주었다:

> 하루 종일 친척집을 방문하고 난 후, 나는 빨리 집에 가고 싶어서 안달이 났습니다. 고속도로로 들어설 때쯤 "기름을 넣어야겠어"라고 단이 조용히 말했습니다. 나는 아직은 기름이 충분하다고 생각했지만, 그가 모험을 싫어했기 때문에 우리는 셀프 서비스 주유소에 들렀습니다. 나는 딸아이를 데리고 화장실에 갔

다가 나오면서 '이제는 고속도로를 달릴 준비가 다 됐겠지' 생각했습니다. 그런데 남편은 돈을 쥔 채 차 옆에 그대로 서 있었습니다. "왜 아직까지 계산을 하지 않았어요? 난 급하단 말이에요." 내가 큰소리로 말했습니다. 그러자 그는 누구에게 돈을 지불해야 할지 모르겠다고 했습니다.

주위를 돌아보니 직원 같아 보이는 사람이 있길래 그 사람에게 가 보라고 했습니다. 안타깝게도 그는 공군 복장을 한 손님이었습니다. 바로 그 때 직원이 나타났지만, 그는 잔돈을 달라며 남편이 내민 20달러 지폐를 거부했습니다. 우리에겐 잔돈이 없었기 때문에 난 직원에게 화를 냈습니다. 단은 길 건너편에 있는 수퍼마켓에 가서 돈을 바꿔 오자고 했습니다. 나는 시간을 허비하고 싶지 않았지만 달리 방법이 없었기에 그냥 카운터에서 잔돈으로 바꾸자고 했는데, 단은 그러면 안 된다고 했습니다. 물건을 사야 된다는 것이었습니다.

"하지만 필요한 게 없잖아요." 내가 대꾸했습니다. 그러나 그는 아무 말도 하지 않고 수퍼마켓으로 들어가서는 요구르트 세 개를 고른 후에 카운터에 가서 20달러 지폐를 내고 거스름돈을 받아 왔습니다.

우리는 다시 주유소로 돌아왔습니다. 그리고 직원이 타이어를 교체하기까지 인내심을 가지고 기다렸다가 돈을 지불한 후에 직원에게 웃으며 고맙다는 인사를 하고, 마침내 차에 올랐습니다. 이 지루한 일을 하는 동안, 그는 결코 화를 내지 않았습니다. 내가 조급해한다고 해서 기분 상해하지도 않았습니다. 집으로 돌아오는 길 내내 조용히 콧노래를 부르고 있었습니다.

이와 똑같은 상황에서 다른 기질의 사람들이라면 어떻게 처신했을까? 다혈질은 기름이 부족하다는 것도 몰랐을 것이며 기름을 넣은 후에도 어떻게 잔돈을 만들어야 할지도 몰랐을 것이다. 담즙질이었다면 직원에게 잔돈을 준비하라고 다그쳤을 것이고, 한바탕 소동이 벌어졌을 것이다. 우울질은 미리 잔돈을 정확하게 준비했을 것이다. 그렇지 못했다면, 그는 미리 잔돈을 준비하지 못한 자신을 책망하며 집으로 오는 길 내내 그 일에 대해 생각했을 것이다.

대부분의 점액질은 아무리 화가 나는 상황이라도 인내하고 자제하며 함부로 말하지 않는다.

현실을 즐겁게 받아들인다

점액질은 인생에 대해서 크게 기대하지 않는다. 그래서 인생을 살아가면서 겪는 여러 가지 변화를 쉽게 받아들인다. 그들은 근본적으로 인생에 대해 비관적인 자세를 갖고 있으나, 우울질처럼 낙담하지 않고 "현실적"으로 대처한다.

나의 점액질 할머니는 매일 밤 주무시기 전에 "하나님이 허락하시면 너희들을 내일 아침에도 보겠지"라고 말씀하시곤 했다. 그 당시 난 성미가 급한 십대였는데 매일 밤 할머니 기분을 좋게 하려고 애썼지만 할머니는 "언젠가 내가 깨어나지 못하는 아침이 올 거야"라고 분명히 말씀하셨다. 할머니 말씀이 옳았다.

수지가 점액질 엄마에게 "오늘은 기분이 어떠세요?"라고 물으면, 그녀는 "그저 그래"라든가, "어제만큼 나쁘지는 않아"라고 대답하곤 했다. 이런 말에도 점액질 기질이 잘 나타난다. 그들은 크게 기대하는 것도 없고, 비현실적인 것을 기대하지도 않으며, 그래서 실망도 하지 않는다.

내가 대학에 다닐 때, 엄마에게 왜 자녀들을 한번도 칭찬하는 법이 없냐고 물은 적이 있다. 엄마는 "긍정적인 칭찬의 말을 듣지 않는다면 그런 칭찬으로 인해서 초조해하지 않아도 될 거야"라고 하셨다.

점액질은 아침에 찬란한 태양이 떠오른다거나 무지개가 떴다고 해서 금항아리를 얻게 될 것이라고 기대하지 않는다. 또한 퍼레이드를 벌이는 동안 비가 내린다고 해도 행진을 멈추지도 않는다. 인생을 있는 그대로 받아들이는 점액질의 태도를 우리 모두가 배워야 한다.

행정 능력이 있다

담즙질은 전형적인 행정가다. 그래서 우리는 점액질이 능력 있고 성실한 일꾼이라는 사실을 간과하기 쉽다. 점액질은 사람들과 잘 어울리면서 행정 능력도 있다.

미국의 대통령이었던 제럴드 포드는 점액질이며, 그에 대한 묘사는 바로 이 책에 나오는 표현을 그대로 옮겨 놓은 듯하다.

미 CBS 방송의 밥 피어포인트는 이렇게 말했다: "제럴드 포드는 예절 바르고, 친근하며, 자비로운 사람이었습니다. 그가 지난 25년 동안 새롭고 진보적인 생각을 한 것은 아니었지만 그는 진정으로 좋은 사람이었습니다." 저술가로 활동하는 도리스 굿윈은 그를 "재미 있고, 잘난 체하지 않고, 느긋하고, 태평스럽고, 균형을 맞출 줄 알고, 평범하고, 예절 바르고, 정직한 보통 사람"이라고 했다.

포드가 대통령으로 당선된 것은 그가 중도를 걷고, 다른 사람에게 해를 끼치지 않는 사람이었기 때문이다. 당시 미국 국민들은 겉만 번지르한 사람보다는 믿을 수 있는 단순한 사람을 원했다. 사람들이 그의 기질을 알고 뽑은 것은 아니었지만, 그는 점액질 기질을 갖고 있었기 때문에 대통령으로 선출되었다. 그가 재선에 실패한 오랜 후, '월 스트리트 저널'은 "아무 일도 일어나지 않은 것에 감사하다"라는 제목으로 기사를 실었다:

> 미시간 주 지도자들은 전대통령을 기념하는 박물관을 짓는 관례를 따라 제럴드 포드 박물관을 짓는 일에 대해 망설이고 있다고 한다. 공화당 의장은 그 한 가지 이유를 이렇게 말했다: "포드는 적극적이지 못하고 소극적인 대통령이었다. 이것은 치유의 시기에는 매우 중요한 요소였다. 아무 일도 벌이지 않은 사람을 위해 어떻게 박물관을 지을 수 있겠는가?"
> 의장의 말에는 일리가 있다. 그러나 그가 대통령으로 재직하던 당시 미국에서 십 년 이상 지속되던 정치 음모, 국제적 재난, 폭력은 현저히 감소했다. 포드는 이것만으로도 다른 어떤 사람보다도 가장 훌륭하고 위대한 사람으로 기억될 자격이 있다.

아무 일도 벌이지 않고, 앞에 나서지도 않으면서 이런 찬사를 받는다는 것은 진정 영광스러운 일이다. 이것은 점액질만이 받을 수 있는 찬사이다. 누군가 포드에 대해서 "포드가 이러이러한 사람이었다는 것보다는 그가 이러이러한 사람이 아니었다는 것을 기억하는 것이 더 중요하다"고 논평했다.

점액질이 행정력이 있다는 것은 그들이 사람들을 파악하는 능력이 있다는 것뿐만 아니라, 극단으로 흐르지 않고 다른 사람들과 어울리는 능력이 있다는 것이다. 점액질은 학교에서 감독하는 역할이 적합하다. 그들은 학생들과도 그리고 교사들과도 잘 어울릴 수 있기 때문이다. 군대의 장교 중에는 점액질이 많다. 명령을 따르고, 위계 질서를 따라 행동하며, 압력을 받아도 놀라지 않고, 창의적이거나 자신의 뜻대로 일할 필요가 없기 때문이다.

최근의 통계에 의하면 직장에서 파면을 당한 사람들의 80%는 무능력 때문이 아니라 동료들과 어울리는 능력이 없기 때문이라고 한다. 왜 점액질이 직장에서 다른 기질의 사람들보다도 안정적으로 일하는지 이해할 수 있을 것이다.

문제를 중재한다

사람과 사람 사이에는 항상 문제가 있게 마련이다. 부모와 자녀, 교사와 학생, 고용주와 근로자, 친구와 친구 사이에 문제는 상존한다. 그러나 이런 문제에 봉착하면 다른 세 기질은 다투고 상대방에게 상처를 주지만, 점액질은 화목하려고 한다. 다른 기질들은 자신의 뜻을 관철시키고자 다투지만, 점액질은 뒤로 물러앉아 객관적인 의견을 제시한다. 가정에서도, 직장에서도 이처럼 객관적인 시각으로 냉정한 해결책을 제시할 수 있는 점액질이 꼭 필요하다.

어느 날 나는 점액질 상담가와 함께 앉아 있었다. 그는 자신이 가장 이상적인 직업을 가졌다면서 이렇게 말했다: "점액질이 아니면 도대체 누가 다른 사람의 문제를 하루 종일 들어 주고 치우치지 않은 해결책을 제시할 수 있겠습니까?"

이란에서 미국인을 인질로 잡은 일로 인해 위기 상황이 벌어졌을 때, 워런 크리스토퍼는 가장 훌륭한 협상가라는 칭찬을 들었다. 로스앤젤레스 타임즈 지에는 로버트 잭슨이 쓴 기고문이 실렸다. 그가 워런 크리스토퍼를 칭찬하며 사용한 단어에는 점액질을 묘사하는 단어가 많이 나타난다: "냉정하다, 절제한다, 과묵하다, 무표정하다, 외교적이다, 겸손하여 표면으로 드러나지 않는다, 사려 깊다, 부드럽게 말한다, 침착하다." 그는 인질 협상을 벌이는 데 적격이었다. 그는 결코 화를 내지 않았고, 좋은 관계를 유지하는 법을 알았다.

성경은 "너희가 흠이 없고 순전하여…하나님의 흠 없는 자녀"(빌립보서 2:15)가 되어야 한다고 말씀한다. 점액질은 이렇게 되기에 가장 적합한 사람들이다. 그들은 문제를 야기시키지 않는다. 다른 사람들과 잘 어울리며, 그들을 대적하는 법도 없다. 포드가 정상에 오른 것은 그가 탁월한 프로그램을 제시했기 때문이 아니라 정상에 오르는 동안 다른 사람들을 원수로 만들지 않았기 때문이다. 그는 한때 자신에 대해 이렇게 말하기도 했다: "나를 반대하는 사람은 많이 있습니다만 내가 기억하는 한 나에게 원수는 없습니다."

타임즈 지는 전대통령 조지 부시에 대해서 이렇게 논평했다: "그를 따르는 광적인 추종자는 없다. 그러나 그에게는 친구가 많으며, 원수는 거의 없다. 그가 공익을 위해 봉사한 기록을 깰 자는 없을 것이다."

다른 기질의 사람들도 친구를 사귀고 남에게 영향을 미칠 수 있다. 그러나 그런 능력은 점액질의 특기다. 내가 세미나를 인도하고 나면 흔히 담즙질이 내게 와서 상담을 의뢰하곤 한다. 그는 직장에서 창의적으로 프로젝트를 마쳤는데, 자신이 승진이 되어야 하는데도 자신이 멍청이로 생각했던 엉뚱한 사람이 승진을 했다는 것이다. 그 "엉뚱한" 사람에 대해 조금이라도 이야기를 나누어 보면, 그가 꾸준한 점액질이라는 사실을 곧 알게 된다. 점액질은 자신의 일을 잘하고, 다른 사람들과 잘 어울리고, 아무런 문제도 야기시키지 않는 사람이다. 담즙질은 역동적으로 생각하고, 창의적이고, 추진력이 있어, 그 결과 적들이 많이 생기게 된다. 회사 책임자로 새로운 사람을 택해야 할 때는 종종 적이 없는 사람을 뽑게 된다.

함께 어울리기가 쉽다

점액질에게는 친구가 많다. 그들은 다른 사람들과 쉽게 어울리는데, 다른 기질의 사람들은 이런 친구를 필요로 하기 때문이다. 어려서, 혹은 십대 에도 점액질 자녀는 엄마 속을 썩이지 않고 오히려 함께 있으면 즐거움을 준다. 바바라 뷸러는 최근에 자신의 딸에게 쓴 편지를 복사해서 내게 보여 주었다. 이 편지는 점액질의 긍정적인 면을 잘 묘사하고 있다:

> 사랑하는 사라에게,
> 너와 함께 지낸 18년을 되돌아보니, 우리에게 점액질 딸을 보내 주신 하나님께 특별히 감사하게 되는구나. 우리 집에는 담즙질 아버지, 우울질 엄마, 다혈질 오빠가 있는데 네가 있었기에 균형을 이룰 수 있었단다. 어렸을 때도 넌 놀이터에서 장난감을 가지고 늘 탈 없이 놀았지. 엄마 아빠가 집에서 새로운 사업을 시작했을 때도 너는 우리의 회계 장부를 꼼꼼하게 기록해서 도움을 주었지.
> 너보다 두 살이나 나이가 많은 네 오빠는 장난꾸러기였지. 오

빠가 무슨 일을 하려고 하면 너는 "오빠, 나도"라며 달려들었단다. 지금도 우리는 이 말을 하면서 너를 놀려 대지 않니?

　지난 크리스마스 때도 우리는 서로 자기 말을 하느라 시끄럽게 떠들어 댔기 때문에 너는 하고 싶은 말을 할 틈도 얻지 못했지? 그래서 "내가 테이프에 녹음해 둘 테니까 나중에 들으세요"라고 했었지. 그 때 우리가 얼마나 웃어 댔는지….

　엄마가 사람의 기질에 대해 이해하게 되어서 참 기쁘구나. 네 선생님이 "사라는 좀 느리지만, 항상 신실해요"라고 칭찬하셨던 것을 기억한단다. 언젠가 네 친구 하나가 가출하려고 한다는 말을 털어놓은 적이 있지? 그 때 넌 친구를 달래고 진정시켜서 부모님의 입장에서 생각해 보도록 도왔던 것을 엄마는 지금도 기억한단다. 너는 네 자신을 있는 그대로 용납하고, 네 기질을 잘 알고서 엄마에게 이렇게 말해 주었지. "점액질 친구를 사귄다는 것은 멋진 일이에요. 그들은 이사도 잘 가지 않기 때문에 전화번호도 언제나 같답니다."

　네가 일하고 있는 회사 매니저는 사업이 잘 안 되지만 너를 계속해서 고용하고 싶어하더구나. 그 사람이 이렇게 말했단다. "사라는 정말 훌륭해요. 꾸준히 일하고 모든 손님들에게 친절합니다. 다른 동료들과도 잘 협력하지요. 청소하는 데 시간이 오래 걸리기는 하지만 아주 철저하게 한답니다."

　사라야, 지난 18년 동안 너와 함께 참 즐겁게 지냈단다. 엄마는 네 앞날이 어떻게 펼쳐질지 궁금하구나. 네가 어떤 일을 하겠다고 결정을 하든지 열심히 하고 또 그 결과에 대해서 만족할 거라고 이 엄마는 알고 있단다. 잘 있거라.

엄마가

친구가 많다

점액질은 가장 좋은 친구가 되어 준다. 원만한 인간 관계를 갖는 것이 그들에게 가장 큰 자신감이기 때문이다. 그들은 느긋하고, 편안하고, 차분하고, 인내심이 있고, 꾸준하고, 평화롭고, 남에게 상처 주는 일이 없고 유쾌한 사람이다. 이보다 더 좋은 친구가 어디 있겠는가? 당신이 점액질 친구 집을 방문한다면, 그는 언제든지 당신을 위해 기꺼이 시간을 낼 것이다. 당신이 담즙질 친구 집을 방문한다면, 그는 당신과 이야기를 하면서도 마루를 닦고 가구를 정리할 것이다. 마치 당신에게만 할애하기에는 시간이 너무나 아깝다는 느낌을 전하려는 것처럼 보일지도 모른다. 그러나 점액질 친구는 하던 일을 모두 제쳐놓고 당신과 함께 자리에 앉아서 시간을 보낼 것이다.

내게는 점액질 친구가 있었는데, 그녀는 정말 좋은 엄마였다. 그 친구에게 가사일은 그렇게 중요하지 않았다. 그녀의 집에 방문해 보면 부엌은 늘 정리되지 않은 채였고, 식탁 위에는 먹다 남은 그릇들이 그대로 있고, 우유도 냉장고에 집어넣지 않고 먹다 그대로 둔 상태였다. 하지만 우리는 식탁 위에 있는 것들을 한쪽으로 몰아 놓고, 함께 앉아 식탁에 팔을 기대고서 이야기를 나누었다. 지저분한 것은 그녀에게 아무런 문제가 되지 않았기에 내게도 또한 그랬다.

다른 사람의 말을 잘 청취한다

점액질에게 친구가 많은 또 다른 이유는 그들이 다른 사람들의 말을 잘 듣는다는 것이다. 모임에서 점액질은 말하기보다는 듣는 것을 좋아한다. 그들은 조용히 듣는 것을 좋아하고, 다른 기질의 사람들은 누군가에게 말하는 것을 좋아한다. 특히 다혈질에게는 점액질 친구가 있어야 한다. 다혈질이 말하는 동안 점액질은 그의 말에 귀기울여 주는 친구가 된다. 내가 샌 버나디노에 있을 때 바로 이웃에 점액질 친구 루시가 살았는데, 당시 나는 여성들의 모임에서 회장으로 일하고 있었다. 매주 수요일마다 모임을 마치고 나면 나는 그녀의 집에 들러서 그 날 있었던 재미있는 이야기와 실망스러웠던 일들을 모두 쏟아 놓았다. 그녀는 가만히 앉아서 들으며 웃기도 하고, 동정하는 듯한 표정도 짓고, 고개를 끄덕여 주었다. 내가 이야기를 다 마치면 그녀는 내가 방문해 준 것에 대해 고마워했고, 나는 즐거운 마음으로 그녀의 집을 나섰다.

> 따뜻하고 부드러운 말은 생명 나무와 같아도 잔인한 말은 사람의 마음을 상하게 한다
>
> [잠언 15:4 현대인의 성경]

제 3 부

기질의 강화

개개인의 약점을 극복하는 방법

서론: 장점도 지나치면 단점이 된다

　사람에게는 장점과 약점이 공존한다. 우리는 긍정적인 기질도 가지고 있고 부정적인 기질도 가지고 있다. 또한 우리의 어떤 기질은 정도에 따라서 강점이 되기도 하고 약점이 되기도 한다. 강점을 많이 가지고 있다고 해도 지나치면 약점이 된다.

　대중적 다혈질은 한 사람 앞에서든 여러 사람 앞에서든 재미있게 대화를 이끌어 간다. 다른 기질의 사람들은 다혈질의 이런 점을 부러워한다. 그러나 이것도 지나치게 되면 다혈질은 말이 많은 사람이 되고, 대화를 독점하고, 남의 말을 막고, 때로는 허풍스러운 말을 하기도 한다.

　완벽주의 우울질의 사려 깊고 분석적인 사고는 천부적이며, 피상적인 생각을 하는 사람들의 부러움을 산다. 그러나 이것도 극단으로 흐르게 되면 시무룩해지고 의기소침한 사람이 된다.

　역동적 담즙질은 신속하고 기민한 지도력이 있으며, 이 점은 오늘날 여러 분야에서 필요로 하는 기질이다. 그러나 이것도 지나치게 되면 교만하고 다른 사람 위에 군림하려는 사람으로 보이게 된다.

　평온한 점액질은 태평스러운 기질 때문에 어느 그룹에 속해서도 잘 조화를 이룬다. 그러나 이 점이 지나치게 되면 점액질은 무슨 일이 일어나도 상관하지 않고 무관심하며 우유 부단하다는 소리를 듣게 된다.

이런 기질들을 보면서 우리는 자기 자신을 살펴보아야 한다. 긍정적인 기질을 찾아내어 건강한 자화상을 그려 나가야 한다. 그리고 장점이긴 하지만 긍정적인 특성들이 지나쳐서 다른 사람들에게 부정적인 반응을 일으키지는 않는지 살펴보아야 한다. 그리고 이런 문제들을 극복하기 위해 가능한 모든 노력을 기울이며 최선을 다해야 한다.

셰익스피어의 작품에 나오는 위대한 사람들을 보라. 햄릿, 맥베스, 리어 왕, 헨리는 어떠한 사람들인가? 그들은 많은 것을 성취한 위인들이다. 그러나 결국에는 스스로 멸망할 수밖에 없는 "비극적인 결점"을 가지고 있다.

우리 모두에게는 영웅의 피가 흐르고 있다. 잠재된 능력을 발견하고 그것들을 지혜롭게 사용한다면 삶이 얼마나 흥미 진진하겠는가! 그러나 우리에게도 역시 "비극적인 결점"이 있다. 이것을 극복하지 않는다면 우리도 역시 좌절하고 실패할 수밖에 없다. 자신을 구체적으로 살펴보면서, 늦기 전에 결점들을 찾아 극복해 내야 한다.

> 타이르는 말을 듣지 않는 사람에게는 가난과 수치가 따르고
> 책망을 들을 줄 아는 사람은 존경을 받는다
>
> [잠언 13:18 현대인의 성경]

8. 대중적 다혈질은 조직적으로

 대중적 다혈질은 변화를 지향한다. 그들은 새로운 생각과 새로운 프로젝트를 좋아하고, 대중적 인기를 즐기며, 남들의 기분을 맞추고 싶어하기 때문이다. 그러나 다혈질에게는 자기 발전을 이루는 데 주요 장애물이 되는 두 가지 문제가 있다.

꾸준히 지속하지 않는다

 첫번째 문제는, 그들이 의욕은 넘치지만 계획을 따라 꾸준하게 일하지 못한다는 것이다. 다혈질에게 그들의 약점을 극복하기 위해 어떤 일을 지시한 후에 "언제까지 마치겠습니까?"라고 물어 보라. 그러면 대부분 이렇게 대답할 것이다: "오늘은 안 되고요. 내일은 외출해야 하고… 주말에는 모임이 있는데요…." 그래서 결국 그들은 싸움에서 지고 만 셈이다.

자신의 결점을 인정하지 않는다

두번째 문제는, 그들은 재미있는 일을 좋아하고 매력을 풍기는 사람들이기 때문에 자신에게 심각한 문제가 있다는 것을 인정하지 못한다. 자신에 대해서 별로 진지하게 생각해 보지 않는다.

세미나에서 다혈질들의 약점을 이야기하면, 그들은 모두 듣고 웃기는 하지만 자신들이 고쳐야 할 만큼 큰 문젯거리들이 있다고 생각하지는 않는다. 예전에는 나도 그랬기 때문에 이해는 한다. 결혼 전에는 남들이 모두 내게 매혹되고 호감을 갖고 있을 거라고 생각했는데, 막상 결혼을 하고 나자 나는 바보가 된 듯한 느낌이었다. 프레드는 내게 "당신이 살던 곳에서는 귀여움을 받았을지 모르겠지만, 이곳 뉴욕에서는 당신은 별로 사람들에게 매력적이지 못해"라고 했다. 그러나 나는 그의 말을 인정하지 않았다. 다만 그가 좀 무뎌서 나의 아름다움을 제대로 모르고 있다고 생각했다. 그래서 나는 남편과 함께 있을 때는 그가 원하는 대로 했고, 다른 사람들과 함께 있을 때는 내 본래의 매력 있는 모습으로 돌아갔다. 기질에 대해 공부하면서 나는 프레드와 같은 생각을 하는 사람들이 적지 않다는 것을 알게 되었다.

프레드도 모르는 결점들이 내게 있다는 것을 알게 된 후, 나는 내 자신을 포함하여 다혈질이 고쳐야 할 점들을 찾아보기 시작했다.

문제: 대중적 다혈질은 말이 너무 많다

해결책 1: 이전의 반만 이야기하라

대중적 다혈질은 숫자 개념이 희박하다. 그러므로 전에 말하던 것의 22%만 말하라고 한다면 아무 소용이 없을 것이다. 그러나 반만 하라고 한다면 무슨 말인지 알아들을 것이다. 전에 하던 말의 반만 한다면 좋을 것이다. 가장 간단한 방법은 하고 싶은 말이 있을 때마다 두 번에 한 번꼴로 생략을 하는 것이다. 다른 사람들이 당신의 이야기를 듣지 못해서 섭섭해할지 모르겠지만, 그들은 당신이 무슨 말을 생략했는지 전혀 모를 것이다. 당신이 남의 말을 막고 대화를 독점하여 다른 사람들을 숨막히게 하는 것보다는, 절제된 몇 마디 말로 모든 사람들이 대화를 즐길 수 있다면 훨씬 나을 것이다.

프레드의 할머니가 97세로 세상을 떠나셨을 때, 가족들이 모두 모였다. 함께 지낸 첫날, 가족들은 그 동안 어떻게 지냈는지를 말하며 은근히 자기 자랑을 해 댔다. 시간이 갈수록 화려한 경력들이 드러났다. 그 날 밤, 프레드는 내게 정말 힘든 제안을 했다: "여보, 우리가 입을 꾹 다물고 있으면 다른 식구들이 우리에게 말을 하라고 할 때까지 시간이 얼마나 걸리는지 알아볼까?" 난 프레드의 제안이 달갑지 않았지만 '몇 시간쯤이야…' 하고 받아들였다.

우리는 아침을 먹고 나서 침묵을 시작했다. 그 침묵은 정오를 지나 오후가 되고 저녁때가 지나도록 계속되었다. 우리는 밤이 깊어서야 하루 종일 한 마디도 하지 못한 채 방으로 돌아왔다. 말을 하지 않으려니 너무나 힘들어서 내 눈은 밖으로 튀어나올 것만 같았다. 정말이지 속이 터질 것만 같았다. 그래서 나는 "이렇게 하는 것이 도대체 무슨 의미가 있어요! 정말 우스꽝스럽지 않나요! 이젠 한 순간도 더 참지 못하겠어요!"라고 외쳤다.

프레드는 가만히 미소를 지으며 말했다: "난 정말 재미있는데, 내일도 계속하지."

다음 날에도 우리는 침묵으로 보냈다. 다행히 내 머리는 터지지 않았다. 끝까지 침묵을 지켰지만, 난 죽지 않고 살아남았다.

다음 날 아침, 우리가 공항으로 떠나기 전에 시어머니는 "프레드, 너희들 몇 시간 동안 아무 말도 하지 않은 것 같은데, 무슨 일 있니?"라고 물으셨다. 프레드는 아무 문제가 없다고 대답했고, 어머니는 "우리 아들, 우리 아들" 하시며 프레드의 등을 토닥이셨다.

내가 이틀 동안 아무 말도 하지 않았다는 것을 아무도 눈치채지 못하다니, 이보다 더한 모욕이 어디 있겠는가? 내 생애 최대의 기록이었지만, 아무도 내게 트로피를 주지 않았다. 그러나 난 매우 귀중한 교훈을 얻었다. 내가 입을 열지 않아도 세상은 즐겁고, 어쩌면 그래서 더 행복할지도 모른다는 것이다. 그러니까 '전에 하던 말의 반만 하라'는 권고는 매우 자비로운 처방이다.

당신이 다혈질이라면 당신이 침묵하고 있는 것을 다른 사람들이 눈치 채기까지 시간이 얼마나 걸리는지 시험해 보라.

해결책 2: 듣는 사람이 지루해하는지 살피라

다른 세 기질은 이야기를 듣는 사람이 지루해지면 어떻게 하는지에 대해 설명을 들을 필요가 없지만 다혈질은 자신들이 결코 남들을 지루하게 만들 수 있다고 생각하지 못한다. 그러므로 다혈질은 사람들이 지루해하면 어떤 증상을 보이는지에 대해 설명을 들어야 한다. 함께 대화를 나누던 사람이 다른 쪽을 두리번거리며 누군가를 찾는 것 같을 때, 그는 이제 대화에는 흥미를 잃고 자리를 뜨고 싶어한다는 표시다. 상대방이 갑자기 화장실에 간다고 하고는 다시 나타나지 않을 때, 그는 지루했던 것이다. 남들이 당신과 대화하는 것을 지루해할 수 있다는 것을 인정한다면, 이런 증상들을 알아차리는 것은 결코 어려운 일이 아니다.

해결책 3: 당신이 하는 말을 요약하고 함축해서 말하라

남편 프레드는 지난 40년 동안 내게 "핵심을 말해 봐"라는 말을 자주했다. 어쩌면 난 핵심만을 말하고 싶지 않았기 때문에 그랬는지도 모른다. 나는 "이야기한다는 것 자체가 재미있다"고 확신하는 사람이다. 결과적으로 나는 무엇이든지 간단 명료하게 핵심만 말하지는 않는다. 그래서 이야기를 더욱 재미있고 화려하게 하려는 경향이 있다. 또한 핵심만 이야기한다는 것은 이야기의 옷을 다 벗겨 버리고 뼈다귀만 보여 주는 것과 같다고 생각한다.

이야기하는 것을 좋아한다는 것은 큰 재산이다. 그러나 이것도 지나치면 단점이 된다. 난 다혈질의 수다를 한 시간 넘게 들으며 앉아 있을 만한 사람들이 많지 않다는 사실을 깨달았다. 어떤 이야기를 할 때 그 배경까지 설명해야 한다는 것은 알고 있지만, 그 배경을 하나쯤 (또는 12개라도) 생략한다고 해서 아쉬워하는 사람은 아무도 없다는 것을 알게 되었다.

어느 날 나는 일행과 함께 차를 타고 여행을 하는 중이었다. 그 때 나는 재미있는 이야기를 하고 있었는데, 이야기는 절정에 달했고 여주인공이 절벽 끝에서 위기를 당하는 부분을 말하고 있었다. 그 때 운전자는 우리가 바른 방향으로 가고 있는지 지도를 보고 확인해 달라고 부탁했다. 사람들이 지도를 펴고 살피는 동안 나는 자리에 앉아서 재미있는 생각을 해 보았다. 사람들이 그 다음 이야기가 어떻게 전개되느냐고 묻기 전에는 이야기를 하지 않기로 나 자신과 약속을 했던 것이다. 그러나 일행들은 지도를 확인하고 운전자에게 맞게 가고 있다고 말한 후에도 다음 이야기가 어떻게 전개되는지 묻는 사람이 없었다. 도대체 사람들은 여주인공 해리엇이 절벽에서 어떻게 됐는지 도무지 관심이 없다는 말인가? 난 그들에게 "해리엇이 어떻게 되었는지 궁금하지 않으세요? 그녀는 지금 절벽에 매달려 있다고요! 그 다음에 어떻게 되었는지 듣고 싶지 않으세요?"라고 소리라도 지르고 싶었다. 하지만 내 자신과 했던 약속을 기억했다. '묻는 사람이 없으면 이야기를 하지 말라!' 아무리 기다려도 다음 이야기를 묻는 사람은 없었다.

난 그들이 내 이야기에 별로 진지하게 귀기울이지 않았다는 사실을 믿을 수 없었다. 사람들은 이야기를 길게 과장해서 하는 것에 대해 지루해하다. 뛰어난 재담가가 이야기를 한다고 해도 마찬가지다.

나의 다혈질 친구 낸시는 내 이야기를 듣고서 똑같은 실험을 하기로 했다. 그 결과는 마찬가지였다. 우리는 이런 상황이 벌어지면 "이야기를 계속해 봐요. 그 다음에는 어떻게 됐나요?"라고 서로 물어 주기로 약속했다. 낸시는 정말 사랑스런 친구다.

해결책 4: 과장하지 말라

어느 날 내가 공식적인 자리에서 간증을 하려고 하는데, 남편은 내게 이렇게 말했다: "당신은 예수 믿는 연사니까 이제 거짓말을 그만 해야 되지 않겠어?" 나는 결코 거짓말을 한 적이 없다. 그래서 남편에게 무슨 뜻인지 정확하게 설명해 달라고 했다. 남편은 완벽주의 우울질이었기 때문에 내가 진실을 말하지 않을 때는 거짓말을 한 것이라고 생각했다. 난 그저 좀더 재미있게 말하려고 한 것뿐인데 남편은 달랐던 것이다. 그래서 우리는 "과장"이란 말을 사용하기로 했다. 후에 딸 로렌이 친구에게 "우리 엄마가 하시는 말씀은 반만 믿으면 돼"라고 말하는 것을 들었다.

어느 날 나의 다혈질 친구 패티의 새 집을 방문한 적이 있는데 그녀는 내가 집에 들어서자 반가이 맞으면서 "우리 마을에 있는 개와 고양이들이 전부 옴에 걸려서 죽어 가고 있어"라고 했다. 다혈질인 나는 수십 마리의 개와 고양이가 거리에서 숨을 몰아쉬며 죽어 가는 모습을 상상했다. 이런 상상을 하고 있는데 옆에서 그녀의 우울질 딸이 기가 차다는 듯이 웃어 댔다.

"무슨 일이니?" 내가 묻자, 그녀는 "옆집 아주머니네 고양이가 아프대요"라고 했다.

옆집 아주머니네 고양이가 아프다고 해서 흥분할 사람은 아무도 없을 것이다. 그러나 "우리 마을에 있는 개와 고양이들이 전부 다 옴에 걸려서 죽어 가고 있어요"라는 말에 흥분하지 않을 사람은 없을 것이다.

한번은 남편과 함께 파티에 참석했는데, 보니라는 다혈질 여자가 로스앤젤레스에서 카탈리나 섬까지 배를 타고 여행하는 것을 자세히 이야기해 주었다. 그녀는 식당 메뉴까지 이야기했고, 누가 배멀미를 했다는 둥 자세한 이야기를 거의 20분에 걸쳐서 하면서 우리 모두를 즐겁게 해 주었다. 마침내 그녀가 이야기를 끝내자, 그녀의 완벽주의 우울질 남편이 조용하고 단호하게 말했다: "우린 비행기를 탔었어."

보니는 잠깐 생각하다가 "맞아요. 우린 비행기를 탔었죠"라고 했다. 우리 모두는 뒤통수를 한 대 얻어맞은 듯했다. 하지도 않은 여행 이야기를 20분 동안이나 할 수 있는 사람은 다혈질밖에 없을 것이다.

다혈질인 보니의 이야기는 흥미로웠지만, 그녀는 과장이 지나쳐서 거짓말을 하고 있었던 것이다. 한 친구가 아침에 비슷한 경험을 하고서는 이렇게 결론을 내렸다: "아무리 다혈질이라고 해도 그녀가 하는 말은 한 마디도 믿을 수가 없어." 이건 정말 부끄러운 일이 아닌가? 다혈질이 하는 말은 도무지 믿을 수가 없다는 말을 들어야 한다는 것은 너무 억울하지 않은가? 이 말을 다시 한번 생각해 보고 자신을 돌이켜 보라.

기억하라
과장이 심한 이야기는 거짓이 된다.

문제: 다혈질은 이기적이다

해결책 1: 다른 사람들의 필요와 관심에 민감해지라

다혈질은 다른 사람에게 민감하지 않다. 자기 자신에게 도취되어 있기 때문이다. 그들은 자기 이야기에 푹 빠져서 듣는 사람들이 얼마나 관심이 있는지, 또 그들이 무엇에 흥미를 갖는지 별로 주의를 기울이지 않는다. 다른 사람들의 필요에 신경쓰는 일도 별로 없는데, 천성적으로 부정적인 상황이나 문제를 피하려고 하기 때문이다. 다혈질은 듣기보다는 말하기를 좋아하기 때문에 훌륭한 상담가는 되지 못한다. 상대방의 문제를 듣고서 적합한 답을 찾으려 하기보다는 피상적으로 성급하게 답하기 때문이다.

다른 사람들에게 민감해지려면 그들의 이야기를 듣고 살펴야 한다. 나는 어떤 모임에 소속되면 먼저 그들이 무슨 말을 하고 있는지 파악하기까지 조용히 듣는 습관을 길렀다. 내가 입을 열기 전에 먼저 남의 이야기에 귀를 기울일 수 있었던 것에 대해 감사한 적이 여러 번 있다. 또한 사람들을 다수의 청중으로 바라보지 않고 개개인으로 바라보려고 노력했다.

나는 다른 사람들을 관찰하고 그들을 이해하려는 노력을 통해서, 많은 사람들이 상처를 받고 있다는 것을 알게 되었다. 다혈질이 외로운 사람들을 얼마나 많이 지나쳐 버리고 마는지! 수많은 사람들이 마음의 상처를 안고 있다. 무거운 짐을 진 사람들이 다혈질의 도움을 기다리고 있다.

이제부터 다혈질은 만나는 사람들을 하나하나 특별하게 여기고 그들의 말에 귀를 기울이고 관찰해야 한다. 그렇게 하면 다른 사람들의 필요와 관심에 민감해질 것이다.

해결책 2: 다른 사람들의 말에 귀 기울이는 법을 배우라

다혈질이 다른 사람들의 말에 귀 기울이지 않는 이유는 그들의 유전자에 이상이 있어서가 아니라 자신만 알기 때문이다. 남의 말에 귀를 기울이고 듣는다는 것은 자비로운 태도이다. 다른 사람들을 염려하는 마음이 없기 때문에 관심도 없는 것이다. 다혈질은 인생이란 연극과도 같은 것이라고 생각하므로 자신들은 무대에 선 배우이고 다른 사람들은 모두 객석에 앉아 있는 관객으로 여긴다. 다혈질 중에 극소수의 사람만이 남에게 관심을 기울인다. 대부분의 다혈질들은 다른 사람들의 시선을 한몸에 받으며 이기주의자가 된다.

기억하라

다른 사람들의 필요에 민감하고 그들이 하는 말에 귀를 기울이라.

문제: 다혈질은 기억력이 좋지 않다

해결책 1: 사람들의 이름을 기억하려고 노력하라

다혈질이 사람들의 이름을 기억하지 못하는 이유는 앞에서 설명한 바와 같다. 그들은 다른 사람들의 말에 귀 기울이지 않고, 관심도 없기 때문이다. 이런 문제는 자기 중심적이고 남에게 무심하기 때문에 생기는 것이다. 그들은 함께 있으면 재미있는 사람들이지만, 그 시간이 지나면 재미있게 시간을 보냈던 사람들의 이름도 기억하지 못한다. 사람들은 이것을 보고서 다혈질이 너무 무관심하다고 느낄 것이다.

데일 카네기는 "세상에서 가장 아름다운 소리는 사람의 이름이다"라고 했다. 그의 저서 「친구를 얻는 법」에서 그는 사람들의 이름을 외워서 성공한 사람들의 예를 들었다.

다혈질이 다른 기질보다 지적 능력이 떨어져서 그런 것은 아닐 것이다. 사람의 이름을 기억하는 일이 얼마나 중요한지 알게 된다면 그들도 사람의 이름을 외우게 될 것이다. 담즙질은 사람의 이름을 부른다는 것이 얼마나 중요한지 알고 있다. 우울질은 세세한 것까지 기억하는 능력이 있고, 점액질은 관찰하고 듣는 것을 좋아한다. 그러나 다혈질은 이런 면에 있어서는 다소 부족하다. 그들은 자신이 이런 부족한 면을 의지적으로 개발해야 할 만큼 중요하다고 생각하지 않는다. 그들은 세세한 면에 신경쓰지 않고, 남의 말을 들으려고 하기보다는 자기 말을 하려고 한다. 이런 태도를 바꾸지 않으면 희망은 없다.

프레드와 결혼한 이후 나는 사람들의 이름을 혼자 외우기보다는 프레드의 도움을 받아 외우는 것이 더 쉽고 편하다고 생각했다. 그러다가 사람의 기질에 대하여 연구하면서, 내가 프레드를 의존하는 것은 내 스스로 자신을 믿지 못하기 때문이라는 것을 알게 되었다. "남편의 두뇌를 빌려야 할 만큼 내가 바보인가? 혼자서는 못하는가?"라고 자문해 보았다. 그러면서 나는 남의 이름을 기억하기 위해 진지하게 노력한 적이 거의 없었다는 것을 알게 되었다. 그래서 새로운 취미거리로 그 일을 하기로 했다. 다혈질은 사람들의 이름을 외우는 것에 대해 진지하게 생각해야 한다.

나는 먼저 사람들의 이름을 주의 깊게 듣기 시작했다. 이것은 너무나 간단해서 누구라도 할 수 있는 일이다. 이 단계를 거치지 않으면 아무 희망이 없다. 듣지 않은 것을 기억할 수는 없다. 남들이 말하는 것을 진지하게 들으면서, 나는 사람들이 자신의 이름이 남들에게 기억되고 불리는 것을 좋아한다는 사실을 알게 되었다.

사람들이 내 이름을 "리투네, 리토너, 리타베, 리탄우어"라고 부르지 않고 "리타우어"라고 정확하게 불러 주면 나는 기분이 좋다. 내가 다른 사람의 이름을 그렇게 정확하게 불러 줄 때 그들 역시 좋아할 것이다. 이것은 다혈질이 사람의 이름을 기억해야 하는 중요한 동기가 된다. 다혈질은 남들보다도 자신을 더 좋아해 주기를 바라지 않는가? 인기를 얻는 방법은 그들의 이름을 기억하는 것이다.

두번째로, 나는 사람들에게 관심을 갖고 그들을 돌아보기 시작했다. 그들의 이름을 기억하려고 노력하며, 그들에 대해 자세히 알 때까지 질문을 했다. 내 자신으로부터 다른 사람들에게로 눈을 돌렸을 때, 사람들이 더욱 흥미있어 한다는 것을 알게 되었다.

해결책 2: 기록하라

다혈질은 어떤 사건의 세세한 면까지 실제보다도 생생하게 기억하지만, 이름이나 날짜나 장소에 대한 것은 거의 기억하지 못한다. 이런 점은 그들의 기질을 생각하면 이해할 만하다. 그들은 사건의 통계보다는 사람에게, 사실보다는 가상의 이야기에 더 관심이 있다. 우울질은 세세한 면들과 사실 그 자체를 기억한다. 그러므로 다혈질과 우울질은 긍정적인 면을 살리기 위해 함께 협력한다면 좋을 것이다. 우울질은 사실을 있는 그대로 기억하고, 다혈질은 그것을 재미있게 포장할 수 있다.

프레드는 사람들의 이름을 기억하는 능력이 뛰어나다. 그는 사람들의 이름과 그 사람에 대한 몇 가지 사실을 작은 메모지에 기록하여 의도적으로 외우기 때문이다. 우리가 코네티컷에 살 때, 우리 교회는 다혈질 목사님을 초빙하게 되었다. 그분은 이 구역과 저 구역도 구분하지 못하는 분이셨다. 프레드는 주일 오전이면 목사님 옆에 서서 사람들을 맞이했다. 목사님이 잘 모르는 사람이 오면 그 사람에 대한 인적 사항을 작은 소리로 소곤거리며 알려 드렸다.

"핑크색 블라우스를 입고 오는 저 분은 왈다 부인입니다. 여섯 명의 아이가 있고 남편은 허리가 아파서 병원에 입원해 있습니다."

"왈다 부인! 핑크색 옷이 참 멋져 보이십니다. 귀여운 아이들은 잘 있나요? 남편의 허리는 좀 어떠세요?"

프레드는 사실을 있는 그대로 알려 드렸고, 목사님은 여기에 미사여구를 붙이셨다.

우리가 코네티컷을 떠난 후, 목사님의 기억력은 순식간에 퇴보했다. 성도들은 여태까지 매력적으로 인사하던 목사님이 왜 갑자기 이름도 제대로 기억하지 못하시는지 의아해했다. 어느 날 목사님께서 한 성도에게 남편의 안부를 물으셨는데, 사실 목사님은 이틀 전에 그 부인의 남편 장례식을 집례했었다.

　내 친구 타미는 다혈질인데, 역설적인 일이지만 그는 기억력에 대한 강의를 하고 다닌다. 어떻게 하면 기억을 잘할 수 있는지 기억의 원리를 너무나도 재미있게 가르친다. 사람들은 그에게서 재미있게 배우지만, 막상 그는 그 원리를 자신의 삶에는 적용하지 못한다. 어느 날 난 그의 집을 방문하게 되었는데, 그는 차고에서 정신 없이 무언가를 찾고 있었다. 그 날 밤 기억력에 대한 강의 준비를 해야 하는데, 그것과 관련된 책을 두 권이나 잃어버렸던 것이다. 자기가 어디에다 책을 두었는지 전혀 기억하지 못했다.

　다혈질은 기억력이 부족하기 때문에 기록하는 습관을 가져야 한다. 그리고 그 목록을 눈에 띄는 곳에 두어야 한다. 그들은 사람들의 이름을 적어 놓고, 사람을 만나러 갈 때는 메모를 다시 한번 확인하고 나가야 한다. 누군가와 사업상 전화 통화를 해야 한다면, 그 사람과 사업에 대한 기록을 보면서 통화를 해야 한다. 알고 있어야 할 내용을 정확히 알고 있지 못하면, 총명한 사람도 어리석어 보이기 때문이다.

해결책 3: 어린아이들을 잊지 말라

　나는 아이를 잃어버린 경험이 있는 다혈질 엄마들을 많이 만났다. 어느 여인은 주유소에서 기름을 넣고서는 다른 다혈질 친구와 잡담을 하며 고속도로를 한 시간 이상 달리다가 그제서야 네살배기 자기 아이가 뒷좌석에 없다는 사실을 알았다. 그녀는 아이를 찾기 위해 다시 주유소로 돌아왔는데, 거기서 아이가 주유소 직원의 일을 돕고 있었다. 직원은 엄마가 돌아와 준 것에 대해 너무나 고마워했다. 퇴근할 시간이 되어서 아이를 어떻게 해야 할지 고민이었기 때문이다.

어느 다혈질 엄마는 초등학교 3학년 아이를 학교에서 데려오는 것을 잊고 있다가, 저녁 식사 시간이 되어 가족들이 모였을 때 아이의 자리가 빈 것을 보고서야 그 사실을 알아챘다.

기질 플러스 세미나 중에 다혈질 그룹에서 조사한 바를 이렇게 보고한 적이 있다: "우리 그룹에서는 지난 일주일 동안에 437가지를 잃어버렸는데, 그 중에는 백화점에서 잃어버린 일곱 명의 아이들과 할머니 한 분도 포함되어 있습니다."

나의 두 우울질 아이들이 초등학교에 다닐 때 나는 다혈질 친구 캐롤과 카풀을 했다. 종종 우리는 약속 시간에 늦었다. 우리끼리는 서로 이해했지만, 아이들에게는 항상 불평이 많았다. 내가 캐롤의 아들 제임스를 데리러 가면, 아이는 밥그릇을 들고 나오면서 투덜대곤 했다.

"엄마는 지금 통화중이에요. 그래서 제가 밥을 차려 먹었어요."

프레디도 집에 돌아오면 캐롤 아주머니가 데리러 오는 것을 잊어버렸던 일, 트럭을 받을 뻔한 일 등 그녀에 대한 이야기를 들려 주곤 했다. 최근 댈러스에서 캐롤을 만났는데, 우리는 카풀을 하던 당시에 얼마나 건망증이 심했던가를 이야기하며 웃었다. 하지만 그것이 아이들에게 융통성을 가르치는 데는 좋았다고 결론을 내렸다. 다혈질은 자신들이 잘못한 것을 변명하고 차라리 잘된 일이라고 둘러대는 데는 탁월하다.

기억하라

당신이 건망증이 심하다는 사실을 합리화할 수는 있겠지만, 그 변명을 들으려는 사람은 아무도 없다. 사람들의 이름을 주의 깊게 듣고 기록해 두라. 어디에 주차를 했는지, 아이를 어디에 데려다 놓았는지도 기록해 두라.

문제: 다혈질은 변덕스럽고 참된 우정을 키우지 못한다

해결책 1: 우정에 대한 책을 읽으라

다혈질은 삶을 재미있게 살기 때문에 친구들이 많기는 하지만, 그 친구들은 대개 "좋은 친구들"이 아니다. 그들은 주위에 함께 있기는 하지만, 어려움이나 곤란한 일을 당하면 멀어지는 사람들이 대부분이다. "날씨가 좋을 때만 친구가 되어 주는 사람들"이라고 할 수 있다. 내 친구 버디는 다혈질인데 "날씨가 나쁠 때만 친구가 되어 주는 사람"이다. 그녀는 비가 와서 골프를 치러 나갈 수 없을 때만 내게 전화를 한다.

다혈질은 주위에 참된 친구들보다는 팬들을 몰고 다니기가 쉽다. 이들은 진정한 우정을 나누기보다는 다혈질의 행동을 보고서 마치 팬들이 배우나 가수들에게 열광하듯이 그들을 따르고 좋아하는 것이다. 다혈질은 자신들을 따르는 사람들을 좋아하다가도, 도움을 주어야 할 필요가 있을 때는 등을 돌리고 만다. 그들은 세상의 재미있는 일들로 너무 바빠서 어려운 일에는 관심을 쏟을 시간이 없다.

나는 앨런 맥지니스(Alan L. McGinnis)가 쓴 「우정의 요소」(The

Friendship Factor)라는 책을 읽으면서 내게는 아는 사람들은 많지만 진정한 친구가 되어 줄 사람들은 별로 없다는 것을 알게 되었다. 나는 함께 지내기가 어렵다는 이유로 좋은 친구들을 모두 떠나 보내고 있었던 것이다. 맥지니스 박사는 책을 통해 우리가 얼마나 진지하게 인간 관계를 맺는지 살펴보도록 도전하고 있었다.

1980년 나는 연사 훈련 세미나에 미 전역에서 40여 명의 사람들을 초청했다. 36명이 참석했는데, 일주일 만에 우리는 모두 친구가 되었다. 우리는 서로 마음을 나누었고 헤어짐을 아쉬워했다. 나는 그들과의 우정을 지키기 위해서 계속해서 편지를 보냈다. 또한 매주 수요일 아침이면 주위에 있는 사람들과 정기적으로 모임을 가졌다. 만일 우리가 이처럼 지속적인 모임을 갖지 않았더라면 우리는 모두 흩어져 버리고 말았을 것이다.

해결책 2: 남의 필요를 먼저 채워 주라

다혈질은 참된 친구가 되어 주거나 가난한 사람들을 돕고 병든 사람을 방문하는 일에는 별로 노력을 기울이지 않는다. 내가 샌 버나디노에서 여성 모임의 회장으로 있을 때 회원들이 아프면 그들을 방문해야 했는데, 난 기질상 그런 일이 맞지 않아서 매우 힘들어했다. 종종 핑계를 대고 방문을 안하기도 했다. 어느 날 한 회원의 남편을 방문할 계획이었는데, 그는 바로 전날 세상을 떠나고 말았다. 그 후로 나는 남들의 필요를 채워 주는 일 역시 중요하다는 것을 내 스스로에게 주지시키고 훈련했다. 가기 싫은 곳이라도 방문하고 돌아볼 때 창조주께서 우리를 매우 귀하게 여기시고 축복해 주신다.

기억하라

"좋은 친구"가 되기는 쉬운 일이 아니다. 그러나 그렇게 되고자 노력할 가치가 충분히 있다. 많은 사람들이 당신을 따르는 것만으로 만족하지 말고, 그들의 친구가 되어 주라.

문제: 다혈질은 대화를 독점하려는 경향이 있다

해결책: 모든 문제에 대해서 당신이 답해야 한다고 생각하지 말라

나는 하나님으로부터 다른 사람의 문제를 해결해 주는 사명을 받았다고 느끼곤 했다. 그래서 할 말이 많았고 침묵을 싫어했으며 다른 사람이 잠깐이라도 쉬는 틈을 타서 대화를 주도해 나가곤 했다. 내가 그렇게 하는 것이 사람들에게 방해가 될 것이라고는 생각도 못했고, 그것이 사람들을 지루해하지 않게 도와 주는 일이라고 생각했다. 댐에 구멍이 난 것을 보고 한 네델란드 소년이 자신의 손가락으로 그 구멍을 막아 온 도시를 홍수의 위험으로부터 구해 냈듯이, 나는 그 소년의 역할을 충분히 감당해 내고 있다고 생각했다. 사람들의 대화에 구멍이 난 것을 보면 사람들이 지루함이라는 홍수에 휩쓸려 내려가기 전에 재미있고 재치 있는 이야기로 그 구멍을 막아야 한다고 생각했던 것이다.

프레드는 이처럼 내가 다른 사람들의 대화에 끼여드는 것이 좋지 않다고 지적했다. 그는 침묵은 금이며, 가끔은 침묵하는 것이 나쁘게 없다고 말해 주었다. 기질에 대한 연구를 하면서, 다혈질은 사사건건 남들의 대화에 끼어들어 참견하는 경향이 있다는 것을 알기까

지 나는 조용히 지내라는 그의 충고를 무시했다. 그러나 그 이후로는 말을 하고 싶어 견딜 수 없을 때도 입술을 깨물며 욕구를 눌렀고, 그럴 때면 프레드가 말을 하기 시작했다. 사람들은 나를 주시하다가 프레드에게 시선을 돌렸고, 그는 매우 흥미있고 재치 있게 대화를 이끌어 나갔다.

다혈질인 샤론은 매력적인 여인이었다. 그녀는 크리스마스 파티에 남편과 함께 참석하기로 되어 있었는데 그 날 몸이 아파서 남편만 참석했다. 그 날 파티에 참석했던 다른 여자들은 후에 샤론에게 그녀의 남편이 그처럼 재미있는 사람인 줄은 몰랐다고 말했다. 그녀는 곰곰이 생각에 잠겼다. 결국 그녀가 대화를 독점하는 바람에 남편이 빛을 발할 기회를 얻지 못했다는 것을 깨달았다. 그 후 샤론은 혼자 대화를 주도하지 않고 가끔씩 남편도 자신을 드러낼 수 있도록 기회를 주었는데, 그는 매우 재치 있게 대화를 이끌어 갔다.

어느 날 텔레비전에서 "필 도나우 쇼"를 보게 되었다. 필 도나우가 경제학자 애덤 스미스를 인터뷰하는 내용이 방영되었다. 그 프로그램에서 필과 애덤은 기질을 연구하고 이해하는 데 전형적인 본을 보여 주었다. 필은 외향적인 다혈질/담즙질로서 자신에게 모든 관심을 집중시키는 사람이었다. 그러나 애덤은 천재성이 있는 우울질과 점액질이 섞여 있어서 어떤 질문을 받아도 냉정과 평온을 유지하는 사람이었다.

필과 애덤의 대화를 살펴보면 필은 기질에 대한 지식이 전혀 없다는 것을 알 수 있다. 애덤은 필처럼 흥분하지 않고 좀 활기가 없어 보이는데, 필은 그가 이런 기질을 타고났다는 것을 이해하지 못하는 것 같다.

필: 박사님은 이 주제에 대해서 별로 흥미가 없어 보이십니다.

애덤: 아니오, 매우 흥미롭습니다. 그저 당신처럼 활기 넘쳐 보이지 않을 뿐입니다.

필: 박사님은 지루해하시는 것 같은데요.

애덤: 아니오, 지루하지 않습니다. 난 원래 이런 표정으로 태어났을 뿐입니다.

청중이 애덤에게 질문을 했을 때, 필은 애덤을 대신해서 답을 해주었다. 한번은 필이 애덤 대신 모든 대답을 한 후에 애덤을 바라보며 "박사님도 이렇게 생각하시지요? 맞지요?"라고 묻자, 애덤은 "왜 제게 물으십니까?"라고 일격을 가했다.

필은 애덤이 어떤 답을 할 것이라는 추측을 하고서는 그를 대신해서 장황한 설명을 했다. 그렇다면 애덤에게 다시 물을 필요가 없지 않은가? 다혈질은 자신이 모든 답을 해야 한다고 느낀다. 자신이 가장 답변을 잘할 수 있다고 생각하기 때문이다.

우리 집에서 마리타와 나는 남을 대변하는 데는 선수다. 어느 날 저녁 식사를 하면서 남편이 프레디에게 학교 생활이 어떤지 물었다. 그러자 마리타는 즉시 "프레디는 교장실 옆에 앉아 있었어요. 뭔가 잘못을 했나 봐요"라며 끼어들었다.

사실 마리타는 프레디의 학교에 가 보지도 않았다. 그냥 학교 옆을 지나가다 프레디가 교장실 문 옆에 앉아 있는 것을 보았을 뿐이다. 프레디는 그녀의 대변이 못마땅한 듯했다. 얼마 후 남편은 "질문을 받은 사람만 대답할 수 있다"라는 새로운 규칙을 만들었는데, 나와 마리타는 별로 좋아하지 않는 규칙이었다.

이런 규칙은 대화가 빠르게 진행되는 것을 막기 때문이다. 때로는 말수가 적은 사람이 대답을 하느라고 끙끙대기 때문에 침묵이 흐르기도 한다.

이처럼 다혈질은 다른 사람들을 대신해서 말하는 습관이 있는데 정작 본인들은 이것을 눈치채지 못한다.

기억하라

대화 중간에 끼어들어 다른 사람을 대신해서 말하는 것은 무례하고 사려 깊지 못한 행동이며, 다른 사람들의 환영도 받지 못하는 일이다.

문제: 다혈질은 조직적이지 못하고 미숙하다

해결책 1: 최선을 다하라

사람들은 흔히 다혈질을 "가장 성공할 사람"이라고 생각하지만, 그들은 종종 실패한다. 어떻게 해야겠다는 생각도 있고, 재능도 있으며, 창의성도 있다. 그러나 그들은 그 일에 최선을 다하지 않는다. 어쩌다가 잠시 동안 성공을 거두기도 하지만, 몇 년 동안 계획하고 전념해야 하는 일이라면 중도에 곧 포기해 버리고 다른 일을 찾아간다. 많은 다혈질들이 몇 년도 못 가서 직장을 바꾸고 심지어는 전공까지도 바꾸는데, 그들은 자신이 하는 일의 장래가 불투명하다 싶으면 곧 포기하고 다른 방향을 추구하기 때문이다.

다혈질 중에는 목회자가 많다. 왜냐하면 다혈질은 무대를 좋아하고 남들의 시선을 받는 것을 좋아하기 때문이다. 다혈질이 매력적이고 사람들을 재미있게 해 주지만, 미리미리 준비하여 최선을 다하는 경우는 드물고 기한이 닥쳐야 정신 없이 일을 하는 경우가 많다.

어느 날 나는 잘생긴 목사님이 주례를 선 결혼식에 참석했다. 목사님은 앞으로 나와서 마이크를 켜고 예식의 시작을 알리는 웨딩 마치를 연주하라고 선포했다. 그런데 갑자기 그의 얼굴에 당혹스런 빛이 역력히 드러났다. 그는 마이크를 끄고 두 개의 강단 사이를 오가며 서류를 뒤적이고 무엇인가를 찾고 있었다. 신랑 신부의 이름을 적은 노트를 어디에 두었는지 잊어버린 것이었다. 웨딩 마치가 연주되고 있었기 때문에 그는 다시 강단으로 돌아왔고 마이크를 켜고 하객들을 향해서 미소를 지었다. 예식은 매우 은혜스럽고 감동적이었다. 그러나 결혼 서약을 하면서 신랑과 신부의 이름도 언급하지 않은 매우 기묘한 상황이 벌어지고 말았다. 그러다가 갑자기 기억이 났는지 예식 중간에 신랑과 신부에게 무릎을 꿇고 1분 동안 묵상 기도를 하라고 했다. 하객들도 머리를 숙인 채 눈을 감고 묵상을 하도록 했다. 사람들이 모두 머리를 숙이자 그는 마이크를 끄고 옆문으로 총알같이 뛰어나가 뜰을 지나 사무실로 사라졌다. 그리고 노트를 들고서 까치발로 살금살금 돌아왔다. 그는 다시 마이크를 켜고 깊은 숨을 몰아쉰 후에 "아멘"이라고 말하며 기도를 마친다는 신호를 보냈다. 그리고는 노트를 보며 결혼 예식을 제대로 진행했다. (다른 사람들은 대부분 고개를 숙이고 있었지만, 나는 그런 경우 눈을 살짝 뜨고 엿보는 버릇이 있다. 프레드는 시계를 보면서 목사님이 나갔다 들어오기까지 정확히 47초가 걸렸다고 했다.)

다혈질은 이야기를 잘하지만, 무슨 일이든 자신의 가능성을 100% 발휘하는 경우는 드물다. 그들은 그 일에 최선을 다하고 싶어하지 않는다. 그들에게는 해야 할 일이 계속해서 생긴다. 그러므로 재미있게 노는 것이 일보다 더 중요하다.

다혈질을 상담해 본 바에 의하면, 일하는 데 있어서 진지하고 조직적이지 못하다는 데 동의한다. 그들은 원래 성취하고자 했던 일을 아직 다 이루지 못했으며, 개선해야 할 점들이 있다는 것도 인정한다. 나는 다혈질과 상담을 계속하면서 그들에게 해야 할 일이 무엇인지 분명히 정하게 했다. 그러나 처음에는 결심대로 잘해 보려고 하지만, 다른 일이 생기면 그 일을 계속하지 못한다. 그러다가 다시 정신을 차리고 일을 계속하려고 할 때쯤에는 해야 할 일에 대한 목록을 잃어버려서 기억도 못하게 된다. 목록을 찾는다고 해도 끝까지 계속하지는 못할 것이기에 별 차이는 없다.

혹 당신이 이런 사람은 아닌가? 다혈질인 당신에게는 누구보다도 위대한 가능성이 있다. 다혈질은 어떤 분야에서든지 정상에 오를 수가 있다. 그러나 그 일은 바로 오늘 시작하고 최선을 다해야 한다. 내일까지 기다리게 되면 내일 또 무언가 해야 할 일이 생긴다.

해결책 2: 성장하라

"풋내기들!"
"대중적 다혈질들, 피상적인 생각을 가진 놈들!"

셰익스피어는 사람의 기질을 알고 있었으며, 글을 쓰면서 대중적 다혈질의 가장 큰 약점, 즉 결코 성장하려고 하지 않는 태도를 지적했다. 다혈질은 어려운 현실에 직면하려 하기보다는 피터 팬처럼 결코 이 세상에는 없는 땅으로 날아가 버리려고 한다.

만일 부부가 성장하기를 거부한다면 그들의 결혼 생활은 결코 원만하게 이루어질 수 없다. 성숙이란 나이가 들면서 저절로 이루어지는 것이 아니다. 현실에 직면하며 자신의 의무를 감당해 내려는 구체적인 계획을 세울 때 성장할 수 있는 것이다.

다윗은 "내가 비둘기같이 날개가 있으면 날아가서 편히 쉬리로다"(시편 55:6)라고 했다. 그러나 그는 어려운 일들로부터 도망하지 않았다. 어려움을 직시하고, 고난 중에 도움을 주시는 하나님을 부르며 극복할 수 없는 것처럼 보이는 어려움도 이겨 냈다.

기억하라

다혈질에게는 구세주의 도움이 필요하다.
만일 하나님의 도움이 없다면…
자신의 혀에 재갈을 물리고
자아를 통제하고
교만한 마음을 억누르고
기억을 새롭게 하며(성령께서 기억나게 하신다)
자신이 아니라 다른 사람을 돌아보고
치러야 할 희생을 미리 계산한다는 것이
다혈질에게는 불가능한 일이다.

> 나에게 능력 주시는 분 안에서 나는 모든 것을 할 수 있습니다
> [빌립보서 4:13 현대인의 성경]

9. 완벽주의 우울질은 명랑하게

완벽주의 우울질은 상황에 따라서 변화가 심한 사람이다. 때로는 매우 기분 좋아하다가 때로는 무척 우울해하기도 한다. 그들은 사람의 기질에 대해 연구하는 것을 좋아한다. 왜냐하면 그렇게 함으로써 끊임없이 자기 성찰을 할 수 있기 때문이다. 그러면서도 기질에 대한 이론이 너무 단순해서 별 의미가 없다고도 생각한다. 그들은 자신이 어떤 타입의 사람이라는 꼬리표를 붙이고 정형화된 사람으로 취급받는 것을 싫어한다. 그들은 남들보다 독특한 존재이고 자신도 모를 만큼 복잡하여, 어떤 부류의 사람이라고 정의될 수 없다고 생각한다.

완벽주의 우울질은 특별한 사람들인가?

완벽주의 우울질은 자신과 같은 사람은 세상에 없다고 믿는다. 대부분의 우울질이 이런 생각을 갖고 있다는 것은 놀랄 만하다. 그들은 자신만이 옳고 이 세상은 틀렸다고 한다. 남들이 모두 자신들 같다면 그들은 행복할 수 있을 거라고 생각한다.

기질 세미나를 계속하면서 매우 유익했던 점은 우울질도 남들과 특이하게 다른 존재가 아니라는 사실을 증명할 수 있었던 것이다. 다른 사람들도 그들처럼 생각하고, 보고, 행동한다. 세미나에 참석하는 사람들은 먼저 각자의 기질이 어떤 유형인지 알아보기 위해서 "기질 프로필"에 응답해야 한다. 세미나 진행을 위해 참석자들을 같은 유형끼리 그룹으로 모아야 하기 때문이다. 이때 우울질은 "기질 프로필"에 응하는 것을 마음에 내켜 하지 않는다. 그들은 별로 하고 싶어 하지도 않고, 편안하고 즐겁게 지내려고도 하지 않는다. 그러나 그런 사람들이 함께 모이면 마치 베일을 벗어 버린 것과도 같이 모두 테이블로 의자를 당겨 앉는다. 모두들 깔끔하게 옷을 입고 있으며, 손에는 연필을 쥐고, 수상쩍은 시선으로 서로를 바라본다.

그들은 주위 사람들을 분석해 보면서 자신들이 모두 비슷한 사람들이라는 것을 알게 된다. 그리고 조용히 상대방을 관찰하면서, 기질을 공부하는 것이 의미가 있는 일이라는 것을 깨닫는다. 함께 모인 그들이 서로 비슷하다는 것을 알게 되면서 몇몇 사람들은 미소를 짓기도 한다.

어떤 사람은 이와 같은 진리를 발견하게 된 것으로 자신의 결혼 생활에 전환기를 맞게 되었다고 했다. 그의 아내는 다혈질인데 전에도 두 번이나 그를 떠난 적이 있고, 이번에도 떠나기 직전이었다. 그러던 중에 아내가 남편에게 세미나에 참석해 보라고 간절히 부탁해서 어쩔 수 없이 참석했던 것이다. 그는 가정에서 일어난 문제의 원인이 모두 아내 때문이라고 생각하고 있었다. 그가 보기에 아내는 인생을 진지하게 생각하지 않았다. 아이들도 모두 엄마 편을 들었는데, 그것도 아내가 아이들을 꼬드긴 것이라고 생각했다. 또한 아내는 28년 동안 결혼 생활을 하면서 가사 일도 제대로 하지 않았다. 그런 모습들을 보면서 그는 신체적으로, 정신적으로, 정서적으로 철저하게 아-

내와 벽을 쌓고서 아내 혼자 마음 고생을 하게 했다.

그는 막상 세미나에 참석은 했지만 별로 배우고 싶은 생각은 없노라고 내게 말했다. 그러나 우울질 그룹에 속하여 마치 자기 자신을 복제해 놓은 듯한 사람들을 보면서 충격을 받았다며 이렇게 말했다:

> 바로 그 순간에 나는 아내가 지난 결혼 생활 동안 어떤 사람을 보면서 살아왔는가를 알게 되었습니다. 다른 사람들의 모습에서 내 자신의 모습이 반사되는 것을 보았습니다. 사람들은 진지했지만, 모두 우월감에 젖어 있었고 유머 감각이라고는 전혀 없었습니다. 그 날 밤 나는 집으로 돌아가 아내에게 지난 28년 동안 아내를 비난하며 살아왔던 것을 사과했습니다. 아내는 울면서 '다른 사람들이 당신을 바라보는 것처럼 당신이 자신의 모습을 보게 될 줄이라고는 상상도 못했어요. 하나님, 정말 감사합니다'라고 했습니다. 나는 그녀를 따뜻하게 안아 주었습니다. 지금까지 해본 적이 없는 포옹이었습니다. 그 때 나는 우리의 결혼 생활도 치유되었다는 것을 알았습니다.

각 기질에 따른 특성을 조사하고 연구하며, 이것을 개개인에게 적용해보면 정말 많은 것을 배울 수 있다.

문제: 우울질은 쉽게 의기소침해진다

해결책 1: 아무도 우울한 사람을 좋아하지 않는다는 것을 기억하라

콜먼(Colman)이 쓴 「남자와 여자」라는 만화에는 서로 마주보고 있는 부부가 나온다. 남자는 의기소침해 있고, 여자는 "만일 이것이 당신의 '행복' 한 모습이라면, 당신의 '슬픈' 모습은 어떤 모습입니까?"라고 묻고 있다. 우울질이 지금 행복한지 슬픈지 겉으로는 분간하기 어렵다. 그들은 별로 흥분하지 않으며 낙담하지는 않았다고 해도 너무나 진지하기 때문이다. 우울질은 그들의 기분이 남들에게 얼마나 영향을 미치는지 알지 못한다. 우울질과 만나 대화를 나누면서 그가 우울하다는 것을 알게 되면, 사람들은 우울질의 기분이 더 나빠지지 않도록 신경을 쓰게 된다. 이런 관계를 유지한다는 것은 어려운 일이다. 그래서 사람들은 가능한 한 우울질과의 접촉을 피하려고 한다.

우울질의 기분이 사람들에게 영향을 미친다는 사실을 일단 알게 되었다면, 이제부터 문제를 해결해 나갈 수 있다. 다혈질이 더 조직적으로 일할 수 있도록 노력하는 것처럼, 우울질은 더 명랑해지도록 노력해야 한다. 내가 이 원리를 우울질 아들에게 설명했을 때, 그는 "그렇지만 난 명랑해질 수가 없는 걸요"라고 대답했다.

"억지로 그렇게 되려고 할 필요는 없단다. 그냥 네가 명랑하면 되는 거야. 나라면 진짜로 의기소침해지느니 차라리 가짜로라도 즐거워하겠어." 난 이렇게 아들을 격려했다.

어둡고 음울한 사람을 좋아하는 사람은 아무도 없다는 것을 기억하라. 우울질이 고개를 푹 숙이고 헤매야 할 이유는 많이 있겠지만, 아무도 그런 이유를 듣고 싶어하지 않는다는 것을 기억하라. 우울질은 나이가 들면서 더욱 슬퍼지는 경향이 있다. 그들은 아무도 자신을 사랑하지 않는다고 생각하며 그것을 합리화하려고 한다.

우울질 과부가 외롭게 창가에 앉아 있다. 어느 여인이 그녀를 방문하여 "안녕하세요? 요즘 어떻게 지내세요?"라고 묻는다. 그러자 과부는 지난 한 달 동안 겪었던 섭섭한 일들을 모두 지루하게 털어놓으며 "이제 아무도 나를 찾아 주는 사람이 없어요"라는 말로 끝을 맺는다.

여인은 햇빛이 비치는 밖으로 나오며 다시는 그 과부를 찾아가지 않겠다고 다짐한다. 그렇게 되면 그 여인도 다시는 찾아 주지 않는 사람들의 명단에 추가되는 것이다. 그리고 우울질 과부는 자신의 부정적인 생각이 옳다는 것을 다시금 확인하게 된다. 아무도 우울한 사람을 좋아하지 않는다는 것을 우울질이 알았다면, 인생을 염세적인 관점에서 벗어나 낙관적으로 보도록 노력해야 할 것이다.

해결책 2: 문제를 찾으려고 노력하지 말라

우울질은 모든 것을 너무 개인적인 관점으로 받아들이고 문제 삼으려는 경향이 있다. 어느 여인은 이렇게 말했다: "내 남편은 너무 부정적입니다. 함께 영화를 보러 갔다가 만일 영화가 좋지 않으면, 그는 마치 내가 그 영화를 제작이나 한 것처럼 느끼게 한답니다."

우울질은 특히 다혈질이나 담즙질과 마찰이 생기는 경우가 많다. 왜냐하면 다혈질이나 담즙질은 일의 결과가 어떻게 될지 생각해 보지도 않고 머리에 떠오르는 대로 즉흥적으로 말하기 때문이다. 우울질은 무슨 말을 하든지 미리 생각하고 나서 하기 때문에, 다른 사람들도 그럴 것이라고 생각하고 그들이 별 생각 없이 하는 단순한 말 속에 숨어 있는 의미를 찾으려고 한다.

우울질은 다른 기질의 특성을 이해하고 나서야 무거운 짐을 벗어 버린 듯 홀가분한 느낌을 갖게 될 것이다. 어쩌면 당신은 다혈질이나 담즙질들이 사실은 당신과 아무런 감정이 없다는 것을 알게 될 것이다. 그들은 당신에 대해 별로 관심도 없고, 미리 계획해서 일하지도 않는다. 다른 사람들을 자신의 특성이 아니라 그 사람의 기질로 평가하게 될 때, 당신은 사람들에 대해서 아주 새로운 관점을 갖게 될 것이다. 스쳐 지나가는 사람에게 미소를 지을 수도 있고, 그 사람을 유심히 보면서 문제점을 찾아볼 수도 있다.

우울질은 종종 자신이 다른 사람들에게서 소외당하고 있다고 생각한다. 그리고 왜 그들이 자신을 초대하지 않는지 의아해하다. 그러면서도 사람들이 자신에게 접근하면 부정적인 반응을 보이며 배척한다. 어느 날 우리는 우울질 여인을 파티에 초대했다. 그녀는 별로 좋아하는 기색이 없이 "난 하루 종일 밖에 있게 될 거예요. 그렇게 되면 온종일 아무것도 못하고 밤 시간마저 뺏기게 될 걸요"라며 거절했다.

때로 우울질은 긍정적인 상황까지도 부정적으로 받아들인다. 언젠가 미용실에 갔을 때였다. 내가 자리에 안자마자 미용사는 한숨을 쉬며 "부인의 딸 때문에 너무 힘들어요"라고 말하는 것이었다. 난 마리타가 무슨 약속을 어겼나 싶어서 "그 애가 무슨 잘못이라도 했나요?"라고 물었다. 미용사는 이렇게 대답했다: "마리타는 날마다 새 고객을 우리 미용실에 보낸답니다. 이번 달만 해도 벌써 10명이나 고객을 소개받았어요. 문제는 그 손님들 모두 나를 좋아해서 계속 온다는 거예요!"

나는 우울질이 나쁜 기억들을 잘 잊지 않는다는 이론을 시험해 보고 싶었다. 그래서 내가 만나고 있는 음악가들의 모임에서 유치원이나 초등학교 저학년 때 선생님에 대해 부정적인 기억을 가지고 있는 사람들은 손을 들어 보라고 했다. 사람들은 즉각적으로 모두 손을 들었다. 그들은 자신들의 부정적인 기억에 대해 자세히 이야기했고, 나는 그 이야기를 듣는 데만 30분이나 소요해야 했다.

내 남편 프레드는 어려서부터 남들에게 이용당했다고 생각하는 일들을 많이 기억하고 있다. 그는 다섯 형제 중에서 중간이다. 그는 맏이가 아니었기 때문에 특권을 누릴 수도 없었고 막내가 아니었기 때문에 가족들에게 귀여움을 받지도 못했다고 생각했다. 어렸을 때 가족들의 모습을 담은 비디오를 보면 종종 울고 있는 프레드에게 형들이 울보라고 놀려 대는 모습을 볼 수 있다. 지금은 그의 우울질 기질 때문에 문제가 더욱 심각해졌다는 것을 알게 되었지만, 이처럼 안 좋은 기억들을 생생하게 간직하고 있다.

우울질인 프레디는 학교에서 불이 나거나 약물 단속반 경찰들이 급습하여 중학교 1학년생들이 절반이나 경찰서에 붙들려 갈 때면 너무나도 즐거워했다. 주변에서 안 좋은 일이 일어나면 그는 흥분하고, 부정적인 일에 초점을 맞추기를 즐긴다.

부정적인 면에 주의를 기울이는 사람은 쉽게 낙심한다. 이것은 당연한 논리이다. 우울질은 긍정적인 사고를 해야 한다. 무슨 일이든지 자신이 부정적인 면에 주의를 기울이고 있다고 생각되면 바로 물리쳐 버려야 한다. "주께서 심지가 견고한 자를 평강에 평강으로 지키시리니…"(이사야 26:3). "형제들아 무엇에든지 참되며…무엇에든지 사랑할 만하며 무엇에든지 칭찬할 만하며 무슨 덕이 있든지…이것들을 생각하라"(빌립보서 4:8).

해결책 3: 쉽게 마음 상하지 말라

우울질은 상심해 있는 것을 즐긴다. 그들은 사람들이 그들을 어떻게 이용하고 어떻게 무시했는지를 생각한다. 남편 프레드는 사춘기에 접어들었을 때, 매우 심한 우울질이 되었다. 당시 그의 가족은 일요일마다 비프 스테이크를 먹었는데, 프레드는 유독 자신만 가장 맛있는 부위를 먹지 못했다고 생각했다. 그는 식구들이 자기를 무시한다는 생각에 "비프 스테이크 목록"을 만들어 16주 동안 누가 가장 맛있는 부위를 먹었는지 기록하기 시작했다: "1월 12일, 에디 이모와 딕. 1월 19일, 스티브와 할아버지…." 어느 날 프레드의 어머니가 그의 방을 치우다가 책상 위에 있는 목록을 보게 되었다. 그녀는 날짜와 이름만 기록된 메모지를 보고 이상하게 생각했다. 아들이 집에 돌아오자 어머니는 그 목록에 대해 물었다. 그러자 프레드는 시무룩한 표정으로 이렇게 대답했다: "그것은 일요일마다 비프 스테이크의 가장 맛있는 부위를 누가 먹었는지 기록한 거예요. 지난 16주 동안 내 이름은 한번도 적히지 않았어요. 내가 얼마나 무시당하며 사는지 증명이 되잖아요."

담즙질인 프레드의 어머니는 아들이 일요일날 누가 어느 부위를 먹었는지 기록하는 데 시간을 허비한다는 사실을 믿을 수 없었다. 그러나 프레드는 부정적인 면을 들추어 내며 즐거워했다.

대부분의 우울질은 쉽게 상처를 받는다. 우울질은 어려서부터 자신들이 무시를 당하고 있다고 생각한다. 여기 한 예를 보라:

> 크리스마스 때만 되면 어린 조수아는 기분이 별로 좋지 않았습니다. 그는 자기가 받은 선물과 사촌 로라가 받은 선물을 비교하곤 했습니다. 그래서 그는 새 옷도 받고 새 장난감도 받았지만 "산타 클로스 할아버지는 로라를 더 좋아해요"라며 눈물을 흘렸답니다.

해결책 4: 긍정적인 면을 보라

아무도 우울질을 비난하지 않지만 그들은 누군가 자신을 비난한다고 생각한다. 누가 자기에 대해 말하는 것을 들으면 사람들이 자신에 대해 나쁘게 말한다고 생각한다. 이와는 대조적으로 다혈질은 누군가 자신에 대해 이야기한다면 좋은 이야기일 거라고 생각한다. 그들은 "사람들의 입에 오르내리는 게 나쁠 건 없다"는 옛말을 그대로 믿는 것 같다.

우울질은 부정적인 채널에 주파수를 맞추어 놓은 라디오와도 같다. 만일 우울질이 먹구름 아래서의 삶에서 벗어나 밝은 햇빛을 보며 살아가기로 결심한다면 그들에겐 정말 많은 변화가 일어날 것이다. 사람들을 보면서 그들의 좋은 면을 보려고 노력하라. 만일 뭔가 잘못되어 간다면, 그런 것들을 체험케 하시는 하나님께 감사하고, 그분이 어떤 긍정적인 교훈을 주시는지 배우라.

> 지혜롭게 말씀을 따라 사는 사람이 좋은 것을 얻을 것이며 여호와를 신뢰하는 사람이 복을 받을 것이다
> [잠언 16:20 현대인의 성경]

기억하라

긍정적인 면에 주의를 기울이라.
부정적인 것들은 제거하라.

문제: 우울질은 자존감이 낮다

해결책 1: 당신이 왜 불안해하는지 그 원인을 찾아보라

우울질은 천성적으로 부정적인 성향을 가지고 태어나기 때문에 다른 사람들에 대해서 매우 엄한 심판을 내린다. 그들은 사회적으로도 매우 불안하다. 그래서 일반적으로 배우자를 찾을 때는 그들에게 대화를 걸어 주는 다혈질에게 매력을 느낀다. 나는 언젠가 매우 영리하고 자신의 분야에서 전문가로 인정받는 한 우울질이, 저녁 식사 자리에서 몇 마디 해 달라는 청탁을 받을까 봐 두려워서 전전긍긍하는 모습을 본 적이 있다. 우울질의 자존감이 낮은 것은 그들이 어렸을 때 부모님이나 선생님으로부터 비난받은 일 때문인지도 모른다. 우울질은 부정적인 것에 물들어 있으므로 사람들도 그들을 부정적으로 대할 수 있다. 내가 여성들의 모임에서 활동하면서 회장으로 일하는 사람들을 관찰해 본 결과 다른 사람들의 비난을 받아들이는 사람은 다른 사람들과 잘 지냈다. 그러나 부정적인 비난을 용납하지 못하는 사람은 결국 혼자서 외롭게 살아가는 것을 보았다.

나는 여성들의 자존감에 대해 알아보기 위한 설문을 만들어 보았다. 거기에는 자신의 머리 색깔, 몸무게, 키, 재능, 영성, 그리고 자신들의 견해를 기록하는 난이 있다. 각 항목에 대한 자신의 의견을 표시하게 한 후, 다시 살펴보면서 언제부터 그런 생각을 하게 되었는지 돌아보게 한다. "자신에게 머리 색깔이 밉다고 말했던 사람은 엄마인가?" "머리가 나쁘다고 했던 사람은 아빠인가?" 이런 간단한 설문에 응답하는 동안 그들은 자신이 왜 그처럼 자존감이 낮은지를 이해하기 시작한다. 그리고 자신에 대한 남들의 부정적인 평가가 과연 옳은 것인지 돌아보게 된다. 만일 그 평가가 옳다고 생각되면 자기 발전을 위해 계획을 세우고 그것을 실천해 나가야 한다. 그러나 그 평가가 옳지 못하다면 그들은 부정적인 생각들을 버리게 해 달라고 하나님께 기도해야 한다. "여호와여 내 기도를 들으시고 [도움을 구하는] 나의 부르짖음을 주께 상달케 하소서"(시편 102:1).

해결책 2: 자신의 "위장된 겸손"에 주의하라

우울질은 자존감이 낮기 때문에 다른 사람들의 칭찬을 구하려고 한다. 그들은 "난 잘하는 것이 없어. 내 머리 모양은 항상 엉망이야. 무슨 옷을 입어야 할지 모르겠어"라고 말한다. 그러면서 그들은 자신이 겸손하다고 생각한다. 그러나 사실 이런 고백들은 "난 안정감이나 확신이 없어"라고 말하는 것과 같다. 우울질은 그런 말들을 하면서 자신의 자존감을 키우고자 다른 사람들의 칭찬을 구하는 것이다. 그러나 정작 사람들이 자기를 칭찬하면 그들은 또 다시 칭찬을 거부하곤 한다.

기억하라
우울질은 성공할 수 있는 가능성이 가장 많은 사람이다. 자신에게 원수가 되기를 자처하지 말라.

문제: 우울질은 관망하며 늑장을 부린다

해결책 1: 일을 시작하기 전에 "적절한 것"을 찾으라

우울질은 완벽주의자다. 그러므로 일처리를 완벽하게 해내지 못할까 봐 시작을 못한다. 점액질은 일하기 싫어서 늑장을 부리지만, 우울질은 완벽하게 해내야 한다는 부담 때문에 늑장을 부린다.

우리가 코네티컷에 살 때 프레드는 오디오를 거실에 놓고자 했다. 그는 먼저 거실 벽에 큰 구멍을 내고 거기에 스피커를 설치했다. 본체는 다락 속에 두어서 보이지 않게 했다. 그런데 스피커가 너무 커서 거실에 들어서면 스피커만 보이고, 거실의 다른 장식들이 빛을 발하지 못했다. 나는 남편에게 스피커 자리의 검은 구멍을 무엇으로든지 가려 달라고 부탁했다. 내 생각에는 뭐라도 좋을 것 같았다. 그러나 나는 그가 "바른 것"을 발견할 때까지 기다려야 했다. 나는 먼저 그것을 가릴 그림을 찾았다. 그러나 그림으로는 스피커를 다 가릴 수 없었다. 더군다나 프레드는 그림이 스피커를 가로막아서 소리가 왜곡된다며 그림으로는 절대로 가리지 못하게 했다. 내가 건의하는 것마다 그에게는 "적절한 것"이 되지 못했다. 피아노를 그 앞에 놓고서 그 위에 찬송가를 쌓아 보기도 했다. 그것 역시 적합하지 않았다. 커다란 웨딩 부케를 가져다가 걸어 보기도 했지만, 도리어 사람들의 시선을 그 뒤에 있는 검은 구멍으로 끌어들였다. 그 검은 구멍이 제 구실을 하는 때는 일년 중에서 오직 크리스마스 때뿐이었다. 그 때가 되면 크리스마스 트리를 세워 검은 구멍을 가릴 수 있었다. 반짝거리는 크리스마스 트리 뒤에서 음악이 흘러나오면 사람들은 신기해했다. 2년 후, 프레드는 "적절한 것"을 찾지 못하겠다며 손을 들고 말았다. 나는 목수를 불러서 구멍 앞에 장식장을 만들게 했다. 몇 개월 전에 내가 그렇게 하자고 프레드에게 건의했지만, 그제서야 그는 "그것이 적절한 것 같아"라고 했다. 우울질 여러분, 기발한 생각으로 사람들을 놀래 주려고 하지 마세요. 그것을 '속히' 수행할 수 있도록

"적절한 것"인지 먼저 확인하세요.

해결책 2: 일을 계획하는 데 지나치게 많은 시간을 허비하지 말라

어느 여인이 남편에게 안뜰에 테라스를 만들어 달라고 부탁했다. 남편은 테라스를 만들려고 시멘트를 잔디 위에 쌓아 두어서 잔디는 모두 죽어 버렸고, 수레는 대문에 기대어 둔 채 몇 개월을 방치했다. 아내가 왜 빨리 만들지 않느냐고 불평할 때마다 그는 테라스에 대한 전체적인 계획을 세우기까지는 일을 시작할 수 없다고 말했다. 남편은 여전히 계획만 세우고 있었고, 부인은 수레가 녹슬지 않도록 기름을 칠해야 했다.

알린은 남편에게 간단한 선반을 하나 만들어 달라고 했다. 그는 3개월 동안 어떤 모양이 좋을지 스케치만 하고 있었다.

재키는 남편에게 수족관 받침대를 만들어 달라고 했는데, 그는 받침대를 만들기 전에 네 장이나 되는 설계도를 그렸다. 그녀는 그 설계도를 내게 들고 와서 보여 주었다.

내가 프레드에게 액자를 하나 걸어 달라고 하면, 그는 이모저모로 분석을 하다가 벽이 평평하지 못하다는 것을 발견하게 되는데, 이는 별로 유쾌한 일이 아니다. 그는 벽의 높이와 넓이를 재고, 액자의 두께를 잰다. 그러고는 액자를 걸기에 꼭 맞는 못과 작은 망치를 찾아야 하는데, 우리에게는 이런 공구들이 거의 없다. 그래서 액자를 빨리 걸고 싶으면 차라리 내가 해 버린다. 손에 잡히는 대로 못을 들고, 망치가 없으니 낡은 구두굽으로 액자를 걸기에 적합한 곳에 못질을 한다. 그림을 걸었다가도 자리가 마음에 안 들면 못을 뽑아 다른 자리에 다시 못을 박는다. 몇 번 이렇게 하고 나면 액자는 제 자리를 찾게 된다. 지난 번 이사를 나올 때 벽에 걸린 액자들을 떼어 냈는데 벽에 어찌나 못자국이 많이 있든지 프레드는 어리둥절해했다. 그래서 집을 팔기 전에 페인트칠을 다시 해서 못자국을 메웠다.

기억하라

우울질이 일을 계획하는 데 너무 많은 시간을 허비하지 않는다면, 다른 사람들이 아무런 준비도 없이 복잡한 일을 엉터리로 하게 되는 일은 없을 것이다.

문제: 우울질은 다른 사람들에게 비현실적인 요구를 한다

해결책 1: 당신의 표준을 낮추라

우울질은 모든 일을 높은 수준으로 완벽하게 처리해 내려고 한다. 그러나 그들이 다른 사람들에게도 자신의 수준으로 요구한다면, 그것은 바로 우울질의 약점이 되고 만다.

어느 다혈질 여자는 세미나에서 이렇게 말했다: "내 남편은 우울질입니다. 결혼하고 나서 내가 한 일에 대해 책망을 받지 않은 적이 한번도 없어요. 남편은 만일 내가 죽어도 다시 죽으라고 할 거예요. 처음에는 분명히 잘못 죽었을 테니까요."

팜 스프링스에서 세미나를 하고 있을 때, 완벽주의 우울질 여인이 내게 상담을 의뢰해 왔다. 그녀는 매우 우아한 여인이었다. "난 지금까지 기질에 대해서 들어 본 적이 없어요. 우리 아들은 정말 특이한데, 혹시 기질 때문이 아닐까요?"

그리고 이어서 그녀의 가정에서 지키고 있는 "정상적인" 표준을 알려 주었다. 그녀와 남편은 모두 우울질이기 때문에 모든 것을 가지런히 정돈하여 정해진 자리에 둔다. 잡지들은 꼭 커피 테이블 위에 정해진 자리에 둔다. 테이블 위에 잡지 몇 권을 일렬로 진열해 두는데, 앞에 있는 잡지가 뒤에 있는 잡지의 표지를 덮지 않게 표지 제목이 나타나도록 둔다. 그리고 누구라도 맨 앞에 있는 잡지는 읽을 수 없다. 그렇게 되면 정리해 둔 잡지들이 흩어지기 때문이다. 다음 호가 나오면 맨 앞에 진열하고 지나간 잡지를 읽는다. 그래서 테이블 위는 항상 새롭고 깔끔하게 보였다.

어느 날 10살 난 그의 "특이한 아들"이 거실로 들어와서는 테이블 위에 있는 잡지를 모두 마루로 내동댕이쳐 버렸다. 그리고는 잡지 한 권을 집어들고 표지를 찢어서 엄마가 있는 곳으로 던져 버리는 것이었다. 그녀는 아들의 이상한 행동에 놀라 아동 심리학자에게 상담을 받게 했다.

우리는 그 문제에 대해 이야기를 나누었다. 우울질에게는 정해진 자리에 잘 정돈해 두는 것이 "정상적인" 일이지만, 다혈질에게 그런 것을 요구하며 압력을 가하면 그들은 난폭해진다. 다혈질 아이는 인형의 집에서는 살지 못한다. 사람의 기질을 안다는 것은 이처럼 사람들을 어떻게 대할 것인지 판단하는 데 도움이 된다. 그녀는 자신만의 높은 표준을 다혈질 아이에게도 적용하고 요구한다는 것은 불가능하다는 것을 알게 되었다. 그녀와 나는 마지막으로 이렇게 이야기를 주고받았다.

"난 내 아들에게 정신 질환이 있는 줄 알았어요."
"당신이 계속 그렇게 요구한다면 아마도 그렇게 될 걸요."

해결책 2: 당신의 기질을 이해하게 된 것에 감사하라

기질에 대해 공부하고 이해하는 것은 특히 우울질에게 가치 있는 일이다. 그들은 다른 사람들이 왜 자신과 달리 행동하고 반응하는지 이해하기 시작하면서 가족이나 친구들과 긍정적인 관계를 맺게 된다.

우울질은 자신은 왜 다른 사람들처럼 즐겁고 명랑해질 수 없는 것인지 의아해하며, 자신에게 무슨 문제가 있는 것으로 생각한다. 사람들은 그들에게 좀더 명랑해지라고 하지만, 그럴수록 그들은 오히려 뒤로 물러선다. 우울질은 사람의 기질에 대해 공부한 후에야 자신이 정신적으로 문제가 있는 것이 아니라, 그저 여러 기질 중에서 한 기질을 타고난 것일 뿐이라는 사실을 알고서 가벼운 마음을 갖게 된다.

린다는 세미나에 참석한 후 집에 돌아가서 내게 이런 편지를 보내왔다:

> 기질에 대한 공부를 한 것이 내게 얼마나 소중한 경험이 되었는지 모릅니다. 기질에 대한 연구가 고대의 히포크라테스로부터 시작되었다는 것도 몰랐습니다. 생전 처음으로 기질에 대해 배우게 되었고, 내 자신이 우울질이라는 것을 발견했습니다. 그것은 내 속에 있던 많은 문제들을 해결해 주었습니다. 난 친구들 때문에 자주 마음이 상했습니다. 이제 나는 내 친구들 대부분이 다혈질이라는 것도 알게 되었습니다. 그들이 일부러 내 마음을 상하게 하려고 한 것이 아니었습니다. 내 자신이 그들에게 너무 예민하게 반응했던 것입니다. 기질에 대해 알고 나니 그런 것들은 아무 문제도 아니었습니다. 내 주변에는 우울질이 없는 것 같습니다. 다른 사람들과 비교해 볼 때 나는 그들보다 훨씬 더 예

민해서 내게 정서적으로 문제가 있는 줄로 생각했습니다! 그러나 내가 특이한 사람이 아니라 그저 네 가지 기질 중에서 한 가지에 속한 것이라는 사실을 알게 된 후, 마음이 너무 가벼워졌습니다.

기억하라

세상에 완벽한 것은 없다. 마음을 편히 가지라.
하지만 하나님의 말씀은 이렇게 가르친다:

> 형제 여러분…완전해 지십시오 내 권면을 받아들이고 한마음으로 사이 좋게 지내십시오 그러면 사랑과 평화의 하나님이 여러분과 함께 계실 것입니다
>
> [고린도후서 13:11 현대인의 성경]

10. 역동적 담즙질은 차분하게

　다혈질은 자신의 약점을 사소하게 생각하고, 우울질은 자신의 약점 때문에 소망이 없다고 생각하며, 담즙질은 다른 사람에게 해를 끼치는 약점이 그들에게 없다고 생각한다. 또한 자신이 항상 옳은 줄 알며 실수할 가능성을 인정하지 않는다.
　담즙질은 아이 때부터 항상 이기려고 하고, 어떻게 해서든지 체면을 구기지 않으려고 한다.
　다섯 살배기 담즙질 브라이언은 그가 좋아하는 낡은 옷을 입고서 친구 생일 파티에 갈 준비를 마쳤다. 그러나 그의 엄마는 정장으로 갈아입고 구두를 신으라고 했다. 결국 담즙질 엄마와 다툼이 시작되었다.
　"난 그 구두가 싫어요."
　"네가 그것을 좋아하든 싫어하든 아무튼 정장에 구두를 신고 가거라."
　"난 갈색 구두가 싫다니까요. 구두를 신지 않겠어요."
　"그럼 마음대로 해. 넌 파티에 못 간다."
　브라이언은 문제에 부딪혔다. 파티에 가고 싶었지만, 갈색 구두를 신고 싶지는 않았다. 그의 기질은 엄마 말에 순종하는 것을 허락지 않았다. 그러나 엄마는 이미 자동차 시동을 걸어 놓았다. 엄마는 한다면 하는 분이라는 것을 브라이언도 잘 알고 있었다.

그는 곤란한 표정으로 잠시 동안 서 있다가 담즙질답게 체면을 구기지 않고도 파티에 갈 수 있다는 결론을 내렸다. "그래요. 갈색 구두를 신을게요. 대신 파티에서 돌아오고 나면 그 구두를 쓰레기통에 던져 버릴 거예요. 앞으로 다시는 신지 않을 거니까요!"

브라이언은 자신이 이긴 것으로 생각했다.

아무것도 잘못한 것이 없다고 생각하는 사람

어느 날 저녁 결혼 세미나를 인도하다가 잠시 휴식을 취하고 있었다. 그 때 담즙질이 "기질 프로필" 종이를 공중으로 흔들며 복도를 걷다가 이렇게 말했다.

"내게는 강점만 있고 약점은 하나도 없어요!" 그의 뒤에는 점액질 아내가 따라가고 있었는데, 그녀는 아니라는 듯이 머리를 가로젓고 있었다. 감히 말로 하지는 못하고 고개만 저었던 것이다. 남편은 말을 계속했고, 내가 그에게 대꾸했다.

"여기 나타난 약점도 진정한 의미에서는 약점이 아닙니다."

"무슨 말씀이세요?"

"여기 '조급함' 라고 쓴 것을 보세요. 하지만 다른 사람이 내가 시킨 대로만 해낸다면 내가 조급해할 필요가 없잖습니까!" 그는 담즙질 특유의 억양으로 마치 단언하듯 말했다. 그리고는 말을 이었다. "조급함은 나의 약점이 아니라 다른 사람의 결점입니다."

바로 이것이 담즙질의 문제이고, 그들이 발전하지 못하는 이유다.

그들은 자신에게 있는 약점이 그들의 문제가 아니라 다른 사람들의 잘못 때문이라고 합리화한다. 만일 담즙질이 다른 사람들과 분쟁을 잘한다는 약점을 알게 된다면, 그들은 자기 발전을 이룰 수 있을 것이다. 담즙질은 목표 지향적이고, 마음만 먹으면 무슨 일이든지 해낼 수 있기 때문이다.

문제: 담즙질은 강박 관념에 사로잡힌 일벌레다

해결책 1: 긴장하지 말라

담즙질은 위대한 일꾼이며 다른 어떤 기질보다도 많은 것을 성취해 낼 수 있다. 그러나 그들에게는 여유를 갖지 못하는 부정적인 면도 있다. 너무 열정적으로 오랫동안 일하기 때문에 쉬지 못하는 것이다. 프레드와 나는 모두 담즙질 기질을 가지고 있다. 우리는 정말 많이 활동한다. 가만히 앉아 있으면 죄의식을 느끼고 인생을 끊임없는 활동과 성취와 생산으로 일구어 간다.

> 모든 집은 더 좋게 개조할 수 있다.
> 모든 음식은 더 맛있게 요리할 수 있다.
> 모든 가구는 더 예쁘게 만들 수 있다.
> 모든 일은 더 빨리 해낼 수 있다.

우리 안에 있는 담즙질 기질은 우리를 매순간 "앞으로 나가!"라고 소리치며 서서 해야 할 일이라면 절대로 앉아서 쉬지 말라고 요구한다.

어느 날 내가 어떻게 강제로 휴식을 취했는지 점액질 친구에게 이야기해 주었다. 내게는 낮잠이 내 건강을 지키는 목표에 도움이 된다고 생각할 때만 가능한 일이었다. 난 점액질 친구와 이런 이야기를 나누었다.

"나는 쉬면서도 다음에 뭘 할지 계획을 세우고 있어."

"누워서도 일어나고 싶어한다니 정말 우습구나. 난 정반대야. 일어나 있는 시간에도 항상 눕고 싶거든."

우리는 웃고 말았다. 일하는 것을 좋아하는 담즙질과 쉬는 것을 좋아하는 점액질의 극단적인 차이를 서로에게서 느꼈기 때문이다.

작년에 프레드와 나는 정말 쉬어야겠다고 느꼈다. 내 동생 론은 바하마스에 있는 섬으로 휴양을 가라고 권했다. 그 곳은 육지에서 너무 멀리 떨어져 있어서 쉬는 것 외에는 할 일이 없기 때문이다. 우리는 그 곳으로 비행기를 타고 갔다. 아무 일도 하지 않고 그저 푹 쉬기 위해서였다.

첫째 날 우리는 아침을 먹지 못했다. (좀 늦게 식당에 갔더니 식당 종업원들이 이미 떠나고 없었다.) 둘째 날에는 아침을 먹고서 섬을 구경하러 나갔다. 섬은 잘록하고 길게 생겼다. 우리가 그 섬에서 할 수 있는 일이란 단지 두 가지뿐이었다. 오른쪽 길로 걷거나 왼쪽 길로 걷는 것이었다. 점심 시간이 되어서, 우리는 그 두 가지를 모두 끝냈다.

점심을 먹은 후, 프레드와 나는 방으로 들어가서 침대 옆에 앉았다. 프레드는 종이와 연필을 꺼내며 이렇게 말했다.

"이제 휴가를 어떻게 보낼 것인지 조직적으로 계획해야겠어. 아침 식사는 가급적이면 종업원이 떠나기 전에 일찍 해야겠어. 9시 30분까지는 개인 시간을 갖고 수영복으로 갈아입고… 그 후에는 왼쪽길로 산책을 하고… 썬텐도 해야 하니까 해변에는 11시까지 가야겠지… 돌아와서는 옷을 갈아입고, 점심을 먹고… "

프레드가 계획을 세우는 동안 나는 고개만 끄덕였다. 프레드는 오후 3시에 오른쪽 길로 산책을 하기로 정확히 계획을 세웠다.

그 때 나는 우리가 무엇을 하고 있는 것인지 알게 되었고 그 순간 정신이 번쩍 들었다. 일에 파묻혀서 지내다가 휴식을 취하기 위해 여기까지 온 두 담즙질이 이곳에서도 어떻게 지낼 것인지에 대해 열심히 계획을 세우고 있었던 것이다. 우리는 쉴 만한 조용한 장소를 택했지만, 쉬기 위해서도 계획을 세울 만큼 천성적으로 휴식과는 거리가 먼 사람들이다.

담즙질은 심장병에 걸릴 가능성이 높다는 사실을 기억하고, 시간을 여유 있게 보내는 법을 배워야 한다. 나는 억지로 휴식을 취한다. 여행할 때도 적당한 시간이 되면 꼭 잠을 잔다. 파티 중에도 잠을 자야겠다고 인사를 하고 물러 나온다.

담즙질은 절대로 게으른 사람들이 아니다. 그러나 종일 일만 하고 지낼 필요가 없다는 것을 기억해야 한다.

해결책 2: 여유 있게 살라

여유를 부린다는 것은 담즙질에게 쉬운 일이 아니다. 팀 핸셀(Tim Hansel)은 「나는 휴식을 취하면 죄의식을 느낀다」(When I Relax I Feel Guilty)라는 책에서 이렇게 기록하고 있다: "여가를 즐기는 일이 내게는 참 어렵습니다. 나는 일을 안한다고 책망을 받아 본 적이 없습니다. 내 문제는 그 반대입니다. 나는 10시간 일하는 것이 좋은 일이라면 14시간을 일하면 더욱 좋지 않겠는가라고 생각하는 사람입니다."

이어서 그는 자신처럼 일에 중독된 사람들에게 이렇게 묻는다: "하루하루 너무 바쁘게 일만 하느라 정신 없이 지내고 계십니까? 놀거나 휴식을 취한다는 것이 어색하게 느껴집니까? 연날리기나 자전거타기, 아니면 뭔가를 만들며 여가를 즐긴 적이 있습니까? 너무 요원해서 기억이 나지 않습니까?"

프레드와 나는 그 책을 읽고 느낀 바가 많았다. 휴가를 어떻게 보낼 것인지 미리 계획하고 머리를 쓸 필요는 없다. 아이들을 닥달할 필요도 없다. 우리는 그저 아무 죄의식 없이 쉬어도 된다. 우리는 이 문제에 대해 이야기하면서 이제는 즐기기 시작했다. 주말마다 남편에게 뜰을 가꾸라고 쫓아내지도 않고, 집안이 아무리 어질러져 있어도 죄의식을 느끼지 않게 되었다.

담즙질은 여유를 갖는 법을 배워야 한다. 한번 시도해 보라. 당신도 이렇게 여유 있게 사는 것을 좋아할지도 모른다.

해결책 3: 다른 사람에게 압력을 가하지 말라

담즙질의 역량은 과히 놀랄 만하다. 이것은 그들에게 자산이면서 또한 단점이기도 한다. 사업적인 면에서 볼 때, 담즙질은 성취욕이 강하기 때문에 다른 누구보다도 앞서 나간다. 남자든 여자든 담즙질은 목표를 향해 달려간다. 다른 어떤 기질보다도 짧은 시간에 많은 것을 성취해 낸다. 평범한 다혈질에게는 담즙질 기질이 있어야 무엇인가를 이룰 수 있고, 우울질도 담즙질의 강제성이 있어야 일을 분석하는 데 그치지 않고 행동으로 옮기게 된다. 점액질은 일하는 것보다 바라보는 것을 더 좋아하기 때문에 담즙질 기질을 가져야 목표를 세우고 그 목표를 향해 나아갈 수 있다.

담즙질은 한 가지 목표를 향해 매진하고, 다른 어떤 것에도 방해를 받지 않으려고 한다. 그러므로 담즙질은 더 많은 것을 성취한다. 그러나 이런 기질이 다른 사람을 피곤하고 지치게 만들기도 한다.

도로시의 남편 단은 마이애미에서 돌고래 조련사 일을 하고 있다. 그녀는 단에 대해서 이렇게 말했다: "내가 내일 죽는다면 남편은 내 시체를 시즌이 끝날 때까지 잘 보관해 두었다가, 시간이 날 때 멋있는 장례식을 치러 줄 거예요. 장담할 수 있어요."

나는 일하는 것을 매우 좋아한다. 최근에 나는 마리타와 함께 피닉스를 향해 가고 있었다. 그런데 도중에 바퀴에 펑크가 나서 정비소까지 차를 덜거덕거리며 가야 했다. 나는 세미나에서 발표할 것들을 정리하는 데 몰두해 있었다. 정비소에서 정비공들이 차를 들어올리고 뒷바퀴를 교체하는 동안, 나는 차 위에 그 동안 준비했던 자료들을 펼쳐 놓고 정리를 했다. 정비공들이 내 주위를 돌아다녔지만 난 아랑곳하지 않았다. 그러다가 갑자기 정신이 들었다. 내 일에 너무나 몰두해 있어서 도무지 쉴 줄을 몰랐던 것이다. 정비소에 와서까지도 차 위에 서류를 펼쳐 놓고 일하는 이상한 사람이 된 것이다. 나는 휴식을 모르는 사람, 일에 중독된 사람, 일해야 한다는 강박 관념에 사로잡혀 주위 사람들에게 무리가 되는 그런 사람이 되었던 것이다.

담즙질은 무엇인가 성취해야 한다는 강박 관념에 사로잡혀 있고, 이것이 주위 사람들에게 엄청난 부담이 될 수도 있다는 사실을 기억해야 한다. 매순간 무엇인가 성취하기 위해 매진하지 않으면 이류가 된다고 느낀다. 도로시는 자신이 돌고래보다도 더 남편의 관심을 받지 못한다고 느꼈을 것이다. 나도 주위 사람들에게 부담을 주었을 것이다. 담즙질은 일에 중독되지 않도록 조심해야 한다. 그렇지 않으면 사람들은 담즙질과 함께 지내는 것을 부담스러워하고, 신경 쇠약에 걸리지 않으려고 도망쳐 버리고 말 것이다.

해결책 4: 여가 활동을 계획하라

담즙질은 휴가 때도 일하는 것을 좋아한다. 그러므로 그들을 위해 다른 담즙질이 '여가 활동 상담가' 라는 새로운 일거리를 찾게 되었다. 담즙질이 일하는 것을 워낙 좋아하다 보니 재미있는 여가를 보낼 수 있도록 돕는 일도 직업이 되고 말았다. 그래서 일하느라 여가를 어떻게 보내야 할지 모르는 담즙질이 여가 활동의 전문가가 된 다른 담즙질의 도움을 받게 된 것이다. '퍼레이드' 라는 잡지에 체스터 맥도웰(Chester McDowell) 박사의 "그들이 당신의 여가를 조직적으로 보내도록 도와 줄 것입니다"라는 기사가 실렸다. 그는 여가를 어떻게 보낼 것인가를 상담하는 사람인데, 일에 중독된 사람들에 대해서 이렇게 썼다: "그들은 사방으로 담을 쌓고서 여가를 즐기지도 않으면서, 여가를 즐기는 것에 대해 죄의식을 느낀다. 우리가 그 담을 헐어 버리는 데 도움을 줄 것이다."

조사에 의하면, 다른 기질들은 무엇인가 기분 전환을 하고 여가를 즐길 필요성을 느끼지만, 담즙질은 일만 좋아하고 기분 전환의 필요성을 전혀 느끼지 못한다고 한다. 이런 조사를 하는 사람들은 분명히 우울질일 텐데, 그들은 이 결과에 놀랄 것이다.

담즙질은 일하는 것을 좋아한다. '퍼레이드' 잡지에 실린 매들린 카리슬(Madelyn Carlisle)의 "재미있게 지내는 것이 그렇게 어려운가?"라는 기사에서 그녀는 이렇게 묻는다: "여가를 보낸다는 것이 그렇게 괴로운가? 당신에게는 즐거운 휴식이 꼭 필요한데도 즐겨야 할 여가가 그렇게 지루하게만 느껴지는가?" 이어서 그녀는 육체 노동을 하는 사람에게는 조용히 쉬는 시간이 필요하고, 정신 노동을 하는 사람에게는 운동이 절실하게 필요하다고 역설했다. 담즙질은 어떻게 해서든 여가 활동을 계획해야 한다.

기억하라

좀 쉰다고 해서 죄의식을 느낄 필요는 없다.

문제: 담즙질은 항상 다른 사람을 조종하려고 한다

해결책 1: 내가 아닌 다른 사람이 지도자일 때도 그에게 협력하라

극단적인 담즙질과 상담하면서 그들은 자신이 모든 일을 주관하는 상황에서만 편안함을 느낀다는 것을 알게 되었다. 마리타는 담즙질 기질이 강한 어느 청년과 데이트를 하고 있었는데 그는 매력적인 청년이었다. 우리가 그를 방문했을 때 그는 매우 정중하게 우리를 대했고 귀한 선물도 주었으며, 레스토랑에서는 웨이트리스에게 팁도 후하게 주었다. 그런데 우리가 그를 집으로 초대하자 그는 불편해하며 정중하지도 않았다. 그가 왜 그렇게 대조적이었는지 분석해 보았더니, 그는 자신이 주관하는 입장이 아니면 늘 불안해하는 것이었다.

담즙질은 상황에 따라 잘 적응하는 법을 배워야 하고, 자신이 주관하는 입장이 아니더라도 마음을 편하게 갖고 여유를 가질 줄 알아야 한다. 다른 사람들도 결정하고 지도하는 입장에서 일할 수 있도록 배려할 줄 알아야 한다. 자신이 계획하지 않은 일에도 기꺼이 참여하고, 자신이 택하지 않은 사람이 지도자로 있을 때도 그에게 협조해야 한다.

해결책 2: "멍청한 사람들"이라고 깔보지 말라

담즙질의 가장 큰 문제는 자신만이 옳고 다른 생각을 가진 사람들은 모두 틀리다고 단정하는 것이다. 그들은 자신들만이 일을 가장 신속하고 최상으로 처리할 줄 안다고 믿고, 그것을 공공연하게 말하며 다닌다. 만일 사람들이 자신에게 동의하지 않으면 그들을 못된 사람으로 만들어 버리고 만다. 담즙질은 이 세상의 정점에 서서 다른 사람들을 "멍청한 사람들"이라고 부르며 내려다본다. 우월감에 젖어 있는 그들의 태도는 그들 밑에서 일하는 사람들에게 심각한 심리적 타격을 줄 수 있다.

담즙질은 자신의 힘을 가치 있는 것으로 보기 때문에 약점을 가진 사람들을 불쌍하게 여기지도 않는다. 그들은 병든 사람과 함께 있는 것을 싫어한다. 담즙질 남편을 둔 내 친구는 어느 날 내게 이렇게 말했다: "내가 아플 때면, 그는 침대에 누워 있는 나에게 '병이 다 나으면 나와요' 라고 말한 후 문을 닫고 나가 버린단다."

최근에 어느 담즙질 연사를 만난 적이 있는데, 그는 "난 불안해하는 사람들이 밉습니다. 그들을 잡고 흔들어 주고 싶습니다"라고 했다. 담즙질은 다른 사람들의 약점을 용납하지 못하는 것이 문제다.

담즙질이 기질에 대해 이해하면, 다른 사람들을 배려하는 적절한 지도력을 발휘할 수 있게 될 것이다. 그러나 다른 기질에 대한 이해 없이는 다른 담즙질과는 함께 일할 수 있겠지만 "멍청한 사람들"은 그들과 함께 지내지 못하고 중간에 낙오되고 말 것이다.

해결책 3: 다른 사람들을 조종하려 하지 말라

담즙질은 다른 사람들을 조종하는 기술이 탁월하다. 그래서 많은 사람들이 자신이 속은 것도 모르고 담즙질이 원하는 대로 일을 하게 된다. 다혈질은 다른 사람들이 그들을 따르고 섬기게 하지만, 담즙질은 사람들을 조종하려고 한다. 그러므로 다혈질과 담즙질이 섞여 있는 사람은 사람들을 너무나 매력적인 방법으로 조종한다.

딸 마리타는 12살 때 하루 종일 하는 "예수 행진"에 참여하고 싶어 했다. 나는 그것을 허락하지 않았는데 이런 편지를 받게 되었다:

> 마리타가 예수 행진에 참여하는 것을 허락하라.
> 이 편지를 쓰고 있는 사람이 누군지 궁금하지?
> 나는 하나님이다.
> 나는 마리타와 함께할 것이고,
> 그 아이를 보호할 것이다.
> 마리타는 토요일에 너를 도와 일을 할 수 있을 것이다.
> 또 네가 마리타를 예수 행진에 보내면,
> 네가 하는 일에 복을 받게 될 것이다.
> 나는 네가 마리타를 보낼 것으로 믿는다.
> 하나님으로부터

당신이라면 하나님의 뜻을 어길 수 있겠는가?

로렌은 마리타보다도 담즙질 기질이 더 강하며, 다른 사람들을 조종하는 데는 명수다. 그 아이는 독일종 테리어 암컷을 키우고 있었다. 개 이름은 모니인데 발정기를 맞았다. 어느 날 로렌은 내게 물었다. "모니가 낳은 새끼를 한 마리를 받고 싶다면, 어떤 수캐하고 교미시키기는 게 좋을 것 같으세요? 팜 스프링스에서 챔피언이 된 개가 좋으세요? 아니면 길거리에 돌아다니는 평범한 테리어 애완견을 바라나요?" 난 이 질문에 답하는 것이 망설여졌다. 난 애완견을 바라지 않기 때문이다. 애완견에게 먹이를 주고, 목욕시키고, 뒤치다꺼리하는 것이 싫었다. "나라면, 길거리의 평범한 개보다는 챔피언 혈통의 개가 더 좋을 것 같구나." (그러나 나는 결코 애완견을 원하지 않았다.)

그러자 로렌은 즉시 이렇게 말했다: "엄마도 그렇게 생각하실 줄 알았어요. 수요일에 모니를 교배시키려고 해요. 돈은 350달러가 필요해요. 지불하는 방법은 수요일에 교배비로 350달러를 주시는 것과 새끼를 낳을 때 주셔도 돼요. 몇 년내로 본전은 찾을 수 있을 거예요."

난 어이가 없었다. 불과 2분 만에 강아지라면 질색을 하던 내가 그것도 돈을 내고 강아지를 키우게 된 것이다!

난 정신을 차리고 담즙질 기질을 발휘하여 로렌의 제안을 단호히 거절했다. 난 내가 이긴 줄 알았다. 하지만 담즙질은 결코 포기하지 않는다. 결국 로렌은 모니를 거리의 평범한 테리어와 교배시켰고, 크리스마스 때 작은 상자에 강아지를 담아 내게 주었다.

위의 두 가지 경우는 가정 내에서 일어난 일로 재미있고 유머가 있지만, 대부분 담즙질이 고안해 내는 것들은 이처럼 재미있는 것은 아니다. 얼핏보면 사람들을 조종하는 것을 포기한 것처럼 보이지만, 정신을 차리고 보면 자신은 벌써 담즙질에게 속았다는 것을 알고 분개하게 된다. 친구들이나 사업상 관계를 맺은 사람들과 오랫동안 좋은 관계를 유지하려면, 담즙질은 다른 사람을 조종하는 일을 그만두고, 사람들에게 정직하게 대해야 한다. 물론 담즙질은 이런 제안을 좋아하지 않을 것이다. 그들은 음모와 계략을 꾸미고 사람들을 정복하는 데서 즐거움을 얻기 때문이다. 사람을 속이고 조종하는 것이 얼마나 매력 없는 짓인지 알아야만, 그들은 자신의 태도를 바꿔야겠다고 생각하게 될 것이다.

기억하라

다른 사람을 조종하지 말고, "멍청한 사람들"이라고 깔보지도 말라.

문제: 담즙질은 사람을 어떻게 다루어야 하는지 잘 모른다

해결책 1: 인내로 행하라

나는 야고보서에 나오는 성경 말씀을 좋아한다: "내 형제들아 너희가 여러 가지 시험을 만나거든 온전히 기쁘게 여기라 이는 너희 믿음의 시련이 인내를 만들어 내는 줄 너희가 앎이라 인내를 온전히 이루라 이는 너희로 온전하고 구비하여 조금도 부족함이 없게 하려 함이라"(야고보서 1:2-4). 이 말씀은 지금 바로 그 자리에서 모든 것을 이루려 하고, 어렵고 부정적인 상황은 즉시 벗어나고자 하는 담즙질에게 얼마나 적합한 말씀인가! 담즙질은 천성적으로 인내심이 부족하다. 그러나 담즙질이 이것을 약점으로 이해하면 극복해 낼 수 있다.

담즙질은 짧은 시간에 다른 어떤 기질보다도 많은 것을 이룰 수 있는 능력이 있다. 그러므로 그들은 왜 다른 사람들이 자신들처럼 일할 수 없는지 이해하지 못한다. 그들은 잠잠히 있는 사람들은 모두 어리석고, 소극적인 사람들은 모두 약한 사람들이라고 생각한다. 자신들은 능력도 있고 자신감도 있으므로 다른 사람들을 열등하다고 판단한다.

담즙질이 이 책을 통해 얻을 수 있는 가장 귀한 것은 "지나친 성취욕이 때때로 인간 관계에 있어서 단점이 될 수도 있다"는 것이다. 대장 노릇을 하고 조급하게 굴면서 주위 사람들을 불안하게 만드는 사람을 좋아하는 사람은 아무도 없을 것이다. 담즙질이 다른 사람에게 부담을 줄 수도 있다는 것을 깨닫기만 한다면, 그들은 이상적이고 자신이 원하는 바와 같은 위대한 지도자가 될 수 있을 것이다.

해결책 2: 섣불리 다른 사람들에게 충고하지 말라

담즙질은 잘못된 것을 보면 고치려고 하는 충동이 있으므로, 문제가 있는 사람들이라면 누구든지 자신의 충고를 고맙게 받아들일 것으로 생각한다. 그래서 부탁을 받든지 받지 않든지 도움을 필요로 한다고 생각되는 사람에게 먼저 나아가 어떻게 해야 한다고 방향을 지시하려고 한다. 내 친구 존은 산에서 차를 몰고 내려오고 있었다. 그는 앞에 가는 트럭이 한쪽으로 기울었다고 생각했다. 새 트럭처럼 보였으므로, 트럭 운전사가 문제 있는 차를 샀다고 생각하고 그에게 어떻게 충고하면 좋을지 고민했다. 그는 트럭 옆으로 운전하면서 길가에 주차하라고 트럭 운전사에게 손을 흔들었다. 운전사는 그를 무시해 버리고 그냥 지나갔다. 그러나 존은 계속해서 경적을 울려 대며 길가를 가리켰다. 마침내 트럭 운전사는 길가에 차를 세웠다. 존은 어리둥절해 있는 운전사에게 충고를 하기 시작했다.

"당신 트럭은 옆으로 기울었어요."

"뭐라고요?"

"차가 기울었다니까요. 트럭 프레임이 휘었을 거예요. 아마 선적을 하다가 떨어뜨린 것 같아요. 트럭을 판 사람에게 다른 차로 바꾸어 달라고 하세요."

존은 이렇게 충고한 후, 낙담하여 서 있는 트럭 운전사를 뒤로 하고 떠났다. 그는 자기가 큰 도움이 되었다고 생각하며 즐겁게 떠났다. 그러나 담즙질이 좋은 일이라고 생각하고 충고를 한다고 해도 모든 사람들이 다 좋게 받아들이는 것은 아니다.

해결책 3: 부드럽게 표현하라

기질 플러스 세미나를 하면서 사람들이 가장 싫어하는 기질이 무엇인지를 조사했다. 사람들이 가장 싫어하는 사람은 대장이나 되는 것처럼 으스대는 사람이었다. 대장 노릇 하는 사람을 좋아할 사람은 없다. 나는 사람들에게 자신이 가지고 있는 기질 중에서 부정적인 면이 무엇인지 설문 조사를 했다. 어느 누구도 자신에게 으스대는 기질이 있다고 생각하지 않았다. 으스대는 사람들을 싫어하지만, 정작 자기 자신들은 그렇지 않다고 생각하는 것이 정말 놀라웠다. 여기서 우리가 내릴 수 있는 결론은 우리는 다른 사람들이 우리를 바라보고 평가하듯이 자신에 대해서는 평가하지 않는다는 것이다. 자신이 충고를 하면, 듣는 사람들이 이것에 감사해야 한다고 생각한다.

담즙질은 무엇이 옳고 그른지 빨리 알아차리기 때문에 생각나는 대로 표현하는 경향이 있다. 남들이 그것을 받아들일지는 별로 생각하지 않는다. 그들에게는 일을 마치는 것이 중요하지 다른 사람들의 감정은 그다지 중요하지 않다. 자신은 남들을 도와 주는 것이라고 생각하지, 으스대는 사람이라고 생각하지는 않는다.

담즙질은 말할 때만 으스대는 것이 아니라, 글을 쓸 때도 그렇다. 내 친구 페기는 다혈질인데, 어느 날 내게 종이 몇 장을 들고 와서 기분이 상한 표정으로 이렇게 말했다: "이건 우리 엄마가 남긴 메모예요. 한번 보세요! 난 엄마가 안 계시는 동안 엄마네 집을 좀 사용하고 있었는데, 내가 외출한 사이에 엄마가 오셨어요. 이 메모를 좀 보세요!" 페기의 엄마는 다음과 같이 석 장의 메모를 남겼다:

메모 1:
　　페기, 내 <u>빨간 냄비</u>를 돌려다오!
　　(담즙질은 밑줄을 그어 강조하고 느낌표를 자주 붙인다.)

메모 2:
　　페기, 외출하기 전에 보일러 끄는 것을 <u>잊지 말아라</u>.
　　아까운 기름 낭비 아니겠니!!

메모 3:
　　빨래를 한 다음에는 꼭 수도꼭지를 잠그도록 해라. 그대로 두면 물이 새어 나와 넘칠지도 모른다. 또 빨래 건조기를 다 쓴 후에는 매번 안에 있는 잔털을 깨끗이 치우도록 해라!
　　(세번째 메모는 세탁기 위에 테이프로 단단히 붙여져 있었다.)

페기는 다혈질이기 때문에 이런 것들을 모두 무시해 버렸다. 어느 날 엄마가 예고도 없이 집에 돌아오셨다가 집이 난장판인 것을 보게 되었다. 엄마는 다시 메모를 해서 핀으로 꽂아 두었다:

페기, 집에 와 보니 정말 엉망이구나.
	내 집을 이렇게 관리하는 것이 싫구나.
	내가 가스렌지를 이렇게 더럽게 썼단 말이야? 안전 경보기도 꺼 두었더구나. 우리 재산을 보호하려고 설치했던 것이 아니겠니?
	짐작하겠지만, 엄마는 정말 화가 난다!
	만일 이 집에 계속 있고 싶거든, 모든 것을 원상 복구해 놓아라.
	사랑하는 엄마가

페기는 무척 기분이 상해 있었다. 그러나 나는 그 메모지를 보고서 기뻐서, 내가 가져도 좋겠느냐고 물었다. 그 메모들은 전형적인 담즙질을 보여 주는 것이었다. 남들은 그런 지시들을 으스대는 짓이라고 여기겠지만, 정작 그들은 당연한 것이라고 생각한다.

해결책 4: 다른 사람들과 논쟁을 하거나 문제를 야기시키지 말라

담즙질은 자신이 항상 옳다고 생각하기 때문에 다른 사람들과 논쟁을 하여 이기기를 좋아한다. "멍청한 사람들"이라고 생각하는 사람들과 논쟁을 하여 그들이 잘못되었다고 증명하는 것이 담즙질의 취미다.

프레드의 형 스티브는 '리더스 다이제스트' 잡지에서 "사람들이 흔히 잘못 발음하는 단어들"에 대해서 읽고 그 부분을 찢어서 지갑에 넣고 다니며 누군가 거기 나오는 단어를 잘못 발음하기를 기다렸다. 누군가 덫에 걸리게 되면, 그는 기뻐하며 그에게 "당신의 발음이 틀렸다는 것을 아시나요?"라고 묻는다. 그는 지갑에 지니고 다니는 쪽지를 꺼내 보여 주며, 어떻게 발음하는 것이 옳은지 알려 준다. 상대방이 어이가 없어 어찌할 바를 모르고 있을 때, 스티브는 의기양양해하며 돌아간다. 담즙질만이 이처럼 죄 없는 비둘기에게 화살을 쏘는 게임을 즐긴다.

담즙질은 논쟁을 좋아한다. 재미로 하든지 진지하게 하든지 간에 사사건건 문제를 제기하는 것은 지극히 부정적인 일이다.

기억하라

성급하고 으스대는 사람을 좋아하는 사람은 아무도 없다.

문제: 담즙질이 옳아도 사람들은 좋아하지 않는다

해결책 1: 다른 사람이 옳은 것은 옳다고 인정하라

담즙질은 자신이 옳다고 확신하며 주장하기 때문에 그들을 상담하기도 매우 어렵다. 그들은 스스로 완벽한 자라고 생각한다. 만일 옳지 않다고 생각하면 행하지도 않는다. 담즙질은 자신이 잘못했다고 인정하지 않는다. 자신에게 문제가 있을 수 있다는 것을 받아들이지 못한다. 이처럼 그들은 고집스럽기 때문에 다른 사람들과 의견을 교환한다는 것이 때로는 불가능하다.

내 동생 론은 자기 아내의 시력을 검사한 담즙질 안과 의사와 얘기를 나누었다. 론은 아내가 초점이 두 개인 선글래스를 쓰기를 바랐다. 그래서 그는 의사에게 자신이 원하는 것을 설명했다. 의사는 "불가능합니다"라고 했다. 론도 담즙질이기 때문에 쉽게 양보하려고 하지 않았다.

"제가 말씀드리는 것을 이해하지 못하시겠어요? 선글래스 밑부분에만 독서를 할 때 편하도록 초점을 맞춰 달라는 겁니다. 그러면 수영장에서도 책을 읽을 수 있지 않겠어요?"

"불가능하다니까요!"

론은 논리적으로 계속 설명했다. 그러나 의사도 만만치 않았고, 두 사람 다 전혀 생각을 바꾸려고 하지 않았다. 마침내 론은 의사에게서 처방전을 돌려받고서는 이렇게 말했다: "다른 곳에 가서 안경을 맞추겠어요."

밖으로 나가는 론의 등을 향하여 "그 처방전으로 다른 곳에서 당신이 원하는 안경을 맞춘다면, 그 안경은 잘못된 것입니다!"라고 말하며 의사도 지려고 하지 않았다.

그들은 자신의 주장은 항상 옳다고 생각하는 전형적인 담즙질이다.

해결책 2: 사과하는 법을 배우라

담즙질은 자신은 모든 것을 다 알고 있고 항상 옳다는 확신이 있기 때문에 누군가에게 잘못했다는 사과를 한다는 것은 상상도 할 수 없다. "미안합니다"라고 말하는 것은 나약함을 드러내는 일이라고 생각하기 때문에, 마치 전염병 환자를 피하듯이 담즙질은 이런 표현들을 피한다. 언젠가 우리 집에서 담즙질 청년이 일년 동안 함께 생활한 적이 있다. 그는 우리 가족에 대해서는 얼마든지 비판할 수 있다고 생각했지만, 정작 자신에게는 아무런 문제가 없다고 생각했다. 어느 날 아침 식사가 끝난 후 그는 부엌으로 와서 시원한 오트밀을 찾았다. 내가 오트밀을 꺼냈더니 그는 무뚝뚝하게 이렇게 말했다: "이런 오트밀은 내가 싫어하는 줄 아시잖아요. 내가 좋아하는 것으로 준비해 주실 수는 없나요?" 그는 식탁 위에 오트밀을 내팽개치고 밖으로 나가 버렸다. 이 광경을 12살 난 내 아들 프레디가 다 지켜보았다. 프레디는 우울질이기 때문에 이런 일에 매우 민감했다. 프레디는 곧 내게 와서 이렇게 말했다: "로버트 대신 제가 사과 드릴게요. 죄송해요. 로버트는 잘못했다고 말할 사람이 아니잖아요?"

프레디가 옳았다. 로버트는 결코 사과하지 않았다. 그는 이 일을 "아주머니와 내가 오트밀 때문에 오해를 했던 일"이라고 했다. 담즙질은 문제를 그대로 직시할 뿐, "제 잘못입니다. 미안합니다"라고는 말하지 못한다.

내가 팜 스프링스에서 비행기를 탔을 때, 내 옆에는 매우 성이 난 담즙질이 앉았다. "저 바보 천치들이 내게 두 번이나 안전 검사대를 통과하게 했어요. 난 그저 밖으로 잡지를 하나 사러 나갔을 뿐이에요. 한번 통과했으면 됐지 또 다시 할 필요가 있겠냐고 했지만, 그 바보들은 도대체 알아듣지를 못하더군요. 나더러 꼭 그 문을 통과해야 한다고 고집을 부리더라니까요." 그는 정말 화가 나 있었다. 그래서 그가 옳지 못했다고 말해 줄 수도 없었다. 담즙질을 상담하거나 그와 논리적으로 이야기한다는 것은 매우 어려운 일이다. 그들은 자신이 모든 것을 다 안다고 생각하고, 다른 사람에게 책임을 전가하며, 자신의 실수도 합리적으로 변명하는 데 전문가이기 때문이다.

해결책 3: 당신에게도 결점이 있다는 것을 인정하라

담즙질은 위대한 목표를 달성하기 위한 지도자로서 가장 가능성이 많은 기질이다. 그러므로 기질을 공부하면서도 가장 많은 것을 얻어야 한다. 그들에게는 신속하고 역동적인 판단력이 있으므로 과감하게 자신의 조급함과 자만심의 죄를 도려 내야 한다.

그러나 담즙질의 가장 나쁜 원수는 바로 자신이다. 자신은 능력이 있는 사람이며, 약점은 다른 사람에게만 있는 것이라고 생각하는 것이 문제다. 자신에게도 이처럼 문제가 있다는 것을 인정하지 않기 때문에 더 발전하지 못하고 더 위대한 것을 달성하지 못한다.

셰익스피어는 비극적인 결점을 가진 위대한 영웅들을 묘사하곤 했다. 담즙질에게 있는 비극적인 결점은 그들에게 어떤 흠이 있다는 사실을 인정하는 능력이 없다는 것이다. 사람들이 자신을 좋아해 주기를 바라는 것이 아니라, 자신이 옳다는 것을 사람들에게 주장하려고 한다. 그들이 자기 주장을 내세울 때면 고집 불통이며 구제 불능이다.

기억하라

담즙질이 마음을 열고 자신의 약점을 살피며 자신에게도 흠이 있다는 것을 인정하면, 자신이 바라는 대로 온전한 사람이 될 것이다.

> 우리가 우리 죄를 고백하면 신실하시고 의로우신 하나님은 우리 죄를 용서하시고 모든 죄악에서 우리를 깨끗하게 하실 것입니다
>
> [요한일서 1:9 현대인의 성경]

11. 평온한 점액질은 적극적으로

어떤 기질이든지 강점이 있으면 약점도 있게 마련이다. 점액질은 자제력이 강점인데, 이것은 또한 약점이 되기도 한다. 담즙질은 자신의 능력을 과시하는 데 반해 약점도 분명하게 드러낸다. 점액질은 자신의 장점을 드러내지 않으면서 역시 단점도 드러내지 않는다. 점액질은 스스로 조용하고 친절한 사람이라고 생각하기에 자신이 다른 사람에게 거슬리는 사람이 될 수 있다는 것은 상상도 못한다. 세미나를 하면서도 점액질에게 주고 싶은 내용을 전달하기는 쉽지 않다. 왜냐하면 점액질에 대해 발표를 할 때 쯤이면 그들은 보통 졸고 있기 때문이다.

어느 날 나는 점액질의 특성을 가진 의자, 즉 어디에 놓아도 튀지 않고 장식들과 잘 어울릴 만한 그런 의자를 찾고 있었다. 바로 그 때 이런 생각이 떠올랐다: "점액질의 가장 큰 장점은 약점이 뚜렷이 보이지 않는다는 것이다." 점액질은 짜증을 내지도 않고, 낙심하지도 않으며, 시끄러운 소리로 자신의 주장을 고집하지도 않는다. 그들은 그저 열정이 없고, 속으로 걱정하는, 우유 부단한 사람들이다. 그들에게는 고쳐야 한다고 꼬집어 주장할 만한 약점이 없다.

문제: 점액질에게는 열정이 없다

해결책: 일에 열정을 가지라

점액질에게 가장 짜증나는 약점은 일에 열정이 없다는 것이다. 어느 날 나는 로렌의 남자 친구 단에게 언제 무슨 일에 열정을 가져 본 적이 있느냐고 물었다. 그는 잠시 동안 생각한 후에 "아직까지 열정을 가져야 할 만큼 가치 있는 일은 없었던 것 같아요"라고 했다.

이 약점은 겉으로 뚜렷하게 드러나지는 않는다. 그러나 만일 어떤 사람이 자신의 배우자에게 매우 흥미있는 계획에 대해서 열심히 말했는데 그가 별 관심도 보이지 않는다면 무척 실망하고 좌절할 것이다. 한 사람은 주말을 재미있게 보내려고 이런저런 계획을 세웠으나 정작 점액질 배우자는 "별로 재미있을 것 같지 않는데, 꼭 가야 하나? 그냥 집에 있는 것이 더 좋겠어"라고 말한다. 이렇게 되면 창의적인 기질의 배우자는 우울해지고, 주말에 무엇을 한다 해도 한 쪽은 불행하게 마련이다.

담즙질 여성은 점액질 남성에게 매력을 느끼는데, 그 까닭은 점액질의 냉정하고 초연한 자세가 나름대로 여자를 끄는 힘이 있기 때문이다. 담즙질 남성은 점액질 여성을 선호하는 경향이 있는데, 그 까닭은 여성의 부드럽고 온유한 심성이 험악한 세상에서 보호받아야 할 사람으로 비치기 때문이다.

결혼 후에 담즙질은 구체적으로 계획을 세우고 가정에서 지켜야 할 것들을 선포하면 배우자도 여기에 흥미를 보일 것이라고 기대한다. 그러나 점액질 배우자가 "난 별로 상관 없어요"라고 대답하면 담즙질은 의기소침해지고, 배우자가 진지한 반응을 보일 수 있도록 더 역동적으로 계획을 세우려 한다. 그런데 그 계획이 거창하면 거창할수록 점액질은 두려워하게 되고 흥미를 잃어 간다는 것을 담즙질은 전혀 눈치채지 못하는 것이다.

점액질은 쉽게 흥분하지 않는 기질이 다른 사람들의 기분을 상하게 할 수 있다는 것을 알게 되면, 그것으로 다른 사람들을 조용히 조종하려고 한다. 다른 사람들이 그들의 흥미를 자아내고자 이상야릇한 행동을 하는 것을 보고서도 절대로 웃지 않으며 다른 사람들을 조종한다. 여성 모임에서 세미나를 마친 후, 회장이 점액질 여자에게 "여러 강사들이 발표를 마쳤습니다. 누가 가장 마음에 들었습니까?"라고 물으면 그녀는 잠시 생각하다가 "글쎄요. 더 생각해 봐야 알겠는데요"라고 대답한다. "한번 더 참석하시겠습니까?"라고 묻는다면, 또 다른 점액질은 "글쎄요. 나는 못하겠지만 다른 사람들에게는 참석하라고 권하겠습니다"라고 답한다.

린다는 이렇게 말했다: "점액질 남편과 함께 사는 것은 마치 토크 쇼에서 사회를 보는 것과 같습니다. 남편은 집에 돌아오면 그저 조용히 앉아 있기만 합니다. 난 남편에게 기대며 '당신 이름이 뭐예요?'라고 묻기도 한답니다. 남편이 조금이라도 반응을 보이면, 그 날은 운이 좋은 경우입니다." 점액질은 무슨 일이든지 흥분한다거나 흥미를 보이지 않는다.

점액질끼리 만나 결혼을 하면 절대로 흥분하게 되는 일이 없다. 난 그런 부부를 알고 있는데, 그들은 무척 안정된 생활을 하고 있다. 그러나 그들은 가끔 "솔직히 지루해요"라고 한다.

한 신혼 부부는 "우리는 결혼한 지 1년이 되었는데, 이제는 할 말도 재미있는 일도 별로 없어요"라고 했다. 어느 부인은 이렇게 말했다: "매일 밤 남편에게 '뭘 하고 싶으세요?'라고 묻습니다. 그러면 남편은 '난 상관 없어. 당신은 뭘 하고 싶어?' 라고 되묻습니다. 우리는 둘 다 무엇을 결정하는 데 익숙하지 않으므로 별로 하는 일이 없답니다."

또 다른 부인은 "우리는 잘 살아요. 남편에게 액자를 걸어 달라고 하면, 남편은 그렇게 하겠다고 하고서는 곧 잊어버리지요. 난 점액질이기 때문에 그런 것에 별로 신경을 쓰지 않는답니다"라고 했다. 이 말을 듣고서 어느 남자는 "우리는 1년 전에 이 집으로 이사를 왔습니다. 그 때 거실에 걸 액자를 가져와서는 그냥 거실 한쪽에 세워 놓았습니다. 언젠가 벽에 걸 날이 오겠지요. 하지만 그게 그렇게 급한 일은 아니잖습니까?"라고 했다.

기억하라

흥미를 가지라. 한 달에 한 번은 흥미있는 일을 하라. 거기서부터 시작해 보라.

문제: 점액질은 변화를 싫어한다

해결책: 무엇인가 새로운 것을 시도하라

어느 날 리사의 점액질 남편 피트가 집에 들어오자마자 "옷 갈아입어. 외출해야겠어"라고 했다. 리사는 너무 흥분해서 무슨 옷을 입고 나갈지 행복한 고민에 빠졌다. 그녀는 남편에게 "어딜 가는데요?"라고 물었고, 피트는 "시장에 쓰레기통을 사러 갈 거야"라고 했다. 난 리사에게 그 때 심정이 어땠느냐고 물었다. 그녀는 "옷을 갈아입고 함께 나갔죠. 그 일은 몇 개월 동안 우리에게 가장 재미있는 일이었어요"라고 했다.

불행하게도 점액질에게는 이런 일이 일상적으로 일어난다. 그들은 재미있는 일들에 대한 필요성을 느끼지 못하고, 남들도 역시 그럴 것이라고 생각한다. 나는 점액질 남자에 대한 만화를 본 적이 있다. 그는 지하실 쥐구멍 바로 옆에 누워 있었다. 쥐가 나오면 때려잡을 듯이 손에는 망치를 들고 있었다. 그의 아내가 그를 내려다보면서 "해리와 함께 보낸 재미있는 토요일 저녁!"이라고 한숨을 쉬며 말했다.

어느 점액질이 결혼 생활이 재미없다며 내게 조언을 구했다. 그에게 내 생각을 말하자 그는 이렇게 말했다: "별 문제 없는 체하고 사는 게 더 낫겠어요. 변화를 일으키면 더 나빠질 것 같은데요."

기억하라

일주일에 하루만이라도 무엇인가 새로운 것을 시도해 보라. 당신의 배우자에게는 그럴 권리가 있다.

문제: 점액질은 게을러 보인다

해결책 1: 자신의 생활에 대해 책임을 지라

극단적인 점액질의 경우에는 매우 게으르고 늑장을 부리면서 도무지 일을 하려고 하지 않는다.

질은 이사를 가야 했는데 짐을 꾸린다는 것이 너무나 귀찮았다. 그녀는 친구들에게 이삿짐 꾸리는 것을 도와 달라고 했고, 그들은 삼

개월 전부터 이삿짐 꾸릴 날을 정했다. 그 날이 되어 담즙질 친구들이 일할 준비를 하고서 그녀의 집으로 왔다. 그러나 질은 하이힐에 정장 차림으로 그들을 맞았는데, 힘든 일은 하지 않을 듯이 보였다. 그 날은 바로 이사 전날이었지만, 질은 짐이라고는 하나도 꾸려 놓지 않았다. 여전히 액자는 벽에 걸려 있었고, 싱크대에는 설거지도 하지 않은 접시들이 수북했다. 빨래도 산더미처럼 쌓여 있었다.

필은 가족과 함께 스키를 타러 가게 되었다. 담즙질 아내가 스키 장비를 차에 싣는 동안 점액질 필은 난로 옆 편안한 의자에 앉아 있었다. 그러다가 아내에게 "한꺼번에 많이 나르면 더 빨리 끝나잖아"라고 한마디 했다. 그는 그 때 아내가 왜 그를 스키채로 때렸는지 아직도 이해하지 못하고 있다.

기질 플러스 세미나를 하면서 사람을 기질에 따라 구분할 때면, 점액질들은 어느 그룹으로 속해야 할지 몰라 당황스러운 눈빛으로 배우자를 바라본다. 그들의 배우자는 대부분이 담즙질인데 "당신은 점액질이에요. 모르겠어요?"라고 하면, 그제서야 점액질 그룹으로 서둘러서 간다.

한번은 점액질 치과 의사가 그 그룹의 대표가 되었다. 그는 "우리 모두 눈을 감고 시간이 될 때까지 묵상을 합시다"라고 했다. 그러자 다른 점액질이 "그거 참 좋은 생각이네요"라고 했다.

해결책 2: 오늘 일을 내일로 미루지 말라

우울질과 점액질은 무슨 일이든지 늑장을 부린다. 그러나 그들이 늑장을 부리는 이유는 서로 다르다. 우울질은 일을 하기 위한 도구를 다 갖추고, 완벽하게 일할 수 있다는 확신이 서기까지는 일을 시작하지 못한다. 그러나 점액질은 어떤 일도 하고 싶어하지 않기 때문에 일을 미룬다. 그들은 게으르고 미루는 경향이 있다. 점액질은 "내일까지 미룰 수 있는 일을 오늘 하지 말라"는 말을 신조로 삼는 듯하다.

내 딸 로렌을 임신하고 '베이비 샤워'(친구들이 모여 태어날 아기에게 선물을 주는 날) 날이 되었다. 점액질 친구들이 선물을 가져왔는데 아직 완성하지 못한 것들이었다. 첫번째 선물은 푸른색 옷이었다. 예쁜 아기 바지였는데, 거기에는 아직도 바늘이 꽂혀 있었다! 아기에게 바지를 입히다가 찔릴 수도 있었다! 두번째 선물은 아기 베개였는데, 이것 역시 아직 완성되지 않은 것이었다. 두 사람 모두 선물을 완성해서 주고 싶다며, 집을 떠날 때는 가져왔던 선물을 다시 가져갔다.

그러나 이 두 점액질 친구는 다혈질 친구보다는 훨씬 나은 편이다. 다혈질 친구는 선물을 주는 날마저 잊어버리고는 나타나지도 않았다!

해결책 3: 스스로 동기 부여를 하라

점액질은 일할 능력이 없는 것이 아니라 일하고 싶어하지 않는다. 어느 여인이 옷 네 벌을 만들려고 재단을 했는데, 바느질을 한다는 것이 너무 귀찮아서 이렇게 말했다: "특별히 옷을 입어야 할 때마다 한 벌씩 바느질을 해야겠어."

점액질은 다른 사람에게서 동기를 부여받아야 한다. 그러나 그들은 다른 사람이 강요하고 졸라 대는 것은 싫어한다. 이것은 모순이다. 점액질이 집안에서 해야 할 일을 다하지 않았을 때 이런 모순이 드러난다. 담즙질 아내가 점액질 남편에게 일을 하라고 졸라 대면, 남편은 아내에게 들볶이는 것에 화를 낸다.

루시네 집 부엌은 서향이다. 오후가 되면 따가운 햇볕이 들어 일하기가 힘들다. 그녀는 점액질 남편 하워드에게 차양을 만들어 달라고 했다. 그러나 부엌에서 일하지 않는 그에게는 별로 동기 부여가 되지 않았다. 어느 날 루시는 중고품 시장에서 나무로 만든 셔터를 보았다. 그것은 자신의 집 부엌에 있는 창문 크기와 정확히 같았다. 그 나무 셔터를 사서 부엌에 설치하려고 했으나 문제가 생겼다. 셔터가 완성품이 아니었던 것이다. 하워드는 새 셔터를 보고서 동기 부여가 조금 되는 듯했다. 루시에게 부엌 싱크대와 잘 어울리도록 페인트칠을 해서 설치해 주겠다고 했다.

이 일은 4년 전의 일이다. 셔터는 아직도 차고에 있으며, 하워드는 어떻게 할 것인지 생각하며 가끔 손질을 한다. 루시가 어떻게 되었느냐고 물으면, 그는 화를 내며 "지금 일을 하고 있잖아!"라고 대답한다. 루시는 셔터에 대해 그냥 잊고 지내기로 했다. 계절이 바뀔 때마다 커튼을 바꿔 달고 있다.

기억하라

책임 있는 행동을 하도록 스스로 동기 부여를 하지 않는다면 괴롭힘을 당하는 것은 당연하다.

문제: 점액질은 옹고집쟁이다

해결책: 자신의 감정을 다른 사람에게 표현하는 법을 배우라

점액질은 다른 사람들과 잘 어울리며 그들의 뜻을 따르는 것처럼

보이지만, 보이는 것과는 달리 속은 옹고집쟁이다. 이것을 보고서 사람들은 놀라는 경우가 많다. 점액질 남편과 담즙질 아내가 함께 사는 경우 다음과 같은 일이 일어날 수 있다. 월요일 아침, 아내 샬로테는 남편 찰리에게 "여보, 이번 토요일 저녁에는 샐리 집에 가야 해요. 괜찮지요?"라고 묻는다.

찰리는 점액질이 전형적으로 그러는 것처럼 "음…"이라고 대답한다.

샬로테는 담즙질이므로 "절대로 안 된다"가 아니면 허락하는 것으로 받아들인다. 그래서 찰리가 토요일 저녁에 함께 가기로 약속한 것으로 이해한다.

그 주간에 샬로테는 매일 찰리에게 확인을 한다. "여보, 잊지 마세요. 이번 토요일 저녁에 샐리 집에 가는 것 말이에요."

찰리는 또 "음…"이라고 대답한다.

토요일 저녁이 되었다. 샬로테는 옷을 갈아입고, 찰리는 안락 의자에 티셔츠를 입은 채로 앉아 있다. 남편이 전혀 움직이려고 하지 않자 샬로테는 다시 분명히 말한다. "서두르세요. 옷을 갈아입어야지요. 이제 곧 샐리 집에 가야 해요."

찰리는 처음으로 자신의 의사를 분명히 표시한다. "난 안 가."

"당신이 이번 주 내내 가기로 약속했잖아요."

"약속한 적 없어. 다만 가지 않겠다고 말하지 않았을 뿐이지."

이렇게 말하고 찰리는 가지 않았다. 점액질은 보통 다른 사람들의 의사를 따르는 듯하지만, 일단 결정을 하고 나면 고집이 생겨서 그 고집을 바꾸지 않는다.

나는 점액질과 상담하면서 그들이 결혼 생활에 만족하는 것처럼 보인다는 것을 발견했다. 그들에게 결혼 생활에 무슨 문제가 없느냐고 물으면 그들은 "다 좋아요"라고 대답한다. 배우자가 신경질을 부린다거나 자살하겠다고 위협을 해도, 점액질은 문제의 원인을 알지 못한다. 그들은 아무것도 모르고, 배우자와 대화를 하려고도 하지 않는다. 수년 동안 불행한 결혼 생활을 계속하다가, 어느 날 점액질 남편은 이제 더 이상 바보 같은 여자와 살지 않겠다고 결심하고 집을 나가 버린다. 점액질이 일단 결심을 하고 움직이면, 그 고집은 꺾을 수 없다.

어느 남자는 이것을 이렇게 표현했다: "나는 용기 있게 이 결정을 내리는 데 20년이 걸렸습니다. 이제 와서 내 마음을 바꾸고 싶지 않습니다."

점액질의 근본적인 문제는 대화를 하려고 하지 않는다는 것이다. 그들은 다른 사람들과 부딪히거나 논쟁하는 것을 가능한 대로 피하려고 하기 때문에 자기 감정을 표현하지 않고 가만히 있는 것을 더 좋아한다. 그것으로 다툴 수 있는 여지를 없애 버리기 때문이다.

점액질은 입을 꼭 다물고서 다른 사람들과 다투지 않으려고 한다. 그러나 자기 감정을 숨긴 채 대화도 하지 않는 그들은 결국 다른 사람들과 의미 있는 관계를 맺지 못하게 되는 것이다.

기억하라

더 늦기 전에 입을 열라.

당신의 등불을 감추지 말고 사람들에게 비추라.

문제: 점액질은 우유 부단하다

해결책 1: 스스로 결정을 하면서 살아가라

점액질의 가장 큰 약점은 판단력이 부족하다는 것이다. 담즙질 여인이 뜨거운 물을 들고서 "커피 드실래요, 아니면 녹차를 드실래요?"라고 물으면, 점액질은 즉시 "아무거나요"라고 한다. 점액질은 다른 사람이 원하는 대로 따라가기를 좋아하며, 이런 경우에 담즙질이 왜 짜증을 부리는지 이해하지 못한다. 그들은 "난 다만 그녀가 편한 대로 한 것뿐이야"라고 한다.

언젠가 버지니아 노포크를 출발한 비행기를 타고 있었는데, 기내 방송에서 점심 식사로 세 가지 메뉴가 있다고 알려 주었다: "여러분은 생선, 돼지고기, 소고기 중에서 한 가지를 선택하실 수 있습니다. 모든 분들이 원하시는 대로 다 드릴 만큼의 음식은 준비되지 못했습니다. 그러므로 나중에 음식을 받으시는 분은 원하시는 것이 없을 경우 무엇을 드실 것인지 생각해 두십시오."

스튜어디스가 음식을 들고서 손님들에게 다가와 나누어 주기 시작했다. 난 맨 앞줄 두번째 좌석에 앉아 있었다. 스튜어디스가 첫번째 좌석에 앉은 점액질 친구에게 왔다. 그들의 대화를 보면 이 친구의 점액질 기질이 그대로 나타난다.

"뭘 드시겠습니까?"

"남은 메뉴 중에서 아무거나 주세요."

"선생님은 맨 처음으로 음식을 받으시기 때문에 무엇이든 원하는 대로 드실 수 있습니다."

스튜어디스는 그가 결정을 내리기를 기다리고 있었다. "난 생선을 주세요"라고 내가 먼저 말했다. 그랬더니 첫번째 좌석에 앉았던 그 친구는 "나도 같은 것으로 주세요"라고 했다.

점액질에게 결정을 내리는 능력이 없는 것이 아니라, 자신이 결정을 내리지 않겠다고 결정하는 것이 문제이다. 결정을 내리지 않으면, 그 결과에 대해서도 아무런 책임이 없기 때문이다.

점액질은 결정을 내리는 연습을 하고, 그에 따르는 책임도 기꺼이 질 줄 알아야 한다. 점액질이 이처럼 굳건히 서게 되면, 그들의 친구들, 배우자, 가족들 모두 기뻐할 것이다. 이제는 우유 부단하게 살았던 삶을 청산하라.

해결책 2: 거절하는 법을 배우라

점액질은 다른 사람들에게 상처를 주고 싶어하지 않는다. 그러므로 그들은 "아니오"라고 말하지 않기 위해서 하지 않아도 될 일까지 하기도 한다. 어느 담즙질은 그녀의 점액질 남편에 대해 이렇게 말했다: "점액질의 장점 중에서 가장 큰 장점은 사람들에게 친근하며, 다른 사람을 도우려는 마음이 있다는 것입니다. 그들은 어떤 사람도 낯선 사람이라고 생각하지 않습니다. 내 남편은 곰처럼 우직하답니다. 지난 수년 동안 전자 제품 외판원, 진공 청소기 외판원, 잡지 외판원, 그리고 다른 여러 외판원들을 마치 옛 친구나 되는 것처럼 집으로 데려왔습니다. 난 담즙질이기 때문인지 이들이 별로 달갑지 않았습니다. 그러나 점액질은 '아니오' 라는 말을 절대로 못한답니다!"

기억하라

거절하는 법과 결정을 내리는 법을 배우라. 아이스크림 종류가 너무 많아서 고르기 어렵다면 초콜릿향이나 바닐라향부터 고르는 것으로 시작하라.

결정을 내리는 것이 두렵다면, 당신을 도우시는 분이 계시다는 것을 기억하라.

> 이것은 여호와께서 지혜를 주시며…네가 내 말을 들으면 무엇이 옳고 정직하며 공정한지 알게 되고 모든 선한 길을 깨닫게 될 것이다
>
> [잠언 2:6, 9 현대인의 성경]

제 4 부

기질의 원리
인간 관계를 개선하는 방법

12. 기질의 독특한 배합

당신의 "기질 프로필" 점수를 보라. 당신의 기질은 독특하다는 것을 발견했을 것이다. 어쩌면 당신의 강점과 약점이 배합된 것과 똑같은 점수를 가진 사람은 세상에 없을 것이다. 대부분은 가장 높은 점수의 기질이 있고, 두번째로 높은 점수의 기질이 있으며, 나머지 기질들의 점수는 고르게 분포한다. 어떤 사람들은 거의 모든 기질에 고른 점수가 나오는데 이들은 일반적으로 점액질이다. 점액질은 무슨 일이든지 할 수 있는 사람이며, 자신이 어떤 특성을 가졌는지 결론 내리기를 다른 기질들보다 어려워한다.

사람의 기질이 어떻게 배합될 수 있는지 살펴보자.

자연스러운 배합

다혈질/담즙질

그림에서 보는 바와 같이 다혈질/담즙질의 배합은 자연스러운 배합이다. 두 기질은 모두 외향적이고 낙천적이며 솔직하다. 다혈질은 재미있는 일에 대해 이야기하기를 좋아하고 담즙질은 사업에 대해 이야기하기를 좋아하는데, 이들 모두 말하기를 좋아한다. 당신이 이런 배합을 가졌다면, 당신은 지도자가 될 가능성이 가장 높다. 두 기질의 강점을 합하면, 다른 사람을 지도하면서도 그들이 즐기면서 일하게 해 줄 수 있다. 이런 사람은 재미있는 일을 즐기면서도 목표를 달성하는 추진력과 결단력도 있고, 강박 관념에 휩싸이지도 않는다. 일을 하면서 여가도 즐길 줄 안다.

그러나 이런 배합이 부정적인 기질로 나타나게 되면 자신이 하고자 하는 말이라면 아무 생각 없이 뱉어 대면서 으스대는 사람이 된다. 때로는 충동적으로, 때로는 조급하게 다른 사람들의 말을 막고 혼자 대화를 독점하는 사람이 되기도 한다.

우울질/점액질

또 다른 자연스러운 기질의 배합은 우울질/점액질의 배합이다. 두 기질은 모두 내성적이고 염세적이며 부드럽다. 그들은 모두 진지하고, 상황의 내면을 깊이 관찰하며, 드러나기를 좋아하지 않는다. 그들은 루스벨트가 "말은 부드럽게, 행동은 강하게"라고 했던 말처럼 살아간다. 점액질은 우울질의 심각함을 가볍게 해 주고, 우울질은 점액질의 느슨함을 보완해 준다. 이런 배합을 가진 사람들은 위대한 교육가가 될 수 있는데, 이것은 우울질의 학문이나 연구에 대한 열정과 점액질의 사교성과 기분 좋게 발표할 수 있는 능력이 함께 나타나기 때문이다. 그들은 일에 어려움을 느끼기도 한다. 반면 두 기질 모두 결정을 내리는 데 머뭇거리고 일을 지연시키는 경향이 있다. 점액질의 꾸준함이 우울질의 의기소침함을 보완하고, 우울질의 완벽주의가 점액질에게 동기 부여를 한다면 가장 이상적인 배합이 될 것이다.

다혈질/담즙질이나 우울질/점액질은 자연스러운 배합이다. 이들

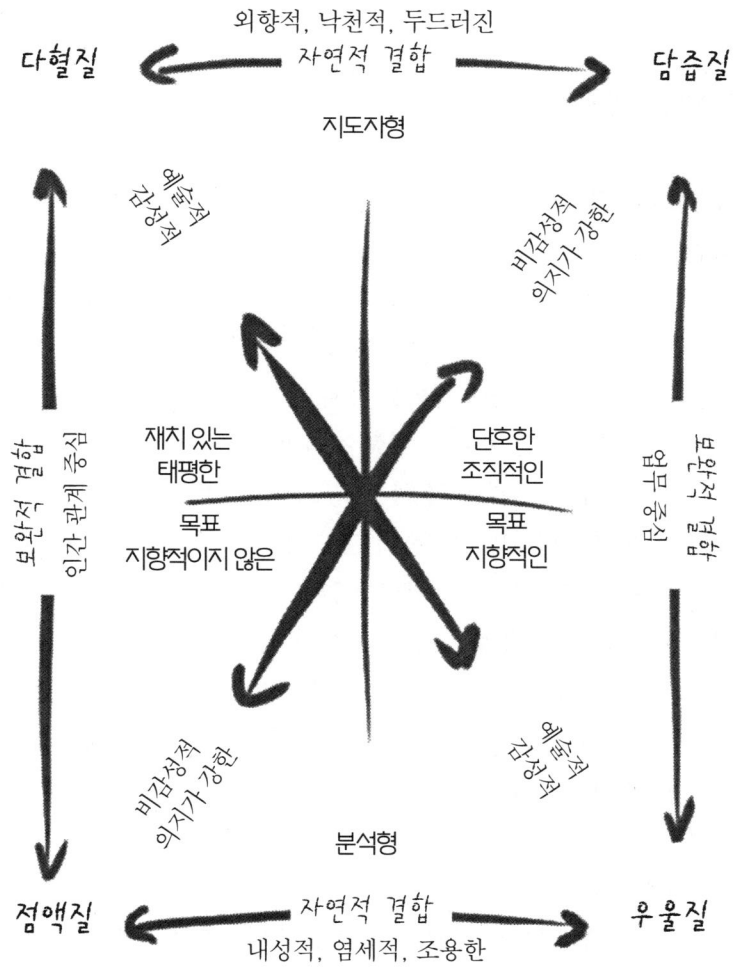

12. 기질의 독특한 배합

은 각각 친형제처럼 서로 통하는 기질들이다.

상호 보완적 배합

담즙질/우울질

담즙질/우울질은 상호 보완적 배합이다. 이 두 기질은 서로 잘 어울리고, 서로 부족한 것을 채워 준다. 담즙질/우울질의 배합을 가진 자는 최고의 사업가가 될 수 있다. 담즙질의 지도력과 추진력, 우울질의 분석적이고 세밀하며 정확한 계획은 성공할 수밖에 없다. 이러한 배합을 가진 사람은 이루지 못할 것이 없다. 어떤 일을 이루는 데 아무리 시간이 많이 걸려도 꼭 성취하고 만다. 그들이 자신의 배우자를 다시 빚으려고 한다면 완벽하게 다시 빚어 낼 수 있을 것이다.

담즙질/우울질의 배합은 결단력이 있고, 조직적이며, 목표 지향적이다. 이런 사람은 추진력이 강하여 한번 목표로 삼은 것은 영원히 놓치지 않는다. 긍정적인 기질을 잘 개발하면 담즙질/우울질은 크게 성공하는 사람이 되겠지만, 이러한 장점도 지나치게 되면 자신의 능력을 자랑해 대며, 고압적이고, 거만한 사람이 된다.

다혈질/점액질

다혈질/점액질도 상호 보완적 배합이다. 담즙질/우울질이 일하는 것을 좋아한다면, 다혈질/점액질은 쉽고 재미있게 살아가려고 노력한다. 다혈질의 유머와 점액질의 태평한 기질은 남에게 더없이 좋은 친구가 된다. 이들은 따뜻하고 평안하여 사람들이 따르며 함께 있기를 좋아한다. 점액질은 자주 변하는 다혈질의 감정을 진정시키고, 다혈질은 점액질을 더 밝고 명랑하게 한다. 이러한 배합을 가진 사람은 남들과 함께 지내기에 가장 좋다. 이들은 인사 관계의 업무에 적합하고, 부모로서 자녀를 잘 돌본다. 또한 공공 기관에서 민원 업무를 수행하기에 적합한데 이는 다혈질의 유머와 점액질의 안정성이 조화를 이루기 때문이다. 만일 다혈질/점액질의 부정적인 면이 두드러지게 된다면 그들은 게으르고, 목표나 열망이 없으며, 돈을 다루는 데도 매우 서투른 사람이 되고 만다.

정반대 기질의 배합

다혈질/우울질

지금까지 자연스러운 배합과 상호 보완적 배합을 살펴보았다. 이제 정반대 기질의 배합에 대해 살펴보자. 다혈질/우울질이나 담즙질/점액질의 배합처럼 정반대의 기질이 섞이게 되면 내적으로 갈등이 생긴다. 한 사람이 내성적이면서 외향적이고, 긍정적이면서 염세적이다. 다혈질/우울질의 배합은 정서적인 면에서 갈등이 심하다. 이런 사람은 다혈질처럼 감정의 기복이 심하고, 우울질처럼 상처를 깊이 오래 간직한다. 다혈질이 "야! 이제 재미있는 놀이를 하자"라고 하고, 우울질은 재미있는 놀이를 하러 가면서도 이것을 거스르고 부정적인 생각을 품게 한다.

이런 배합을 가진 한 여인이 부모님의 결혼 기념일 파티를 계획했다. 그녀의 다혈질 기질은 파티를 재미있게 치르고자 했다. 그래서 많은 사람들을 초청하고, 음식을 주문하고, 오케스트라까지 초청할 계획이었다. 그러나 파티 이틀 전에 그녀의 우울질 기질이 그녀를 장악하고 "도데체 뭐 하러 이렇게 거창한 파티를 준비하는 거야?"라고 반문하며 "당장 그만 둬!"라고 명령했다. 그녀는 파티를 취소했다. 그 후 그녀는 부모님을 실망시켜 드렸다는 죄책감에 몇 주 동안 우울해했다.

이처럼 극단적인 행동과 감정을 보이는 사람들의 성장 과정을 조사해 본 결과, 그들은 과거에 상처받은 환경에서 자라면서 그렇게 변했다는 것을 알게 되었다. 이것을 "생존의 가면"이라고 부른다. 우울질의 아이가 부모의 주의를 끌기 위해서 다혈질처럼 명랑하게 보이기도 하고, 명랑한 다혈질 아이가 부모의 학대와 무시를 받아 고통스러운 우울질의 가면을 쓰기도 한다. 문제가 있는 가정에서 자란 아이들은 완전을 추구하는 우울질의 가면을 쓴다. '만일 내가 완벽하게 행동하면 아빠가 나를 때리지 않을 거고, 엄마도 내게 소리 지르지 않을 거야'라고 생각하는 것이다. 알코올이나 마약 중독, 성적 학대나 정서적 학대, 극단적인 종교적 율법주의 등, 문제가 있는 가정에서 자란 자녀들이 이렇게 가면을 쓰게 된다. 그들은 가정에서 어떻게 처신해야 할지를 모르고, 어떻게 해서든지 살아가기 위해 가면을 쓰는 것이다.

담즙질/점액질

담즙질과 점액질의 배합을 가진 사람은 정서적 갈등이 있는 것은 아니지만 "일을 해야 할지, 하지 말아야 할지"에 대해 갈등을 느낀다. 점액질은 안일하게 살고 싶어하지만, 담즙질은 뭔가 생산적인 일을 하지 않으면 죄의식을 느낀다. 이들은 대개 삶을 두 부분으로 나눈다. 그래서 직장에서는 열심히 일하고, 집에서는 나태하다.

직장에서는 담즙질 기질 때문에 녹초가 되도록 일하지만, 집에 와서는 열심히 일하지 않는다. 집안 일이란 자신이 노력하고 애써야 할 만큼 가치 있는 것으로 생각하지 않는다.

만일 당신이 이렇다면 당신이 원래 어떤 사람인지 자문해 볼 필요가 있다. 당신은 담즙질인데 집에서 쉬기를 원하는 것인가, 아니면 점액질인데 직장에서 열심히 일하고자 하는 것인가? 이렇게 질문을 했을 때 만족할 만한 답을 못한다면, 당신은 어린 시절에 겪었던 고통으로 가면을 쓰고 성인이 된 지금까지도 그 영향 아래서 살고 있는 것인지도 모른다.

담즙질은 어려서 받은 영향으로 점액질의 가면을 쓰는 경우가 있다. 부모님이 사이가 좋지 않아서 서로 싸우고 다툴 때, 담즙질 자녀는 그저 가만히 있는 것이 최상이라는 것을 알고서 점액질처럼 조용히 지내게 된다. 담즙질 아이가 집에서 자신의 옷이나 방, 애완 동물, 학교 공부, 진로 등에 대해서 자기 의사를 표현할 기회를 무시당하면 어떻게 되겠는가? 이들은 부모와 다투고서라도 자기 의견을 관철시키든지, 아니면 성인이 되어 독립하기까지 모든 것을 포기하고 권위를 그대로 받아들이든지 할 것이다. 자신의 권리를 박탈당한 담즙질 아이는 '지금은 그저 아무 소리 말고 잠잠히 있을 때야. 그러나 집에서 독립만 하면 내 마음대로 하면서 살아야지'라고 생각한다. 이런 담즙질 아이는 점액질의 가면을 쓴다. 어른이 되어서도 그는 가끔 담즙질과 점액질의 경계를 넘나들면서, 때로는 자기 주장을 강하게 펴기도 하고 때로는 다른 사람이 하자는 대로 끌려가기도 하는데 자신도 그 이유를 모른다.

점액질 아이도 담즙질 가면을 쓸 수가 있다. 점액질은 일반적으로 자기 마음대로 고집을 피우지 않고, 예절과 행실이 바르다고 칭찬을 듣는다. 왜 이런 아이가 역동적인 것처럼 가면을 쓰고 무슨 일에든 책임지려고 하는가? 점액질 아이가 집안 형편을 보고 '누군가 주도권을 잡고 수습해야 한다. 나라도 이 일을 해야겠다' 는 생각을 할 때 이런 일이 일어날 수 있다. 부모 중에서 한 쪽이 없는 경우, 부모의 빈 자리를 자녀들 중에서 한 사람이 맡게 된다. 그 아이가 점액질인데 어느 날 갑자기 자신이 "집안 어른" 노릇을 해야 한다면, 그는 담즙질의 가면을 쓰고서 주도권을 행사하게 된다. 어른이 되어서도 그는 자신이 주도권을 잡아야 할 때가 되면 담즙질처럼 주도권을 잡지만, 그 외의 시간에는 언제든지 손을 놓고 쉬어 버린다. 그는 만성적인 피로를 느끼며, 자신이 왜 마음이 피폐한지 이해하지 못한다.

당신의 "기질 프로필"에 나온 점수가 각 기질마다 고르게 분포되어 있다면, 몇 가지 가능성이 있다. 당신이 잘못 응답한 것일 수도 있고, 단어의 뜻을 잘못 이해한 것일 수도 있으며(단어의 뜻은 269-278쪽에 나온다), 당신이 점액질이기 때문에 네 가지 중에서 한 가지 선택을 하는 데 망설이다가 답을 한 것일 수도 있다. 또는 당신이 너무 완벽한 사람이기 때문일 수도 있고, 어린 시절에 다른 사람의 지시만 받고 살아서 자신이 어떤 사람인지 잘 모르기 때문일 수도 있다.

당신의 "기질 프로필"이 어떻게 나왔든지 간에 당신이 어떤 기질이라는 것이 중요한 것이 아니라, 당신의 강점과 약점이 무엇인지를 이해하는 것이 더 중요하다는 것을 기억하라.

내가 이처럼 놀랍고 신기하게 만들어졌으니 주를 찬양합니다
[시편 139:14 현대인의 성경]

13. 우리는 규격화된 존재가 아니다

 기질 플러스 세미나를 하다 보면 종종 사람들에게서 "우리를 작은 상자에 넣어서 규격화하려고 하십니까?"라는 질문을 받곤 한다. 나는 이 질문에 대해 많이 생각해 보았다. 그리고는 우리는 이미 우리들만의 작은 상자에 갇혀 있다는 결론을 내리게 되었다. 우리가 세상에서 갖가지 체험을 하는 동안 우리는 자신만의 상자를 들고 다니면서 안이하고 편안한 삶을 살려고 한다. 각자 자신의 상자에 갇힌 채, 밖으로 나아가 새롭고 모험적인 삶을 살려고 하지 않는다.

우리는 태어나면서부터 상자 안에 갇힌다

 우리는 태어날 때부터 바퀴 달린 작은 상자 속에 담겨 있었다. 아기는 좁은 공간에 놓여지고, 주위에는 작은 막대기로 벽을 쳐 놓았다. 어른들은 작은 상자를 창쪽으로 밀어붙여 놓고, 친척들은 창을 통해서 상자 안에 있는 갓난아기를 바라본다. 며칠 지나면 우리는 다시 포대기에 싸여서 집으로 오게 되는데, 거기서도 아기 침대라는 작은 상자 속에 갇히게 된다. 이 상자에도 우리를 보호하기 위한 막다

기가 둘러져 있다. 밖에 나갈 때도 포대기에 싸여 어린이 의자에 앉혀지고 안전벨트로 몸을 묶인다. 수퍼마켓에서도 어른들은 카트 안에 우리를 가두어 둔다. 우리가 자라면 상자도 조금씩 커진다. 놀이터에도 담이 쳐져 있고, 우리의 방에도 벽이 있다. 학교에 입학하면 교실에도 벽이 있어서 일년 동안 그 벽 속에 갇혀 선생님과 함께 지내게 된다.

우리는 사방이 막힌 상자 안에서 성장한다. 성인이 되어서도 우리는 이 벽을 들고 다닌다. 나는 대학 1학년 때 기숙사에서 룸메이트와 함께 지내게 되었다. 우리는 같은 상자 안에 들어가게 되었다. 결국 며칠 지나지 않아 우리는 서로 보이지 않는 벽을 쌓고 말았다. 침대 시트를 어떻게 정리할 것인지, 방을 어떻게 꾸밀 것인지, 짐 정리는 어떻게 할 것인지 등등 서로 의견을 맞출 수 없었다. 그래서 우리는 방을 반으로 나누고 자기 영역 안에 자신의 짐만을 정리했다. 우리는 서로 등을 맞대고 살면서 한 상자 안에서 자신에게 편하도록 또 다른 상자를 만들고 살았다.

기질에 대한 개념을 공부한다는 것이 우리를 상자 속에 가두고 발을 시멘트로 고정시켜서 움직이지 못하게 묶어 버리는 것은 아니다. 오히려 우리가 어떤 상자 안에 갇혀 있는지 보게 하고, 그 상자에서 나와 자유를 만끽하도록 돕는다. 우리는 자신의 약점 때문에 상자에 갇혀 있는 셈인데, 그 약점을 바로 봄으로써 상자의 문을 열고 밖으로 나올 수 있는 것이다. 기질 세미나를 인도하면서 사람들로부터 "난 이 세미나를 통해서 자유롭게 되었으며 나의 참된 모습을 찾게 되었습니다!"라는 말을 자주 듣는다. 자신을 바로 알고 자신의 참된 모습을 찾아 갈 때, 우리는 우리 자신과 다른 사람들을 이해하고 용납하게 되는 것이다.

우리가 결혼할 때

우리는 오랜 기간 자신만의 벽을 쌓고 상자를 만들고 거기에 여러 가지 장식을 한다. 이렇게 보면 다른 상자 속에 살고 있는 사람과 만나 결혼할 때에 완전하게 조화될 수 없다는 것은 당연한 일이 아니겠는가?

서로 다른 곳에서 살다가 결혼하기 때문에, 신혼 여행을 갈 때부터 서로 잘 맞지 않는 부분이 있다는 것을 느낀다. 한 침대에서 잠을 자면서도 서로 벽을 쌓게 된다.

나와 상담을 했던 실비아는 우아한 우울질이었다. 그녀는 머리나 손톱을 손질하고 화장을 하는 일에 완벽했다. 한때 스튜어디스로 일했던 그녀는 비행기에서 지금의 남편 버드를 만났다. 그녀는 다혈질 버드에게 완전히 반해 버렸다. 그들은 만난 지 몇 개월 만에 결혼을 했다. 그녀는 아파트를 가지고 있었고, 그곳에는 필요한 가구들이 모두 준비되어 있었으므로 거기서 사는 것이 좋겠다고 생각했다. 버드도 이 생각에 동의했다. 그는 그의 아파트에서 다른 세 명의 총각들과 함께 살고 있었는데, 가구가 별로 없었기 때문에 이사하는 데는 아무런 문제가 없었다.

두 사람의 신혼 여행이 끝나고 실비아가 출근하던 날, 버드는 그의 아파트에서 자신의 물건들을 가져오기로 했다. 실비아는 그 날 밤 집에 돌아와서 버드가 가져온 "몇 가지" 물건을 보았다. 그녀는 자신의 눈을 믿을 수 없었다. 그녀가 벽에 피카소 그림을 몇 점 걸어 두었는데, 버드는 그 옆에 스키 포스터를 걸었다. 우아하고 고상한 소파 옆에는 코끼리 가죽처럼 구겨진 낡고 못생긴 소파를 놓았고, 부엌에는 맥주 광고 네온사인이 깜빡이고 있었다.

실비아는 버드의 남성미를 좋아했지만 그가 자신의 상자를 들고 그녀의 집으로 올 것이라고는 생각하지 못했다.

자신의 기질에 대한 이해가 우리를 상자에서 나오게 한다

우리는 자신을 보호하기 위해 자신만의 벽 속에 숨어 있다. 그러나 우리의 기질을 알게 되면 벽의 문을 열고 나올 수 있다. 자신과 다른 사람을 있는 그대로 용납할 수 있게 된다. 또한 미래에 어떤 문제가 생길지 예측할 수 있고, 그런 문제를 다룰 수 있는 방법도 배우게 된다. 미리미리 작고 사소한 문제들을 처리하면 위기를 모면할 수 있고 심장마비도 피할 수 있다. 자신과 다른 사람들의 기질을 알게 되면 과거의 일들을 이해할 수 있듯이 미래에 일어날 일들도 예측하고 그것을 어떻게 처리할지도 알 수 있다. 각 사람의 기질을 이해하면, 그가 다른 상황에서 어떤 반응을 보일지 예측하여 해로운 일이 생기지 않도록 조치할 수 있게 된다.

자신의 약점을 인정하라

자기 자신을 발견할 수 있는 첫번째 단계는 자신에게도 약점이 있다는 것을 인정하는 것이다. 자신의 약점이 무엇인지 알지 못한다면 그것을 극복하고 자기 발전을 이루기 위한 어떤 행동도 취할 수 없게 된다. 오랫동안 잘못해 온 일을 고백하는 것은 어려운 일이고 수치심을 느낄 수도 있다. 그러나 그렇게 해야만 성장할 수 있다. 성숙하지 못한 사람들은 자신이 꿈꾸고 바라던 것을 이루지 못했거나 자신이 원하던 사람이 되지 못했을 때 부모와 배우자, 자녀와 친구들, 그리고 환경을 탓한다. 그러나 성숙한 사람은 자신의 약점을 발견하고, 그것을 극복하기 위해 노력한다.

어려서 겪었던 아픔이나 사람들에게 상처받았던 일들을 돌아보는 것은 중요한 일이다. 그것은 우리가 지금 왜 이렇게 행동하고, 왜 이런 사람이 되었는가를 이해하는 데 중요한 역할을 한다. 그렇게 하는 것은 다른 사람을 비난하고 그들에게 책임을 전가하기 위해서가 아니라 치유의 과정을 시작하기 위해서라는 사실을 명심해야 한다.

알콜 중독자 치료 모임에서 가장 먼저 하는 일이 있다. 그것은 일어나서 자신의 이름을 밝히고 "나는 알콜 중독자입니다"라고 고백하는 것이다. 누구든지 자신의 약점을 말로 인정하면 치유가 시작된다. 자신이 어떤 문제가 있다는 것을 인정하기 전에는 그 문제를 극복할 수 없다. 만일 기질상의 문제를 해결하고자 한다면, 일어나서 이렇게 말할 수 있어야 한다:

나는 매력 있는 다혈질입니다. 그러나 나는 충동적으로 말합니다.
나는 완벽한 우울질입니다. 그러나 나는 쉽게 낙담합니다.
나는 역동적인 담즙질입니다. 그러나 나는 조급하고 으스대는 경향이 있습니다.
나는 평온한 점액질입니다. 그러나 내게는 열정이 부족합니다.

이렇게 자신의 약점을 말로 인정함으로써 바른 방향으로 나아갈 수 있다.

개인적인 계획을 세우라

우리는 네 가지 기질에 대해 살펴보면서, 자신이 어떤 기질에 속했으며 어떤 기질의 배합을 이루고 있는지 알게 되었다. 이제는 우리의 긍정적인 면은 살리고 부정적인 면은 극복하는 단계이다. 당신의 "기질 프로필"을 다시 보라.

당신의 강점을 평가하라

다혈질이나 담즙질은 자신들의 강점을 즉시 알아낸다. 그러나 우울질과 점액질은 그들의 염세적 기질 때문에 긍정적 기질을 받아들이는 데에도 잠시 생각을 해야 한다. 당신이 어떤 기질이든지, 당신의 기질 프로필을 보면서 인간 관계에서 가장 중요한 세 가지 강점을 찾아보라. 그리고 그것들을 아래에 기록해 보라.

_____

_____

_____

(기질에 대한 공부를 가족과 함께 하고 있다면, 이 시간에 각 사람의 강점이 무엇인지 서로 이야기를 나누라. 서로 진지하게 칭찬하며 격려하라.)

당신의 강점을 보면서 이것을 선물로 주신 하나님께 감사하라. '내겐 좋은 점이라고는 도무지 없어'라고 생각하는 사람들은 이런 태도를 즉시 고치도록 하라. 당신에게도 분명히 좋은 점이 있다. 자신에게 강점이 없다고 생각하는 것은 거짓 겸손이며, 사람들은 이런 태도를 별로 좋아하지 않는다. 이런 태도는 다른 사람들을 피곤하게 만들기 때문에 그들은 당신을 피하게 될 것이다. 자신이 무가치한 존재라고 절대로 생각하지 말라. 당신에게는 강점도 있고 약점도 있다. 하나님께서는 당신을 천사보다 조금 못한 존재로 빚어 주셨다. 그분은 당신이 자신을 비하하며 시간 낭비하기를 원치 않으신다.

당신의 세 가지 강점을 다시 보라. 이렇게 좋은 것을 주신 하나님께 감사하고, 당신이 귀한 존재라는 사실을 결코 잊지 말라. 이런 강점들을 최대한 활용하고 있는가? 기질 플러스 세미나를 하면서 사람들은 자신의 강점들을 거의 활용하지 않고 있다는 것을 발견했다. 얼마나 많은 사람들이 자신의 강점을 숨기고 사장시키는지 모른다. 정말 안타까운 일이다.

어떤 사람들은 어려서 겪었던 일 때문에 커서도 감정의 불구가 되어 살아간다. 그들은 어려서 이런 말을 들어 왔다: "너는 할 줄 아는 게 없어. 네겐 재주도 없고, 뭘 하든지 모두 엉망이야." 이런 마음의 상처를 씻어 버리고, 이제부터는 당신이 가진 강점을 마음껏 활용하도록 하라.

당신의 약점을 평가하라

우울질과 점액질이 자신의 강점을 인정하는 데 어려움을 느끼는 반면, 다혈질과 담즙질은 그들의 약점을 인정하기 어려워한다. 그들의 가장 큰 문제는 자신들에게 약점이 있다고 생각하지 않는다는 것이다. 당신이 어떤 기질이든지 간에 자신에게 약점은 없는지 정직하고 진지하게 생각해 보라. 극복해야 할 약점이 무엇인지 세 가지를 기록해 보라.

_____
_____
_____

다른 사람들의 의견을 구하라

 다른 사람에게 이렇게 물어 보라: "내 자신의 발전을 이루기 위해 먼저 내 약점이 무엇인지 알고 싶습니다. 나의 약점이 뭐라고 생각하십니까?" 그리고 상대방이 무슨 말을 하더라도 겸허하게 들으라.
 사람들이 오해한 것이라고 변명하지 말라. 그들이 무슨 말을 하든지 고맙다고 말하고, 그들이 지적한 것을 다시 한번 깊이 생각해 보라. 나는 부탁하지도 않았는데 가끔 사람들의 비판과 평가를 받을 때가 있다. 그들은 건설적인 비판을 하기 위해 내게 약점을 가르쳐 준다. 그들의 비판을 듣고서 나는 다시 한번 내 자신을 돌아본다. 그들이 옳다고 생각되면 내 자신을 고치도록 노력하고, 그렇지 않다면 그들의 비판을 잊어버린다. 사람들이 나의 문제점을 지적하고 비판할 때는 대부분의 경우, 무엇인가 내게 고칠 점이 있다는 말이다. 남들의 비판을 감사하는 마음으로 받아들일 때 우리는 발전할 수 있다.

개인적 발전을 이루기 위한 계획을 세우라

당신이 기록한 세 가지 약점을 다시 한번 보라. 그 약점을 극복하고 발전을 이루기 위해 당신이 할 수 있는 일을 기록해 보라.

_____
_____
_____

당신에게 이런 약점이 있다는 것을 인정하는 것이 첫번째로 할 일이다. 그러나 약점을 인정하는 것만으로는 부족하다.

인간 관계에서 성공하기 위해 당신이 할 수 있는 일은 무엇인가? 다혈질은 입술을 깨물며 예전에 하던 말의 절반만 이야기를 해야 한다. 우울질은 부정적이라는 평을 들을 때마다 자신을 돌아보아야 할 것이다. 담즙질은 다른 사람의 의견에도 귀를 기울이고 경청해야 하고, 점액질은 열정을 갖는 습관을 길러 열정적인 사람이 되어야 할 것이다. 지금까지 살아온 것과 다르게 살아야 한다는 것은 본인에게 상처를 주는 아픈 일이다. 그러나 그렇지 않으면 우리는 발전을 이룰 수 없다.

가족의 도움을 구하라

배우려는 자세보다 더 아름다운 것은 없다. 다른 사람에게 자신의 잘못이나 약점에 대한 충고를 구하고 그것을 감사함으로 받아들이는 것은 진정 아름다운 모습이다. 당신에게 이런 마음이 있다면, 가족에게 약점을 지적해 달라고 부탁하기가 한결 쉬울 것이다. 이런 태도가 없다면, 가족의 도움을 구하기 전에 먼저 하나님께 그런 마음을 달라고 간절히 구하라. 가족들이 처음에는 진지하게 생각하지 않을지도 모른다. 가족들이 적극적으로 협조하지 않는다면, 당신이 말하는 것을 믿지 않기 때문일지도 모른다. 지금까지 가족들과 당신 사이에 벽이 쌓여 있어서 진지하게 협조하지 않는지도 모른다.

당신이 다혈질이라면, 가족들은 당신의 결심이 오래 갈 것인지 의심할 것이다. 당신은 약점을 고치기 위해서 끊임없이 노력해야 한다. 지금까지는 칭찬 듣는 것만 좋아하고, 비판적인 말은 진지하게 듣지 않았다. 그것을 당신의 가족들이 알고 있다. 그래서 그들은 "지금 그대로가 좋아"라고 할 것이다. 그러면 당신은 다혈질이기 때문에 "좋아! 그럼 아무런 변화 없이 그냥 이대로 살아가면 되겠네"라고 할 것이다. 잘못을 고쳐 나겠다는 당신의 말을 가족들이 믿게 하려면 진지하게 결심한 모습을 보여 줘야 한다.

당신이 우울질이라면, 당신의 기분으로 가족들을 조종해 왔을 것이다. 가족들은 당신이 또 다시 낙담하게 될까 봐 당신에게 부정적인 말을 하는 것을 꺼릴 것이다. 그들은 당신에게 약점을 말해 주어서 마음의 상처를 받고 슬픈 표정으로 살게 하는 것보다는 당신의 문제를 그대로 두고 사는 것이 더 좋다고 생각할 것이다. 가족의 협조를 얻으려면, 당신은 어떠한 상황에서도 미소를 짓고 노래를 부를 수 있어야 한다.

당신이 담즙질이라면, 당신은 가족들을 철저하게 주관하며 살았기 때문에 어느 누구도 감히 당신의 문제를 지적하려 하지 않을 것이다. 당신이 언제 불같이 화를 낼지 모르기 때문이다. 당신은 가족들의 도움을 부탁하기 전에 먼저 이렇게 말해야 할 것이다: "내게 솔직하게 나의 문제를 얘기한다고 해도 절대로 화를 내지 않겠어. 내 자신의 발전을 이루기 위해 부탁하는 거야." (그들이 믿을 수 없다는 듯이 충격적인 표정을 짓는 것을 보라.)

당신이 점액질이라면, 당신의 약점을 구체적으로 찾아내는 것을 어려워할 것이다. 그래서 약점이라고 생각되는 것들을 모두 쏟아 놓고서 가족들에게 선택하라고 할지도 모른다. 그들은 당신의 말을 진지하게 받아들이지 않을지도 모른다. 이전에도 이렇게 고치겠다고 하고서 그냥 지나쳐 버린 적이 있기 때문일 것이다. 그들의 협조를 구하려면 단호하게 결심했다는 것을 보여 주라.

솔직한 의견을 나누라

당신이 다른 사람들과 어떤 관계를 맺고 살아가는지 돌이켜 보라. 다른 사람들과 서로 정직하게 의견을 교환하지 않으며 남의 의견을 격려하지도 않았다는 것을 알게 될 것이다. 우리는 주위에 벽을 쌓고, 다른 사람들과 거짓되고 피상적인 관계를 맺고 살아간다. 가정에서도 평화를 유지하기 위해서 서로 비위를 건드리지 않으려고 하지 않았는가? 직장에서는 동료들과 서로 화를 내거나 기분 상하게 하지 않기 위해서 일정한 선을 긋고 그 이상은 접근하지 않는 것은 아닌가? 이제는 가정이나 직장에서도 다른 사람에게 정직하게 대하고 그들도 당신을 솔직하게 대할 수 있도록 격려해야 할 때가 되었다.

많은 부부들이 "기질 프로필"을 놓고 함께 앉아 이야기를 하면서 의미 있는 대화를 나누게 되었다고 고백했다. 어느 여인은 이렇게 말

했다: "우리는 늘 서로에 대해서 방어적인 태도를 취했습니다. 결국은 가면을 쓰고 산 셈이지요. 그러나 기질 프로필을 앞에 놓고 대화를 하면서 우리는 서로의 잘못을 처음으로 시인하게 되었습니다. 마치 기질 프로필이 의견을 제시하는 것과 같았고, 우리는 서로에게 화를 낼 필요가 없었던 것이지요. 프로필을 작성하면서 우리는 솔직하게 대화하는 능력을 얻게 되었습니다."

어떤 사람들은 자신만의 벽을 너무 두텁게 쌓아서 어느 누구도 그 안을 들여다보거나, 그들의 진정한 모습을 볼 수 없게 만든다. 그들이 그렇게 하는 이유는 '나의 진정한 내면의 모습을 다른 사람이 알게 되면 사람들은 나를 상대도 안하려고 할 거야'라고 생각하기 때문이다. 우리는 이제 가면을 벗어 던지고 변화를 시도해야 한다. 과거에 실패한 적이 있다고 해서 우리 주위에 벽을 만들어서는 안 된다. 우리는 미래의 가능성을 바라보며 벽을 허물고 변화해야 한다.

> 타일러 주는 말을 기꺼이 듣는 사람은 지식을 사랑하는 자이다 그러나 책망을 싫어하는 사람은 어리석은 자이다
> [잠언 12:1 현대인의 성경]

14. 반대의 기질끼리 서로 매력을 느낀다

반대 기질은 서로 매력을 느끼고 끄는 힘이 있다. 프레드와 나는 이 사실을 증거하는 완벽한 예일 것이다. 기질 세미나를 인도하면서 우리는 같은 기질의 사람들이 결혼하는 것은 별로 보지 못했다. 각 사람에게 자신의 기질에 따른 강점이 있다는 것을 생각해 보면, 서로 정반대의 기질이 연합하는 것이 크게 도움이 된다는 것을 알 수 있다. 다혈질은 명랑하므로 우울질의 기분을 풀어 줄 수 있다. 우울질은 조직적이므로 무계획한 다혈질이 계획을 세울 수 있도록 도와 준다. 프레드와 나는 우리의 결혼 생활을 돌아보면서 한 쪽의 강점이 다른 쪽의 약점을 보완해 준다는 사실을 알게 되었다. 그래서 우리가 서로 다르다는 것에 감사했고, 자신과 다르다고 상대방을 고치려고 노력하지 않게 되었다.

다혈질과 우울질의 결혼

결혼하기 전에 우리는 서로의 장점을 바라보았다. 몇 가지 단점이 있다는 것은 알았지만, 함께 살면서 이런 것들은 쉽게 고칠 수 있을 것으로 생각했다. 그러나 우리는 이런 변화가 자동적으로 일어나지 않는다는 것을 깨달았다.

우리가 처음 만났을 때, 프레드는 나의 다혈질 기질에 매력을 느꼈다. 그는 자질구레한 사건에 대해 수다를 떠는 것을 싫어했으므로, 나와 결혼하면 내가 그를 대신해서 이 일을 해 줄 것으로 생각했다. 그가 생각했던 대로 나는 그 일을 했다! 나는 프레드에게서 우울질의 사려 깊음과 안정된 삶을 보았다. 그와 결혼하면 내 생활도 그가 질서 있게 잡아줄 것으로 생각했다. 역시 내 생각대로 되었다!

우리는 상대방이 가진 정반대의 기질에 매력을 느꼈다. 당시에는 몰랐지만, 우리는 자신의 기질적 부족함을 채워 줄 수 있는 상대를 찾고 있었던 것이다. 결혼만 하면 상대방의 약점을 채워서 완전한 결혼을 이룰 수 있게 되는 것으로 생각했기 때문에 아무 문제도 없을 줄 알았다. 그러나 이런 소망은 비현실적이라는 것을 곧 알게 되었다.

결혼하자마자 우리를 다투게 만든 일화를 소개하겠다. 그것은 시간 계획에 대한 것이었다. 결혼하기 전, 나는 고등학교에서 매일 다섯 과목을 가르치고, 연극 활동도 지도하고 있었다. 나는 스스로 조직적인 사람이라고 생각했다. 그러나 우리가 버뮤다로 신혼 여행을 갔을 때, 효과적인 여행 계획을 세운 사람은 프레드였다. 그는 몇 가지 안내지를 보고서 그 섬의 역사를 파악하고, 어디를 가야 가장 소득 있는 여행을 할 수 있을 것인지 계획을 세웠다.

효과적으로 여행하기 위해서 그는 오토바이 두 대를 빌렸다. 남편이 오토바이 운전법을 익히는 동안, 나는 오토바이에 올라탔다. 어떻게 정지하는지도 모른 채 시동을 걸었고, 그만 앞에 있던 벽을 들이받고 말았다. 나는 땅에 쓰러졌고 오토바이가 엉망이 된 것을 보고서 주인이 비명을 지르며 달려왔다. 프레드는 정지하는 법도 모르면서 시동을 건 멍청이가 아내라는 사실을 매우 부끄러워했다. 그는 "도대체 세상에 누가…"라는 말로 한바탕 강의를 했는데, 그 사건 후에도 그는 이런 말을 반복했고 나는 그런 말이 무척 싫었다. 긴 연설을 마친 후, 그는 손해 배상을 해 주고 다른 오토바이를 빌렸다. 이번에는 그의 도움을 받아 오토바이에 올라앉았고, 그가 오토바이 운전법을 초등학교 1학년도 알아들을 용어로 설명하는 동안 난 잠잠히 있었다.

이 사건을 통해서 나는 배운 것이 있다:

> 프레드는 총명하고 — 나는 바보다.
> 프레드는 강하고 — 나는 약하다.
> 프레드는 옳고 — 나는 그르다.

나는 이런 결론이 싫었다. 그러나 15년을 그와 함께 살면서 이 결론이 옳다는 것을 끊임없이 느껴야 했다. 결혼 생활 15년이 되면서, 우리는 사람의 기질에 대한 것을 연구하게 되었다. 사람의 기질에 대해 이해하면서, 상대방이 나와 다르다는 이유만으로 그를 그르다고 할 수는 없다는 것을 알게 되었다.

어려움에 처한 자는 도움이 필요하다

버뮤다에서 배를 타고 돌아오는 길에 프레드는 심한 배멀미를 했다. 그는 침대에 누워 "죽겠다"며 신음했다. 나는 아픈 사람들이 싫었다. 그래서 아픈 남편 옆에 있는 것을 꺼렸다. 그 당시 우리는 기질에 대해 전혀 아는 바가 없었다. 프레드는 내가 아픈 자기 곁에서 찬 수건으로 머리를 식혀 주며 간호해 주지 않는다며 무척 섭섭해했다. 우울질은 남이 함께 연민해 주는 것을 좋아하고, 아픈 사람이 있으면 간호해 주어야 하고, 예의가 있는 사람이라면 기꺼이 그래야 한다고 생각한다.

난 프레드가 신혼 여행 동안 배멀미로 좋은 시간을 다 망쳐 놓은 것이 속상했다. 그래도 (내 양심을 위해서) 몇 마디 위로하는 말을 하고는 밖으로 나와서 재미있게 놀았다. 다혈질은 아픈 것을 싫어하고, 유쾌하지 못한 것은 피하며, 재미있는 놀이를 좋아한다는 것을 프레드는 알지 못했다.

스케줄이라니요?

신혼 여행에서 돌아온 지 일주일쯤 지나서 우리는 함께 영화를 보러 갔다. 영화를 본 다음에 내가 "우리 아이스크림 먹지 않을래요?"라고 물었다. 난 재미있을 것이라고 생각하고 말했는데, 프레드는 "그건 내 스케줄에는 없는 일인데"라고 했다.

"스케줄이라니요?"

"난 매일 아침 7시에 하루 스케줄을 짜거든. 밤 11시에 아이스크림을 먹고 싶으면, 늦어도 아침 7시에는 미리 내게 말을 해 줘야 해. 그래야 내 스케줄에 넣을 게 아니겠어!"

"내가 아이스크림을 밤 11시에 먹고 싶어질 것이라는 것을 아침 7시에 어떻게 알아요?"

우리는 바로 집으로 왔다. 그 날 나는 우리의 결혼 생활은 별로 재미없을 것이라는 사실을 예감했다.

우리에겐 처음부터 치약이 말썽이었다. 프레드는 치약을 밑바닥부터 쓰면서 단정하게 말아 갔고 나는 치약을 되는 대로 짜서 썼다. 내가 치약 튜브를 구겨 놓으면 그는 그것을 다시 펴고 주둥이에 묻은 치약은 깨끗이 닦곤 했다. 사실 난 그가 이렇게 하고 있다는 것을 눈치도 채지 못하고 있었다. 다혈질과 우울질이 결혼하면 다혈질은 자신이 잘못하고 있다는 것을 알지 못하고, 우울질은 그 문제에 대해서 분명하게 말하지 않는다. 이것이 바로 그들이 다투게 되는 근본적인 원인 중의 하나다. 우울질은 다혈질이 잘못한 것을 그저 조용히 해결하면서 그가 관찰하고 배울 것이라고 생각하지만, 다혈질은 자신이 잘못하고 있다고는 생각지도 않기 때문에 문제에 대한 해결책이란 있을 수도 없다. 우울질이 참다 못해서 이것을 겉으로 표현할 때는 마음이 많이 상한 상태이기 때문에 이것으로 심한 논쟁이 벌어지게 된다. 그러나 우리가 사람의 기질에 대해 이해하면 이런 문제들을 해결할 수 있다. 우울질은 문제가 중요한지 미리 판단하고, 자신의 기분이 상하기 전에 그 문제를 상대방과 함께 이야기하며, 다혈질은 잘못된 점을 고치도록 노력해야 하고 우울질은 상대방의 실수를 너그러이 봐주어야 한다.

프레드는 치약 문제의 해결책을 찾았다. 그는 내게 새 치약을 사주고는 내가 원하는 대로 짜서 쓰라고 했다.

정반대의 기질은 서로에게 끌린다. 우리가 상대방의 좋은 기질에 초점을 맞추면 서로 도움이 되고 잘 어울리게 되지만, 기질에 대한 지식이 없을 때는 약점에 초점을 맞추고, "나와는 다른 그 사람"이 잘못되었다고 느끼게 된다.

내가 상담했던 한 부부는 남편은 다혈질이고, 아내는 우울질이었다. 그들 역시 결혼 생활의 전형적인 문제를 갖고 있었다. 다혈질 척은 무척 사교적인 사람으로 외판원이었는데 항상 재미있는 말을 많이 했다. 우울질 미리암은 첫눈에 척에게 반해 버렸다. 그녀는 자신감과 사교성이 부족하고 사람들이 많이 모이는 곳은 피하는 편이었지만, 그녀와는 달리 남편은 자신감이 넘쳤다. 그녀는 남편이 외향적이고 멋있고 매력적이고 말을 재미있게 한다고 했다. 결혼하면 자기에게 부족한 면들을 남편이 도와 줄 것이라고 생각했다.

미리암이 나를 찾아왔을 때 그녀는 매우 우울해 보였다. 그녀는 완벽한 결혼 생활을 원했지만, 남편은 딱 부러지게 하는 일이 별로 없었다. 저녁 식사 시간에도 대부분 늦었다. 그녀는 정확히 저녁 6시가 되면 저녁을 차렸는데, 남편이 식사 시간에 늦는 것은 자신을 무시하는 행위라고 생각했다. 남편은 늦게 귀가할 뿐만 아니라, 자신이 늦었다는 것조차 알지 못했다. 그녀는 남편이 고의로 늦는다고 생각했다. 그러나 그녀는 이 문제로 남편과 갈등하고 싶지 않았기 때문에 거론하지도 않고 넘어갔다.

그녀는 남편이 조직적이지 못하다는 것도 알았다. 그는 자주 열쇠를 잃어버렸기 때문에 그녀는 열쇠 걸이를 사서 현관문 앞에 붙여 두었다. 그녀는 남편이 이것을 보고서 눈치를 채고 거기에 열쇠를 걸어 두기를 바랐지만 그는 전혀 눈치채지 못했고, 그래서 그녀는 토라져 버렸다. 남편은 왜 그녀가 토라졌는지 알지 못했다. 마침내 그녀는 왜 자신이 토라졌는지 남편에게 말했다. 자신이 걸어 놓은 열쇠 걸이를 그가 보지 못했기 때문이라고 털어 놓았다. 척은 이 말을 듣고 코웃음을 쳤다. 그녀는 또 다시 토라졌다.

그녀는 남편과 함께 몇 차례 파티에 참석하면서, 그가 같은 농담을 몇 번씩 한다는 것을 알았다. 그녀는 케케묵은 이야기를 반복해서 듣는 것을 결코 좋아하지 않았다. 어느 날 밤 남편은 어떤 이야기를 완전히 조작해서 말했다. 그녀는 남편이 천연덕스럽게 거짓말을 하는 것을 보고서는 또 충격을 받았다. 그녀는 남편에게 진실하지 못하다며 비난했고, 남편은 "그게 무슨 상관이야? 사람들이 모두 웃으며 즐거워했잖아?"라고 대답했다.

나는 남편 척에게서 자신을 해명하는 말을 들었다. 그는 매우 재미있고 매력적인 사람이었다. 그녀가 왜 척에게 반했는지 알 수 있을 것 같았다. 그는 그녀가 조금만 융통성을 발휘했어도 아무 문제 없었을 것이라며 이렇게 말했다:

> 미리암은 귀엽고, 부드럽고, 수줍음을 타는 여자입니다. 난 그런 그녀에게 반했지요. 그러나 우리가 결혼한 이후 그녀는 거반 우울한 상태로 지냈습니다. 그녀는 나더러 재미있는 사람이라고 생각했지만, 이제는 나를 거짓말쟁이라고 합니다. 내가 무슨 이야기든지 있는 그대로만 말하기를 바란답니다.
>
> 그녀는 집안 정돈을 정말 잘한답니다. 사실 그녀가 좀 심할 때도 있습니다. 내가 컵을 내려놓기가 무섭게 부엌으로 가져다 치우거든요. 거실에 들여놓은 새 가구들도 변색되지 않도록 모두 커버를 씌웠습니다. 마치 시체 안치소에 들어와 있는 것 같기도 합니다. 집이 무섭게 느껴질 정도지요.
>
> 게다가 그녀는 내가 10분만 늦게 와도 우울해합니다. 내가 외판원이라는 사실을 모르나 봅니다. 고객이 계약서에 서명을 할 때까지는 그들과 함께 시간을 보내야 하지 않겠습니까? 결혼한 후 저는 마치 엄한 어머니에게 나쁜 아들이 된 것만 같습니다.

척과 미리암을 어떻게 상담하는 것이 좋은가? 부부 문제는 한 걸음씩 뒤로 물러서서 객관적으로 바라보게 되면 해결되는 경우가 많다. 나는 이 두 사람에게 기질 플러스 세미나 테이프 한 세트를 주었다. 그리고 이 테이프를 함께 다 듣고 나면 만나자고 했다. 일주일이 지나 미리암에게서 전화가 왔는데, 그녀의 목소리는 마치 전혀 다른 사람 같았다. "선생님을 뵈러 가도 되겠어요? 테이프를 다 들었습니다."

그녀가 와서 내게 이렇게 말했다:

우리의 문제에 대해서 스스로 알지 못했다니 난 정말 어리석었습니다. 우리는 테이프를 함께 들으며 마치 눈이 뜨이는 것과 같은 느낌을 받았습니다. 척은 내가 그의 엄마가 되려고 하는 것이 아니라는 것을 알았습니다. 나는 그저 모든 것을 완벽하게 하고자 하는 우울질에 불과했던 것이지요. 우리는 처음으로 모든 것을 터놓고 솔직하게 이야기하면서 아직까지 한 번도 이처럼 마음을 열고 이야기해 본 적이 없다는 것을 알았습니다. 나는 그가 알아서 내 마음을 읽어 주기를 바랐고, 그러지 않을 때는 낙심하곤 했습니다. 우리는 서로가 어떻게 다른지 헤아려 보았습니다. 지금까지 나는 저녁 6시면 저녁상을 차렸는데 그것은 일반적으로 그 시간이면 식사를 한다고 생각했기 때문입니다. 그는 지금까지 6시 30분 이전에는 들어온 적이 없었고, 그래서 나는 마음이 상하곤 했습니다. 이제 나는 식사 시간을 7시로 옮겼습니다. 그래서 저녁 식사를 하기 전에 때로는 몇 분 동안 함께 쉴 수 있는 시간이 생기기도 합니다. 정해 놓은 스케줄대로 살아간다는 것이 결코 상을 받을 일은 아니라는 것을 알았습니다.

척은 이제 열쇠 걸이에 열쇠를 걸어 놓습니다. 내가 해 놓은 일을 그가 알아주기를 가만히 앉아 기다렸던 시간을 후회합니다. 다혈질의 이야기하는 태도에 대해서도 테이프를 들었습니다. 그들은 정확하게 말하는 것보다는 재미있게 말하는 데 더 관심이 있다는 것도 알았습니다. 그래서 그가 거짓말을 하는 것이 아니라는 것과, 나 외에는 아무도 그런 일에 신경쓰지 않는다는 것도 알았습니다. 그가 다른 사람들을 즐겁게 해 주면 나도 좋습니다. 그래서 그가 원하는 대로 이야기를 해도 좋다고 결론을 내렸습니다.

당신이 준 테이프를 듣고 난 후, 척은 가구에 씌워 놓은 커버들을 벗겨 버리면 안 되겠느냐고 물었습니다. 집이 꼭 장례식장처럼 느껴진다는 것이었습니다. 이전에 이런 말을 들었더라면 나는 그가 비난하는 것으로 받아들여 마음이 많이 상했겠지만, 이번에는 미소를 짓고 그를 도와서 커버를 벗겨 내기까지 했답니다. 가구들이 변색된다면, 그때 새 가구를 다시 사면 되겠지요.

당신의 테이프를 듣게 해 주셔서 감사합니다. 강의를 듣고서 내가 너무나 재미없고 심각하게만 살아간다는 것을 알게 되었습니다. 척이 나와 함께 살면서 정말 재미없었으리라고 생각합니다. 이제 우리는 서로 무엇이 다른지 솔직하게 이야기하며 웃기도 합니다.

우리가 다른 사람의 기질을 이해하고 그들을 자신과 같은 사람으로 만들려고 강요하지 않는다면 정말 많은 것을 발전시킬 수 있다. 상대방이 조금 비정상적이라고 여겨지더라도 있는 그대로 받아들일 수만 있다면 이것은 정말 큰 축복이라고 할 수 있다.

당신은 이와 비슷한 이야기를 많이 들었을 것이다. 당신의 이야기는 이보다 훨씬 더 흥미있을지도 모른다. 당신은 마음속으로 "그런 것이 문제라고 생각한다면, 차라리 내 이야기를 듣는 게 더 좋을 겁니다"라고 말할지도 모른다. 누구나 자신만의 이야기가 있고, 이것은 본인에게는 최악의 이야기다. 실제로 생활 가운데서 어쩔 수 없이 겪게 되는 이야기이기 때문이다. 그러나 개인의 기질을 이해하면 문제가 심각해지기 전에 해결하고 발전시킬 수 있다.

담즙질과 점액질의 결혼

점액질은 강요받는 것을 싫어한다. 그러나 그들은 자유롭게 두면 약속한 것을 행하지 않는다. 내 친구 도티는 담즙질인데 가급적이면 집안 일을 혼자서 다 하지 않으려고 노력한다. 점액질 남편 루이스가 집안 일을 결정하고 행하도록 하기 위해서다. 그들은 휴가에 대해 상의했고, 루이스는 해변에 있는 휴양지로 가자고 했다. 루이스가 휴양지에서 묵을 숙소 예약을 하기로 했다. 도티가 예약을 했느냐고 물을 때마다 그는 언젠가는 할 것이니 제발 바가지 좀 그만 긁으라고 했다. 그들이 휴양지로 떠나는 날, 도티는 희망의 미소를 머금고 부드럽게 "예약은 하셨지요?"라고 물었다. 그는 느릿한 소리로 "거기 가면 예약을 취소하는 사람이 항상 있게 마련이야"라고 했다. 그녀는 정말 화가 났고, 그들은 휴양지까지 가는 동안 서로 아무 말도 하지 않았다.

호텔에 도착해서 안내원에게 방이 있느냐고 묻자, 그는 어처구니가 없다는 표정을 지었다. "8월에 아무런 예약도 없이 해변 휴양지에 와서 방을 구하다니 말도 안 됩니다. 온 도시를 다 뒤져 보세요. 방이 없을 걸요."

도티는 내게 이렇게 말했다: "그 말은 정말 모욕적이었어. 그런데 루이스가 나를 향해 '예약을 하라고 내게 상기를 시켰어야지'라고 하지 않겠어? 나는 정신을 잃을 지경이었어. 펑펑 울어 버렸지. 자동차로 달려가서는 주먹으로 차를 막 쳐 댔어. 이제부터는 루이스가 무엇을 한다 해도 절대로 믿지 않겠다고 다짐을 했지."

그들은 결국 24시간 술을 마시며 떠들어 대는 술집 옆의 낡은 모텔에서 방 하나를 겨우 구할 수 있었다. 루이스는 낡은 매트리스 위에서 곧 잠에 빠졌고, 도티는 밤새 한 잠도 자지 못했다.

아침이 되자 루이스는 "여긴 훌륭한 모텔은 아니지만 돈을 얼마나 절약했는지 생각해 봐"라고 했다.

불행하게도 담즙질 아내와 점액질 남편이 만나면 이렇게 살아가는 경우가 많다. 남편은 무슨 일이든 강요받기를 싫어하고, 아내에게도 그렇게 말한다. 아내는 뒤로 물러서서 남편을 간섭하려고 하지 않는다. 그러나 남편은 자신이 해야 할 의무를 다하지 못하고, 마침내 문제가 터지고 만다. 아내는 기분이 상하고, 남편을 믿고 신뢰할 수 없다는 것을 알게 된다. 아내는 다시 주도권을 잡고, 남편은 아내가 못살게 군다고 모든 사람에게 알리고 다닌다. 아내는 맹렬 여성처럼 보이고, 남편은 엄처 시하에서 꼼짝 못하는 사람처럼 보인다.

상처를 치유하려면

문제를 치유하려면 부부는 먼저 그들의 상반되는 기질에 대해 이해해야 한다. 이어서 그들은 양 극단에서 중앙을 향해 움직일 것을 약속해야 한다.

남편이나 아내, 누가 되었든지 다혈질은 조직적으로 살아가도록 노력해야 하며, 우울질은 자신의 기준을 낮추고 배우자가 불완전하더라도 의기소침해서는 안 된다.

담즙질은 점액질이 모든 일을 스스로 결정하고 책임 있는 삶을 살 수 있도록 도와야 하며, 점액질도 이에 호응하여 담즙질에게 다시 주도권을 빼앗기지 않도록 해야 한다. 점액질은 재미있는 일들을 계획하고, 담즙질은 시간을 내서 그 재미있는 활동들을 즐겨야 한다.

그러기 위해서는 의지적인 노력이 필요하다. 그렇지 않으면 두 사람은 각자 제각기의 삶을 살아갈 것이다.

그러나 희망이 있다! 프레드와 나는 최선을 다한 결과, 행복한 결혼 생활을 회복했다. 나는 더 조직적으로 활동하는 법을 배웠고, 프레드도 재미있게 사는 법을 배웠다. 우리는 서로를 아끼는 마음으로 도와 나갔다. 우리가 인도하는 세미나에 참석했던 사람들 중에서 기질에 대한 공부가 매우 유익했다고 말하는 사람들이 많다.

> 기질은 결혼 생활을 통해서 새롭게 태어난다. "당신은 다른 사람과 연합하여 새로운 사람으로 태어날 때 새로운 정체성을 갖게 된다…사랑이란 한 기질이 다른 기질과 어울려 자신을 발산시키는 것이다."
>
> 오스왈드 챔버스

15. 외적 특성으로 기질을 알 수 있다

네 가지 기질에 대해 공부함으로써 먼저 우리 자신에 대해 이해하면, 우리는 다른 사람과 긍정적인 인간 관계를 맺을 수 있다. 지금까지 배웠던 원리들을 우리의 실제 생활에서 적용할 수 있다.

지금까지 배운 각 기질의 강점은 다음과 같다:

다혈질은 다음과 같은 일을 가장 잘한다.
- 사람들을 열정적으로 대한다.
- 생각을 흥미있게 표현한다.
- 사람들의 시선을 집중적으로 받는다.

우울질은 다음과 같은 일을 가장 잘한다.
- 세세한 일에 주의를 기울이고 깊이 생각한다.
- 목록과 도표와 그래프를 만든다.
- 다른 사람들은 할 수 없는 일을 분석한다.

담즙질은 다음과 같은 일을 가장 잘한다.
- 즉각적인 결단을 내려야 하는 일을 한다.

- 즉각적으로 행동하여 무엇인가 성취한다.
- 강한 지도력과 권위가 있어야 하는 일을 한다.

점액질은 다음과 같은 일을 가장 잘한다.
- 묵상하고 인화 단결하는 직책의 일을 한다.
- 인생의 폭풍우 속에서 위로하는 일을 한다.
- 다른 사람에게는 지루해 보이는 일상적인 일을 한다.

각 기질의 특성을 다시 살피면서, 이러한 지식을 인간 관계를 발전시키는 데 어떻게 사용할 것인지 계획해 보라. 각 기질은 독특한 몸짓, 말하는 법, 행동 양식이 있다. 각 기질들이 어떻게 행동하는지 살펴보라. 그들은 저마다 행동 양식이 다르다는 것을 알게 될 것이다. 이러한 지식을 활용하는 목적은 상대방이 어떤 사람인지 꼬리표를 붙이기 위해서가 아니라, 그들과 좋은 관계를 맺고 그들의 반응을 예측하는 데 도움을 얻기 위해서다.

다혈질

다혈질은 파티에 참석할 때 자신의 말을 경청해 줄 청중을 바라보며 들어온다. 들어오면서부터 큰 소리로 사람들의 주의를 끌고, 항상 손을 흔든다. 자리에 앉아 있을 때는 몸을 비틀거나 발로 바닥을 가볍게 차거나 손가락으로 두드리는 등 그냥 앉아 있지 못한다.

그들은 조용히 앉아서 쉬지 못한다. 항상 새로운 청중을 찾아다니는데, 누군가 재미있는 이야기를 한참 하는 중에도 새로운 사람이 들어오면 그에게로 달려간다. 그들은 자신이 상대의 말을 듣지 않는 무례함을 범했다는 것도 인식하지 못하고, 누군가 이야기를 하고 있는 중이었다는 것도 알아차리지 못한다. 파티 중에도 다혈질은 이 그룹에서 저 그룹으로 돌아다닌다. 그들을 찾고 싶으면 시끄러운 소리가 나는 곳으로 가 보면 된다. 다혈질 여자가 파티 석상에 들어올 때는 다른 사람을 껴안고 키스를 하고 소리를 지르고 큰 소리로 웃어 댄다. 이야기를 할 때면 상대방의 손을 꼭 잡고 다른 곳에 주의를 빼앗기지 않으려 한다. 사람들이 있는 곳에서 큰 소리로 떠들어 대며 생기 발랄한 사람이 있다면, 그는 십중팔구 다혈질이다.

　다혈질은 이야기를 할 때 사실을 있는 그대로 전달하기보다는 재미있게 말하려고 한다. 그래서 듣는 사람들은 재미있게 듣는다. 다혈질과 만나면 당신은 한 가지 결정을 해야 한다. 그의 말을 듣고 싶다면 자리에 앉아 있어야 하고, 당신이 이야기를 하고 싶다면 당신의 말을 가만히 들어 줄 점액질을 찾아가야 한다.

담즙질

　담즙질은 다혈질과 마찬가지로 가만히 앉아 쉬지 못하고, 무엇인가 당장 할 듯한 자세로 의자 모서리에 앉는다. 그러나 담즙질은 자질구레한 이야기로 수다를 떨지 않는다. 그들이 주도권을 잡고 이야기할 내용이 아니라면 전혀 이야기를 하려고 하지도 않는다. 담즙질은 자신이 원하는 것을 보면 다른 사람에게 달라고 부탁하지 않고 거리낌없이 스스로 가서 그것을 취한다.

　담즙질은 모든 것을 다 아는 듯이 행동하며, 상대방이 꼭 알아아

할 것보다 더 많은 것을 이야기한다. 그들은 듣는 사람들이 마치 아무것도 모르는 사람들인 것처럼 바라보며 신이 나서 전문가처럼 이야기한다. 사회 문제에 대해서는 그들의 주장에 반박하지 않는 것이 좋다. 그들은 논쟁하는 것을 좋아하고, 상대가 옳을 때도 어떻게 해서든지 틀리다고 증명하려고 들 것이다. 그의 논리에서 빠져 나온다는 것은 쉽지 않으며, 상대가 검은 것을 희다고 동의할 때까지 끝까지 설득하려 할 것이다. 담즙질은 말할 때 이런 표현을 자주 쓴다:

> 이미 말했잖아.
> 바보같이… 조심해!
> 절대로…
> 분명히…
> 바보나 그런 말을 하지.
> 도대체 어떻게 된 거야?
> 이걸 아직도 몰라?
> 내가 옳았지?

담즙질의 호감을 얻는 일은 간단하다. 그들에게 좀 어려운 질문을 하고, 그들이 답하는 것을 들으면서 감명을 받은 듯한 표정을 지으라. 그들이 강조하는 것에는 머리를 끄덕이라. 그들은 당신을 매우 총명한 사람이라고 기억할 것이다.

우울질

다혈질이나 담즙질의 시끄럽고 당당한 태도와는 달리, 우울질은 매우 조용하고 눈에 띄지 않게 들어온다. 남자는 자신이 들어오는 것을 다른 사람들이 눈치채지 못하기를 바라고, 여자는 자신이 입은 옷이 어울리지 않고 뭔가 잘못되었다고 생각한다. 우울질은 파티를 좋아하지 않고, 파티에 참석해서도 괜히 왔다고 후회한다. 주머니에 손을 넣고 한쪽 구석에서 서성거리면서, 누군가 와서 앉으라고 권하기 전에는 자리에 앉지 않는다. 그들은 다른 사람들의 마음을 상하게 하고 싶어하지 않는다. 다혈질이 아무런 생각 없이 내뱉은 말을 마음속에 깊이 담아 두고, 기분이 언짢아서 그 날 밤에는 아무 말도 하지 않는다. 파티가 끝나면 아내를 끌고서 누구보다도 먼저 밖으로 나가 집으로 돌아가서는, 이렇게 좋은 곳을 놔두고 왜 파티에 갔었는지 모르겠다며 후회한다.

우울질은 칭찬받는 것을 매우 쑥스러워한다. 그리고 칭찬에 대해 이렇게 대답한다:

> 난 정말 이런 일은 잘 못해요.
> 예쁘다고요? 내 머리 모양은 별로 어울리지 않아요.
> 괜한 소리 마세요. 실수 투성인 걸요.

우울질은 부정적인 자화상을 갖고 있으므로 종종 이렇게 말하는 경향이 있다:

> 이 프로젝트는 실패하기 쉬워요.
> 난 절대로 당선되지 못할 거예요.
> 이 일은 처음부터 잘못되었어요.

그들은 내가 위원회에 들어오는 것을 별로 좋아하지 않을 거 예요.
어떻게 말을 해야 할지 모르겠어요.
차라리 집에 있었으면 좋았을 텐데.

우울질은 깊고 의미 있는 대화를 나누기에 좋은 상대이다. 그들은 진지하고 성실하게 대화하는 것을 좋아한다. 큰 소리로 이야기하는 것을 싫어하고, 사람들의 시선을 받는 것도 별로 좋아하지 않는다. 파티에서도 다혈질이 여기저기 돌아다니며 얘기하는 것을 좋아하는 것과는 달리, 우울질은 한 사람과 진지하게 대화하는 것을 좋아한다.

점액질

점액질은 입가에 미소를 머금고 느릿느릿 들어온다. 속으로는 그렇게 중요한 모임도 아닌데 왜 이렇게 많은 사람들이 왔는지 이상하게 생각한다. 그는 모인 사람들을 흘깃거리며 파티 중에 졸리지 않기를 바란다. 그들은 앉을 수 있는데 서 있을 필요가 없고, 누울 수 있는데 앉아 있을 필요가 없다는 생각을 갖고 있다. 그러므로 가장 편안한 소파를 찾아서 몸을 파묻고 앉는다. 그들은 사람들이 모여서 즐기는 그 밤에 긴장을 풀며 편안하게 보내고, 하품을 하며 졸기까지 한다. 만일 점액질이 실수로 대화에 끼게 된다면, 가끔 짤막한 말만 던질 것이다. 사람들은 기억도 못하는 말을 한다.

점액질은 열정적으로 일하기보다는 안일하게 지내는 것을 더 좋아한다. 기를 쓰고 해야겠다고 생각하는 일이 없으므로 무슨 일이든

지 무관심하게 말한다:

> 그게 무슨 상관이에요?
> 잘 되겠지 뭐.
> 별것도 아닌데 너무 흥분하지 맙시다.
> 항상 그래 왔는데 왜 이제 와서 다르게 해야 하나요?
> 뭣 하러 이런 일에 상관하세요?
> 할 일이 너무 많고 복잡한 것 같아요.

점액질은 파티에서 조용히 있는 편이다. 그들은 상대방에게 많은 것을 기대하지 않기 때문에 편안한 면도 있다. 그래서 사람을 있는 그대로 받아들이며 편안해하는 것이다. 당신의 말을 있는 그대로 받아들일 사람과 이야기하고 싶다면, 점액질과 대화를 하라. 당신은 그를 좋아할 것이다.

이제부터는 모임에서 주위 사람들을 잘 관찰해 보라. 다혈질은 만나는 사람마다 손을 잡고 여러 가지 이야기를 할 것이고, 담즙질은 상대방에게 어떻게 하면 사업을 잘할 수 있고 성공할 수 있는지 알려줄 것이다. 우울질 숙녀는 조심스럽게 앉아 있고, 남자들은 그녀의 조용하고 우아한 모습에 끌릴 것이다. 점액질은 안방에 들어가 편안하게 텔레비전을 보면서, 아무에게도 방해받지 않기를 바랄 것이다. 점액질이 꾸벅꾸벅 졸면서, "파티가 그런 대로 재미있네"라고 중얼거린다고 해도 놀라지 말라.

기질에 대해 이해하면, 사회 생활을 할 때도 자신에게 더 적절한 기능을 개발할 수 있고, 다른 사람들과 더 적합한 태도로 대화할 수 있으며, 그들의 긍정적인 면과 부정적인 면도 이해하게 될 것이다. 또한 주위를 보면서 말하는 사람, 행동하는 사람, 생각하는 사람, 관찰하는 사람이 누구인지 알아낼 수 있을 것이다. 우리가 이처럼 서로 다르게 지음을 받았다는 것이 정말 놀랍지 않은가!

> 지혜 있는 자를 가르쳐라 그러면 그가 더욱 지혜로와질 것이다 의로운 사람을 가르쳐라 그의 학식이 더할 것이다
>
> [잠언 9:9 현대인의 성경]

16. 다른 기질과 함께 지내려면…

우리는 각 기질의 강점과 약점을 분석하고, 자기 발전을 위한 프로그램을 진지하게 기도하는 마음으로 시작했다. 이제는 특정한 기질을 가진 사람들과 어떻게 하면 더 좋은 인간 관계를 맺을 수 있는지 살펴보자.

어느 날 프레디가 내게 와서 누나에 대한 불평을 털어놓았다. 우울질 프레디는 마리타가 너무 시끄럽고, 진지하지 못하며, 깔끔하지 않다고 했다.

"누나 뒤를 쫓아다니면서 어질러진 것을 정리하는 일도 이젠 질렸어요."

"하나님이 왜 네게 마리타를 누나로 주셨는지 아니? 네가 다혈질과 함께 사는 훈련을 받게 하시려는 거야. 네가 마리타와 같은 기질의 여자와 결혼할 것을 아시거든."

"누나 같은 여자하고는 절대 결혼 안할 거예요."

프레디는 분명하게 말하고 방을 나갔다. 며칠 후 그 때 이야기는 까맣게 잊고 있는데 프레디가 부엌으로 들어와서 내게 이렇게 말했다.

"엄마 말씀이 맞았어요."

"내가 무슨 말을 했는데?"

"내가 누나 같은 여자하고 결혼한다고 말씀하셨죠? 어쩌면 마리타 누나 같은 사람하고 결혼할지도 모르겠어요. 일주일 동안 내가 좋아하는 여자들을 살펴보았는데, 대부분이 마리타 누나와 같았어요. 그래서 이제부터는 마리타 누나와 잘 지내는 법을 배워야겠어요."

나는 이 말을 마리타에게 하지 않았다. 일주일 후에 마리타는 내게 와서 이렇게 물었다.

"프레디에게 무슨 일이 있어요?"

"왜 그러니?"

"프레디가 무척 친절해졌어요. 심지어 자동차에서 물건을 꺼내 오는 것까지도 도와 준다니까요."

"내가 프레디에게 너 같은 기질의 여자하고 결혼할지도 모른다고 했거든. 프레디가 내 말에 동의했어. 그래서 너를 통해서 연습하고 있는 거야."

우리의 기질이 서로 다르다는 것을 이해하면, 상대방을 있는 그대로 용납하고 그들과의 관계를 더 긍정적으로 이끌어 갈 수 있다.

다혈질과 함께 지내려면…

그들에게는 어떤 임무를 완수한다는 것이 어렵다는 것을 알라

다혈질이 해야 할 일을 끝까지 잘 완수하면 좋겠지만, 그들은 이런 면에서 매우 부족하다. 우리는 이 점을 인정해야 한다. 다혈질은 새로운 생각이나 새로운 일을 좋아하지만, 한번 시작한 일을 끝까지 해

나가질 못한다. 우울질은 이 점을 잘 이해하지 못할 것이다. 그들은 시작한 일은 꼭 마쳐야 하며, 지성인이라면 모두 그렇게 해야 한다고 생각하기 때문이다. 다혈질 아이들은 자신이 맡은 일을 다했는지 끊임없이 확인해야 한다. 그들은 쉽게 다른 일에 정신이 팔리기 때문이다. 그러나 포기해서는 안 된다. 많은 어머니들은 다혈질 자녀에게 일을 시키고 그것을 감독하느니 차라리 자신이 해 버리는 것이 더 낫다고 생각한다. 그러나 그렇게 하면 약점을 더 키워 가는 결과밖에 되지 않는다. 그들은 무엇이든지 적당히만 하면 다시는 하라는 말을 듣지 않게 된다고 배우게 될 것이다.

다혈질 성인들은 덩치가 큰 어린아이와 같다. 마찬가지로 당신이 다혈질을 감독하고 있다면, 그들에게 지시 사항을 명확하게 전달하고 그들이 완수할 때까지 계속해서 점검해야 한다. 다혈질은 그들이 잘하는 분야에서 일하도록 하고, 분초를 다투는 세밀한 일은 맡기지 않는 것이 좋다.

그들은 깊이 생각하지 않고 말한다는 것을 알라

우울질은 사람들이 아무 생각 없이 말을 내뱉는다는 것을 이해하지 못한다. 그러나 다혈질은 생각나는 대로 이야기를 한다. 그들이 의도적으로 그러는 것은 아니다. 그냥 그렇게 태어난 것이다. 어느 다혈질이 내게 이렇게 말했다: "남편은 제 마음을 도무지 예측할 수 없다고 합니다. 내 안에는 이런저런 재미있는 생각이 가득하여, 아무 때나 두서 없이 쏟아져 나온다고 합니다."

그들은 변화와 융통성을 좋아한다는 것을 기억하라

다혈질은 늘 새로운 것을 추구하고, 특히 재미있는 일을 좋아한다. 그들은 일상적이고 단조로운 일에는 그들의 능력을 최대한으로 발휘하지 못한다. 다혈질 여자들은 옷, 파티, 친구, 돈을 좋아하고 무미건조하게 살려고 하지 않는다. 다혈질 남자들은 새로운 직장에서 일하는 것을 좋아하고, 싫증이 나기 전까지는 열심히 일한다. 성실하고 믿음직스러우며 보수적인 배우자를 바란다면 다혈질은 피하는 것이 좋다. 재미와 변화를 추구하고 지루한 것을 싫어한다면 다혈질 배우자를 만나라.

그들이 할 수 있는 일보다 더 많은 일을 맡지 않게 도우라

다혈질은 새로운 생각이나 프로젝트에 매료되기 때문에 종종 자신이 할 수 있는 능력을 벗어난 일이라도 하겠다고 약속한다. 그들은 또한 사람들의 부탁을 쉽게 거절하지 못한다. 무엇을 하겠다고 시도는 잘하지만 일이 어렵게 되면 도망가고 만다. 그들은 할 수 있는 만큼만 일하게 해야 한다. 다혈질과 함께 사는 배우자는 가만히 참고 있다가 마지막에 폭발하는 경향이 있으며, 그렇게 되면 다혈질은 영원히 그 일에서 손을 떼고 말 것이다. 다혈질은 여러 가지 일에 흥미를 느끼고 다른 사람들의 부탁을 거절하지 못한다는 것을 기억하라. 만일 문제가 생기면 폭발할 때까지 기다리지 말고 조기에 합리적으로 해결하라. 다혈질의 재능 때문에 사람들이 그들에게 많은 것을 부탁한다는 것을 칭찬하라. 그들이 앞장서서 해야 하는 일이라도 능력 밖의 일이라면 맡지 않게 도우라. 단, 그들이 모든 활동을 다 포기하지 않게 하라.

그들이 약속과 시간을 지킬 것이라고 기대하지 말라

다혈질은 조직적이지 못하고 시간 관념도 없다. 그러므로 이것에 대해서는 기대하지 말라. 그들이 미리미리 일을 계획한다고 해도 무슨 일인가 일어나게 마련이다. 또 시간에 맞추어 떠난다고 해도 잊은 것이 있어서 다시 돌아가는 경우가 허다하다.

마리타와 프레디는 치과 치료를 받아야 했는데 다혈질 엄마를 둔 그 아이들이 고른 치아를 갖게 된 것은 기적이다. 치과 의사는 항상 치료실에 있었기에 나와 대면할 기회는 없었는데 도대체 그는 마리타와 프레디의 엄마에 대해서 어떤 인상을 갖고 있었을까? 아마도 기억력이 형편 없고, 머리도 나쁘고, 그런데다가 자식은 12이나 둔 불쌍한 부모라고 생각했을 것이다.

다혈질은 아무리 해도 여러 가지 복잡한 일을 조직적으로 하지는 못한다.

그들이 이룬 업적을 칭찬해 주라

다혈질에게는 어떤 일이든지 시간이 걸리는 일은 끝까지 행한다는 것이 어렵기 때문에 항상 다른 사람들의 칭찬과 격려가 필요하다. 다혈질에게 칭찬이 음식과도 같다는 것을 다른 기질들은 이해하지 못한다. 그들은 칭찬 없이는 살아갈 수 없는 자들이다.

프레드와 내가 결혼했을 때, 나는 싱크대 서랍을 깨끗이 치우고 나면 꼭 프레드의 칭찬을 구하곤 했다.

"프레드, 이것 봐요. 싱크대 서랍을 깨끗이 치웠어요."
"그래, 청소할 때가 됐지. 가끔 청소를 해줘야 해요."

이런 정도의 반응으로는 난 청소를 할 흥이 나지 않았다. 그래서 오랫동안 청소를 하지 않기도 했다. 후에 프레드는 내 기질을 이해하고서 나를 어떻게 대해야 하는가를 알게 되었다. 그는 나를 격려한다는 것이 얼마나 중요한지 알게 되었다. 이제는 내가 청소를 하고 나면, 그는 모든 일을 제쳐두고 달려와서는 "야! 정말 깨끗해졌네!"라고 칭찬해 준다. 이렇게 칭찬을 듣고 나면 다시 청소할 기분이 난다.

다혈질 아이들에게는 책망보다는 그들이 한 일을 인정해 주고 칭찬해 주는 것이 필요하다. 바로 지금부터 그들이 행한 작은 일이라도 칭찬해 주라. 그러면 내일 더 큰 일을 행할 것이다!

그들은 주위 환경에 영향을 받는다는 것을 기억하라

어떤 기질보다도 다혈질은 주위 환경의 영향을 받는다. 그들은 주변 상황에 따라서 감정의 변화가 심하다. 그들이 감정의 기복이 심하다는 것을 이해한다면, 그들의 신경질적인 태도에 당신도 같은 반응을 보이지는 않게 될 것이다. 다혈질은 자주 난리나 난 것처럼 호들갑을 떨어 댄다. 어느 다혈질 여인이 부엌에서 있었던 일에 대해 얘기해 주었다. 그녀가 가스렌지 옆에서 일을 하다가 그만 소매에 불이 붙었다. 그녀는 아래층에 있는 남편에게 소리를 질렀다. "도와 줘요, 도와 줘요, 불이 붙었어요!" 그러자 남편은 이렇게 대꾸했다: "시끄러워요! 당신은 항상 호들갑이야. 그냥 끄면 되잖아!"

그들에게 선물을 주라. 그들은 새로운 물건을 좋아한다.

다혈질은 선물을 좋아한다. 그 선물이 꼭 훌륭한 것일 필요는 없다. 어떤 선물을 주어도 다혈질은 좋아할 것이다. 남편 프레드는 내가 깜짝 선물 받는 것을 좋아한다는 것을 알았다. 집에 오는 길에 빵을 사더라도 나를 방으로 불러서 선물이라며 건네 주었다. 나는 그가 건네는 상자를 열어 보면서 내가 빵을 먹고 싶어했다는 것을 그가 기억해 준 것이 고마웠다. 어느 날 남편은 백화점에 갔다가 여러 벌의 옷을 한꺼번에 걸 수 있는 옷걸이를 하나를 사 가지고 와 내게 선물로 주었다. 나는 정말 기분이 좋았다. 우리 집에는 옷걸이가 늘 부족했기 때문이다. 이제 여러 벌을 걸 수 있는 옷걸이가 생겼으니 옷걸이 걱정을 할 필요가 없게 되었다.

다혈질은 어린아이처럼 순진하다. 그들은 늘 재미있게 놀고 싶어 한다.

다른 사람들에게는 당혹스런 일도 그들은 재미있어한다

다혈질은 실수도 재미있는 이야기처럼 말하기를 좋아한다. 그러므로 그들이 그런 이야기를 하거든, 충고하려고 하지 말라. 어느 다혈질 여인이 점심 시간에 사거리에서 겪었던 일이다. 교통 체증으로 모든 차들이 정체해 있었고, 건널목을 지나는 사람들까지도 경찰이 제지를 하고 있었다. 그녀는 담즙질 기질도 가지고 있었기에 시간을 소모하고 싶지 않았다. 그래서 기다리는 동안 가방 속에 있는 것들을 정리하고자 했다. 그녀가 가방 속에 있는 것들을 모두 꺼내어 정차하고 있는 앞 차 위에 쏟아 놓고 이것저것 분류하고 있을 때 교통 체증이 풀려 버리고 말았다. 교통 순경은 차들이 움직이도록 신호를 보냈고, 그녀 앞에 서 있던 차도 신호를 받아 움직였다. 그러자 차 위에 그녀가 쏟아 놓았던 물건들은 사거리 여기저기 흩어져 바람에 날리기 시작했다. 그녀는 흩어지는 물건을 잡으려고 비명을 지르며 뛰어다녔고, 길을 걷던 사람들도 차들 사이로 흩어지는 서류와 빗과 립스틱과 지폐를 주워 주었다. 다행히 그녀는 중요한 것들은 모두 회수할 수 있었다. 우울질 같으면 이런 일을 매우 창피스럽게 생각했겠지만, 그녀는 이 일을 남들에게 이야기하고 싶어서 견딜 수 없었다.

그들은 선한 의도를 가졌다는 것을 알라

다혈질과 함께 지내는 데 있어서 가장 중요한 충고는 그들이 잘못을 했다 하더라도 그 의도는 좋은 것이었다는 것을 기억하는 것이다. 우울질은 다혈질이 나쁜 뜻으로 그런 것이 아니라는 것을 알게 된 것이 큰 도움이 되었다고 말했다. 다혈질은 사람들을 즐겁게 해 주기를 바라고, 또한 인기를 끌고자 한다. 그들은 누구에게도 해를 끼치려고 하지 않는다. 당신이 이 사실을 인정하면 다혈질과 함께 지내면서 다투는 횟수가 훨씬 더 줄어들 것이다.

재미있는 배우자를 얻은 것을 감사하라!

우울질과 함께 지내려면…

그들은 매우 민감하고 쉽게 상처를 받는다는 것을 알라

사람들의 기질에 대해 공부를 하면 좋은 점이 많다. 특히 우리가 대하는 사람들이 왜 그렇게 반응하는지 이해하는 데 도움이 된다. 다혈질이나 담즙질은 그들의 마음속에 있는 것을 아무 생각 없이 말하곤 하는데, 여기에 우울질이 매우 민감하고 쉽게 상처를 받게 된다는 것을 꼭 기억해야 한다.

우울질의 이런 점은 긍정적으로는 그들을 감성적이고 사려 깊은 사람으로 만들지만, 지나치게 되면 쉽게 상처를 받는 사람이 된다. 우울질을 대할 때는 말소리의 크기까지도 조절하라. 그렇게 하지 않으면 그들은 예상치 않은 일로 마음 상할지도 모른다.

만일 상대방이 무슨 일로 상처를 받았다면 그에게 진지하게 사과하라. 당신이 생각 없이 속단하여 말하는 경향이 있다는 것도 말해 주라.

그들에게 염세적인 태도가 있다는 것을 알라

우울질은 삶을 염세적으로 바라본다. 이런 점이 긍정적으로 작용하여 앞날에 일어날 문제에 대해 예측할 수 있게 하기도 하지만, 너무 지나치면 그들은 절대로 행복한 순간이 없는 사람처럼 보이기도 한다.

우울증을 어떻게 극복할 것인지 배우라

우울질은 낙담하기가 쉽다. 당신이 이런 배우자와 함께 산다면 "낙담한 사람과 함께 사는 법"을 알아야 한다. 몇 가지 기본적인 지침을 살펴보자.

1. 다음과 같은 낙담의 증후를 살피라:
   삶에 대한 의욕 상실
   염세주의와 허무함
   다른 사람으로부터 스스로 격리함
   과식이나 식욕 부진
   불면증이나 정신이 몽롱함
   자살을 생각하고 언급함

2. 그들에게는 도움이 필요하다는 것을 기억하라. 당신이 그를 염려하고 상담하려고 해도 그는 마음을 열고 응하려 하지 않을 것이다. 그렇다면 그가 존경하고 그에게 도움을 줄 수 있다고 생각되는 사람과 대화를 나누게 하라.

3. 그들을 억지로 기분 좋게 하려고 하지 말라. 내가 낙담이나 우울증에 대한 지식이 없었을 때, 프레드가 낙심해 있으면 나는 밝은 목소리로 "우리 뭔가 신나는 일을 해 봐요"라고 말하면서 그를 우울한 기분에서 벗어나게 하려고 했다. 그러나 나의 즐거움이 그를 더욱 우울하게 만든다는 것을 배우게 되었다. 그럴 때 두 사람은 우울질이 처해 있는 구덩이 속으로 함께 내려가야 한다. 그를 책망하려 들지 말고 진심으로 이해한다는 것을 알려 주라. 그 후에 한걸음씩 그와 함께 구덩이에서 빠져 나오라.

4. 자신의 감정을 표현할 수 있도록 격려하라. 다혈질이나 담즙질은 우울증이나 낙담 같은 것은 그냥 스위치를 끄면 되는 것쯤으로 여긴다. 낙담한 사람에게 "기운을 내요. 낙담하지 말아요"라는 말이

면 모든 것이 해결되는 것으로 생각한다. 만일 그가 즉시 반응을 보이지 않으면, 그를 내버려 두고 가 버린다. 낙담한 사람은 자신의 감정을 쏟아 놓고, 다른 사람들과의 관계를 돌이켜 보고, 여러 가지 가능한 해결책들을 생각할 시간이 필요하다.

5. 절대로 그들의 문제가 별것 아니라고 말하지 말라. 우울질은 그들이 낙담하는 것이 별 문제가 아니라는 것도, 다른 사람들 역시 그 사실을 알고 그들을 놀려 댈 것도 안다. 그렇기 때문에 그들의 문제를 다른 사람들에게 말하지 않는다. 당신이 그들에게 문제에 대해 말해 보라고 여러 번 간청하면, 그제서야 겨우 입을 열 것이다. 만일 당신이 그들의 말을 듣고 나서 "정말 바보 같구나"라고 말한다면, 그들이 얼마나 상처를 받을 것인지 생각해 보라.

그들을 진지하게, 그리고 사랑하는 마음으로 칭찬하라

우울질은 자신이 남들로부터 사랑을 받는다는 사실에 대한 확신이 없다. 그래서 누군가 그들을 칭찬하면 의아해할 것이다. 다혈질은 사람들의 칭찬 듣는 것을 좋아하기 때문에 욕을 해도 칭찬으로 받아들이지만 우울질은 칭찬하는 말도 욕으로 받아들인다! 다른 사람들이 그들을 칭찬하는 것에 대해 의심하는 또 다른 이유는 그들은 분석적이고, 특히 행복하게 사는 사람들을 의아하게 생각하기 때문이다. 그들은 누군가 칭찬하면 그 이면에는 다른 무엇이 있다고 생각한다. 그러면서도 한편으로 그들은 진심어린 칭찬을 좋아한다. 그들의 내면에는 이처럼 상충되는 요인들이 있으므로, 그들을 순수한 마음으로 칭찬하기란 어려운 일이다. 그러므로 당신은 우울질을 진지하고 사랑하는 마음으로 칭찬해야 하며, 그들이 "그렇게 칭찬하는 속마음은 무엇입니까?"라는 투로 반응을 보일 때도 마음 상해서는 안 된다.

그들은 조용한 시간을 좋아한다는 것을 기억하라

내가 프레드와 결혼하기 전에는 조용히 지내면서 행복할 수 있다는 것을 이해하지 못했다. 나는 하루에 10분만 혼자 있어도 사람들이 나를 좋아하지 않는다고 생각했다. 나는 라디오 방송에 대한 공부를 했는데, 방송 도중에 5초 동안 말을 안하면 해고를 당할 수도 있다고 배웠다. 나는 삶도 이와 같은 관점으로 바라보았다. 항상 말을 해야 하고, 침묵은 권태라고 생각했다. 신혼 여행 동안에도 나는 계속해서 떠들어 댔는데, 프레드로부터 이 말을 듣고 내가 얼마나 놀랐는지 모른다.

"나는 주위가 조용할 때가 가장 즐겁지!"

이것은 내게는 상상조차 할 수 없는 일이었다. 만일 당신이 다혈질이라면, 우울질이 침묵을 좋아한다는 것을 절대로 이해하지 못할 것이다. 그들은 허공을 응시하며, 신선한 공기를 들이마시고, 달빛 아래서 조용히 묵상하는 것을 좋아한다. 당신이 이것을 이해한다면, 민감한 우울질은 당신에게 고마워할 것이다.

스케줄에 따라 행동하라

우울질의 생활 가운데 가장 중요한 것은 스케줄이다. 그들은 자신이 어떤 계획을 따라 어떤 목표를 향해 가고, 그것이 어느 정도 진행이 되었으며, 왜 그 일을 해야 하는지를 알아야 한다. 아무런 방향도 없이 하루를 보낸다는 것은 생각할 수도 없는 일이다. 이런 우울질의 특성을 이해하면, 당신도 스케줄에 따라 행동할 때 그들과의 관계에 발전을 이룰 수 있다는 사실을 알게 될 것이다. 우울질은 아무런 계획도 없이 되는 대로 살지 않는다. 당신이 무계획적으로 산다면, 우울질에게 당신처럼 살라고 강요하지도 말라. 사실 우울질이 옳다. 우리에게는 목표가 있어야 하고, 그 목표를 달성하기 위한 스케줄이 있어야 한다.

주위를 깔끔하게 유지해야 한다

우울질을 낙담하게 하려면 이것저것 모두 쏟아서 주위를 어수선하게 어질러 놓아 보라. 그들은 금새 낙담할 것이다. 다혈질의 경우는 이런 일을 당해도 큰 문제가 안 되겠지만, 그래도 생활에는 질서가 있어야 하므로 다 쓴 물건은 제 자리에 놓고, 주변을 정리하라.

우울질은 완벽한 것을 좋아한다. 어느 우울질은 다혈질 신부에게 이렇게 말했다:

"당신이 얌전하게 자지 않는다면, 내 침대를 따로 하나 마련하겠소."

그들이 가족의 노예가 되지 않게 하라
(우울질 아내를 둔 남편들에게 특별히 중요한 말)

우울질은 완벽주의자들이다. 그러므로 그들의 수준에 미달되는 일들은 받아들이지 못한다. 우울질 엄마들은 모든 집안 일을 자신이 다 하느라고 가족의 노예가 되는 경우가 많다. 엄마가 청소를 완벽하-

게 한다는 것을 눈치챈 아이들은 청소를 대충대충하면서 '이젠 우리에게 시키지 않고 엄마가 다 하시겠지'라고 생각한다. 그들은 이런 엄마에게 만족하며 청소는 절대로 하려고 들지 않을 것이다. 아이들은 청소를 엄마의 일로 여기게 될 것이고, 집안 일에 대해서는 아무 신경도 쓰지 않으며, 삶에 대해서 무책임해질 것이다. 자녀들이 가정 일을 돕도록 훈련해야 한다. 아내가 이 훈련을 시키도록 격려하라. 자녀들이 하는 일에 대한 기대와 수준도 낮추게 하라.

민감하고 감성적인 배우자를 얻은 것에 대해 감사하라!

담즙질과 함께 지내려면…

그들은 천성적으로 지도자라는 것을 인정하라

담즙질과 함께 살아가려면 무엇보다도 먼저 그들은 천성적으로 지도자이며, 본능적으로 무슨 일이든 자신이 주관하려 한다는 것을 이해해야 한다. 점액질은 어쩌다가 한 번씩 결정을 내리지만, 담즙질은 다르다. 우울질은 계획을 세운 후에 그것을 완수하려고 적극적이고 공격적인 행동을 보이기도 하지만, 담즙질은 그들과도 다르다. 다혈질은 놀기를 좋아하고 닥쳐야만 일을 하지만, 그들은 다혈질과도 달라서 사람들을 인도하고 지도하는 일을 천성적으로 좋아한다. 어느 담즙질 남편과 점액질 아내가 있었다. 무슨 일로 남편이 아내에게 소리를 지르고, 아내는 울고 있었다. 아이는 담즙질이었는데, 아이가 엄마에게 와서 이렇게 위로했다: "다음에 아빠가 엄마에게 소리를 지르시면, 엄마도 같이 소리를 지르세요!" 당신이 사람들의 기질을 알고 그 긍정적인 면에 대해 생각한다면, 그것이 극단으로 흘러서 부정적인 영향을 미치게 될 때도 크게 상처를 받거나 놀라지 않을 것이다.

담즙질은 이처럼 강하기 때문에, 그들을 대하는 사람들 역시 그와 비슷한 강도로 말을 해야 한다. 담즙질이 무엇이든지 마음대로 하려고 드는 것은 아니다. 그들은 상황에 맞는 합리적인 해결책을 즉시 알아내고, 당신도 이 합리적인 해결책을 안다고 가정하는 것뿐이다. 그들의 사고 방식을 알게 되면, 당신은 담즙질 앞에서도 당신의 주장을 굳건히 내세울 수 있을 것이다. 그들은 이런 당신을 좋아하고 존경하게 될 것이다. 담즙질이 당신을 마음대로 주장하게 내버려 두면, 그들은 다음 번에도 계속 그렇게 할 것이다.

쌍방 대화를 고집하라

담즙질은 사람을 지배하고 다스리려는 경향이 있다. 그러므로 담즙질 배우자는 가정에서 자신의 주장을 내세우기가 어렵게 된다. 그렇다고 할지라도 담즙질 남편이나 아내와는 쌍방 대화를 고집해야 한다. "고집"이라는 말이 너무 강하게 들릴지도 모르겠지만, 담즙질과 대화하는 데는 고집을 부릴 필요가 있다. 그렇지 않으면 그는 당신과 상의하려고 하지 않고 당신에게 그저 지시만 내리게 될 것이다.

때로 나는 담즙질 남편을 둔 아내들에게 이런 제안을 한다: "남편이 하는 말을 끝까지 다 듣고, 그의 말에 고맙다고 말한 후, 3분 동안 그의 말에 반박할 시간을 달라고 하라." 만일 아내가 간단 명료하고 단호하게 자기 의견을 주장한다면 남편은 아내의 말에 귀를 기울이게 될 것이다.

담즙질이 당신에게 감정이 있는 것은 아니라는 사실을 기억하라

담즙질은 그들이 생각하는 바를 다른 사람의 감정을 고려하지 않고 즉시 말해 버리기 때문에 종종 상처를 주기도 한다. 담즙질이 다른 사람들에게 상처를 주고자 하는 의도는 절대로 아니다. 이것을 알게 된다면 그들이 하는 말을 더 잘 받아들일 수 있고, 그들의 말로 인해서 당황한다거나 기분 상하지 않을 것이다.

어느 날 담즙질이 내게 와서 이렇게 말했다: "옷이 참 아름답습니다. 하지만 너무 그 옷만 입고 다니시는 것 아니에요?" 이 말을 듣고 내가 집에 가서 그 옷을 불살라 버리지는 않았다. 그녀가 내 마음을 상하게 하려고 한 말은 아니었고 다만 그녀의 마음에 있는 것을 말했을 뿐이다.

쓸데없이 위험한 짓을 하지 말라

당신이 담즙질과 무리 없이 지내고 있다면, 괜한 문제를 야기시키거나 부정적인 반응이 나올 수 있는 일은 하지 말라. 어린아이들은 어려서부터 담즙질 부모에게 야단맞을 일을 일부러 자초해서는 안 된다는 것을 배운다.

어느 날 나는 다혈질 손자 조나단과 통화를 하고 있었는데, 전화기를 통해 뒤쪽에서 소동이 벌어졌다는 것을 알 수 있었다. 나의 담즙질 딸과 손자가 다투고 있었다.

"조나단, 무슨 일이지?"

"엄마가 브라이언에게 고함을 치고 있어요."
"엄마 기분이 많이 상했니?"
"내가 아니고요, 브라이언이에요."
"다른 아이들은 뭘 하고 있니?"
그러자 10살 난 조나단은 매우 지혜롭게 대답했다.
"모두 그곳에 몰려가 있어요. 하지만 난 무슨 일인지 보러 가지 않을래요. 위험한 곳에 뭐하러 가겠어요?"

책임을 지는 분야를 분담하라

담즙질과 다투지 않기 위해서는 가정에서 서로 어떤 임무를 맡을지 논의하는 것이 좋다. 프레드와 나는 부엌 도구를 어디에 걸 것인가와 같은 간단한 것까지도 의견이 맞지 않았다. 나는 부엌만큼은 내 마음대로 해야 한다고 생각했고, 부엌 도구들을 예쁘게 보이는 곳에 걸어 두고 싶었다. 그러나 프레드는 사용하기 편리한 곳에 두고자 했다. 우리가 이런 사소한 문제에 대해 이야기를 나누면서, 나는 매일 아침 식사를 그가 준비한다는 것을 생각하게 되었다. 만일 그가 원하는 대로 손이 닿는 곳에 도구들을 걸어 두지 않으면, 아침에 계란 후라이를 제대로 먹을 수 있을 것 같지 않았다.

나는 여행을 많이 한다. 그래서 이전에 나누어 맡았던 역할을 바꾸어야 했다. 지금은 프레드가 시장을 보고, 냉장고에 먹을 것을 채워 둔다. 그래서 내가 집에 돌아오면 항상 먹을 것이 있다. 담즙질인 나는 서슴없이 일하고 가장 실질적으로 계획한다. 그러나 만일 해야 할 임무가 분명치 않으면 그와 다투게 된다.

담즙질은 남에게 동정심을 보이지 않는다는 것을 명심하라

담즙질은 실제적인 일에 관심을 갖고 행동하는 사람들이다. 그들은 감정적인 사람들이 아니다. 그러므로 아픈 사람을 불쌍히 여긴다거나 미운 사람까지 사랑한다거나, 환자에게 병문안 가는 일은 잘 못한다. 상대방이 감정적인 위로를 받아야 할 때도 담즙질은 이런 데는 관심을 두지 않는다. 그들이 치사하다거나 잔인해서 그런 것은 아니다. 그들은 다만 상처받은 사람들을 보고도 불쌍한 마음이 들지 않을 뿐이다. 담즙질은 사람들을 동정하는 마음을 갖도록 노력해야 한다. 그러나 그들에게 이런 일이 쉽지 않을 것이라는 점을 이해하면 그들과 관계를 유지하는 데 도움이 될 것이다.

어느 담즙질 목사님은 교우들에게 이렇게 선포했다: "여러분이 아파서 병원에 입원하게 되면, 저는 병문안을 한 번만 갈 것입니다. 그 다음에는 본인이 다 알아서 하십시오."

담즙질은 항상 자신이 옳다고 주장한다는 것을 기억하라

담즙질은 어려서부터 자신들이 옳다고 주장한다. 나의 담즙질 손자 브라이언이 아빠 프레드와 함께 놀고 있었다. 브라이언은 당시 세 살이었는데, 놀이 규칙을 지키지 않았다. 프레드는 우울질답게 어린 아이라도 규칙을 따라야 한다고 생각하고, "브라이언, 그렇게 하면 안 돼"라고 지적했다.

브라이언은 이에 질세라 "내가 잘못한 것이 아니에요. 내가 옳아요"라고 응수했다.

담즙질은 본능적으로 판단력이 뛰어나다. 어떻게 해야 할지 망설여질 때는 담즙질이 어떻게 하는지 주의 깊게 살펴보라.

판단력 있고 능력 있는 지도자와 함께 사는 것에 대해 감사하라!

점액질과 함께 지내려면…

그들에게는 동기 부여가 필요하다는 것을 기억하라

　담즙질 부모가 점액질 자녀를 이해한다는 것은 매우 어려운 일이다. 담즙질은 무슨 일에든지 열정이 있고 목표를 향해 나아가기 때문에, 자녀가 미련하지도 않은데 동기 부여가 되지 않는다는 것을 이해하지 못한다. 자신의 자녀도 마땅히 자신처럼 적극적인 사람이 되어야 한다고 생각하기에, 담즙질 부모는 점액질 자녀의 기를 꺾고 아이를 인생의 패배자로 만들기가 쉽다.

　어느 유명한 외과 의사가 내게 와서, 그의 아들이 "소극적이고 게으르고 개성도 없다"고 했다. 우리는 이 문제에 대해 함께 이야기했는데, 문제는 부모에게 있다는 것을 알았다. 그는 고압적이고 자부심이 매우 강했는데, 그의 이런 점이 자녀로 하여금 더욱 소극적이고 게을러 보이게 만들었을 것이다. 그는 이렇게 말했다: "난 아들에게 동기를 부여하고자 노력합니다. 아이가 그냥 앉아 있는 것만 봐도 '빈둥거리지 말고 일어나! 이제 일을 해야지!' 라고 합니다."

　아이에게 이렇게 말한다면, 그에게 어떤 일이 일어날 것인지는 짐작할 수 있을 것이다.

　점액질은 인간성 좋고, 함께 지내기에도 좋은 사람이다. 그러나 그들에게는 동기 부여가 필요하다. 부모나 배우자는 그들이 목표를 세우도록 도와 주어야 하고 격려해야 한다. 우리가 대하는 어떤 사람이 점액질이라는 것을 알게 되면, 그들은 동기 부여가 필요한 사람이라는 것을 생각해야 한다. 그러므로 상대가 자녀든지 배우자든지 함께 일하는 동료든지 간에 그들을 깔보거나 자기 뜻대로 판단하여 조금 있는 열심마저 꺾어 버리는 것이 아니라, 그들을 붙들어 주고 격려하고 지도해 주어야 한다.

그들이 목표를 세우도록 돕고 잘했을 때는 상을 주라

내가 초등학교에 다닐 때 선생님은 우리에게 잘한 일이 있으면 별 모양의 스티커를 붙여 주셨다. 나는 이 스티커가 내 이름 아래 붙어 있는 것이 좋았다. 그래서 내 이름 아래 한 줄 가득히 붙이기 위해 뭐든지 열심히 했다.

성인이 된 후에도 이와 같은 격려는 필요하다. 점액질이 목표를 설정하고 이것을 달성하기 위해 지속적으로 노력하도록 도와야 한다. 점액질 아이들에게는 자신이 해야 할 일들을 표로 만들어 주고, 이것을 실천했을 때는 거기에 표시를 하도록 칸을 만들어 주면 효과가 있다. 점액질 아내에게는 가족들이 그녀가 한 일들을 인정해 주고 고마워하면 집안 일을 더욱 잘할 것이다. 점액질 남편은 맛있는 저녁 식사나 간식이 준비되었다는 것을 알면, 세차나 차고 청소에 더 흥을 낼 것이다.

점액질은 목표를 달성할 수 있다. 그러나 그들은 기질상 멀리 내다 보고 생각하지 않는다. 점액질과 함께 사는 경우라면, 먼저 그들이 목표를 세워 놓고 일을 하면 더 많은 것을 이룰 수 있다는 것을 설명해 주라.

터널 끝에 빛이 보이면, 아무리 길고 어둡더라도 기어 나갈 수 있다.

그들에게서 열정을 기대하지 말라

다혈질과 담즙질은 무엇을 하든지 듣는 사람들이 열정을 낼 것으로 기대하는데, 점액질이 흥미를 보이지 않으면 마음 상한다. 점액질이 일에 흥미를 느끼거나 열정을 내는 성미가 아니라는 것을 이해하면, 우리는 그들이 새로운 생각이나 일에 기쁨으로 뛰어들지 않는다고 해도 쉽게 용납할 수 있을 것이다.

기질을 공부하면서 얻는 유익 중의 하나는, 우리가 다른 사람들에 대해서 갖게 되는 기대감을 포기할 수 있다는 것이다. 기질에 상반되는 점을 기대한다는 것은 무리인 경우가 많다. 점액질 조는 하루를 시작하면서 "아, 오늘은 또 하루를 어떻게 보내나… 비가 오겠네"라고 했다. 담즙질 캐롤린은 "비가 온다고? 그럼 정말 좋겠네. 당신도 실망하지 않을 거예요"라고 했다.

그들은 일을 지체함으로써 다른 사람을 자기 식으로
조종하려 한다는 것을 알라

점액질은 담즙질 배우자에게 눌리는 수가 많으므로 자신을 방어하기 위해 일을 지체하는 경우가 많다.

점액질인 제임스는 자신이 무슨 일이든 미루기를 잘한다고 내게 말했다: "나는 마지막 순간까지 기다리다가 시간이 임박해서야 서둘러 일을 하는 경향이 있습니다." 이 말을 들은 담즙질 아내 제인이

즉시 이렇게 말했다: "당신 말이 옳아요. 당신은 마지막 순간까지 기다려요. 당신과 살면서 서둘러서 일하는 것은 한번도 보지 못했어요!" 그들은 내 앞에서 다투기 시작했다. 그 집 지하실에는 울타리를 치기 위해 사 놓은 목재가 아직도 그대로 남아 있고, 수영장 덮개는 포장을 뜯지도 않은 채고, 차고에는 빛을 전혀 보지 못한 화분이 죽어 있다며 제인이 흥분하여 목소리가 높아지려고 하자 제임스는 조용한 목소리로 빈정댔다: "바가지 좀 그만 긁어. 계속 그러면 아무것도 해 주지 않을 거야."

그들이 스스로 결정하도록 강요하라

점액질은 결정을 내릴 능력이 있다. 그러나 그들은 다른 사람들이 결정하게 하여 그들과의 마찰을 최소화하려고 한다. 그들은 논쟁하는 것을 싫어하므로 평지 풍파를 일으키려고 하지 않는다. 이처럼 중도를 걷는 것이 사회적으로 다른 사람들에게 해를 끼치지 않는 바람직한 일이기도 하다. 그러나 적어도 가정과 같은 삶의 현장에서는 점액질도 결정을 내려야 하며, 이것은 중요한 일이다.

자녀들에게도 "아무래도 상관 없어요"라는 식의 태도는 용납하지 말라. 아이들이 일의 양면을 보고 결정을 내리도록 훈련을 시키라. 나중에 성인이 되어서 어떤 일에 대해 평가하고 결정을 내리는 것이 얼마나 중요한지 설명해 주라.

부부 간에도 점액질은 가정 문제에 대해 함께 이야기하고 함께 해결해 나가야 한다. 당신이 자기 주장이 강한 사람이라면, 점액질 배우자에게 책임을 지도록 임무를 맡기고 당신은 거기서 손을 떼야 한다. 점액질이 결정을 내리지 않는 이유는 결국에는 상대방이 자기 마음대로 할 것을 알기 때문이다. 점액질이 무슨 일에 단호한 결정을 내리도록 도우려면, 결과가 어떠하든 간에 일단 그에게 일을 맡겨야 한다. 이렇게 살아간다는 것은 담즙질에게는 매우 힘든 일일 것이다. 담즙질은 잘못된 일이 있으면 즉시 개입하여 고쳐 버리기 때문이다. 담즙질이 이런 식으로 계속 행동하면, 점액질 배우자는 가정에서 어떤 일에도 주도권을 잡고 책임 있게 일하려 하지 않을 것이다.

그들에게 책임을 전가하거나 비난하지 말라

점액질은 조용히 현상을 받아들인다. 그래서 그들은 누군가에게 책임을 전가하려는 사람들의 희생물이 되기가 쉽다. 나는 담즙질의 성급한 결정으로 인해 막심한 피해가 났을 때, 그들이 점액질에게 책임을 전가하는 것을 많이 보았다. 당신도 이런 면에서 잘못이 없는지 돌이켜 보라. 당신의 잘못을 다른 점액질에게 떠넘기지는 않았는가?

점액질이 쏟아지는 비난을 그대로 받아들일지는 모르겠지만, 그 결과 그들의 자존감은 더욱 낮아지고, 당신과의 관계에 있어서 더욱 소극적으로 물러서게 되고, 마침내는 어떤 일에도 책임을 지지 않게 된다.

만일 당신이 지금 점액질에게 모든 책임을 전가하고 비난한다면, 후에 모든 책임은 당신이 져야 하고 그 모든 비난도 당신이 받게 될 것이다.

그들로 하여금 책임감 있게 일을 받아들이게 하라

다혈질은 많은 일에 책임을 지고 대표나 회장직을 맡는 경향이 있다. 그들은 무슨 일에든지 거리낌없이 참여하기 때문이다. 담즙질은 모든 일을 자기 마음대로 하려는 경향이 있다. 그러나 점액질에게는 행정 능력이 있고 다른 사람들과 잘 어울리는 면이 있지만, 책임을 져야 하는 일은 피하려고 한다. 그들은 사람들과 함께 잘 어울리므로 책임감 있게 일을 감당하도록 격려해야 한다. 그들에게 탁월한 행정 능력이 있다고 할지라도 승진 기회를 포기하는 경향이 있다. 그것은 자신이 부적합하다고 느끼기 때문이다. 이렇듯 그들은 무슨 일이든지 책임을 지는 일은 피하려고 한다.

그들의 "아니오"라는 말을 그대로 받아들이지 말라. 그들이 일을 할 수 있고 지도자로서 능력도 있다는 것을 계속해서 인정해 주라. 다른 사람들과 잘 조화를 이루고, 침착하게 결정하며, 인간 관계에서 일어나는 문제들을 효과적으로 해결할 수 있는 사람보다 더 적합한 회장감이 어디 있겠는가?

평안한 성품을 가진 배우자를 얻은 것에 대해 감사하라!

다른 사람들과 어울려 잘 지내고 싶은가? 그렇다면 친절보다 더 좋은 비법은 없다.

> 친절한 말은 꿀송이와 같아서 마음을 흐뭇하게 하고 건강에도 좋다
>
> [잠언 16:24 현대인의 성경]

제 5 부

기질의 능력
가능성을 실현하기 위한 능력의 원천

17. 기질에 그리스도의 능력을 더하면 긍정적인 사람이 된다!

　이 책의 제1장에서는 자기 발전을 이루기 위한 여러 가지 훈련 프로그램들이 있음에도 불구하고 왜 사람들은 쉽게 변하지 않는지에 대해 의문을 제기했다. 그 한 가지 이유는 대부분의 프로그램이 사람마다 기질이 다르다는 것을 고려하지 않기 때문이다. 이러한 프로그램들은 담즙질을 위해서 담즙질이 가르치는 경우가 많다. 이러한 자기 발전 프로그램에 사람들은 어떤 반응을 보일까?

　담즙질은 앞장서서 지도하기를 좋아한다. 그들은 새로운 목표와 새로운 계획을 세우고, 사람들에게 자신이 옳다는 것을 나타내려고 한다. 자기 발전을 위한 훈련 프로그램을 살펴보고 자신에게 어떤 이익이 있을 것이라고 생각되면, 그들은 즉시 이 일에 달려들 것이다.

　다혈질 또한 자신이 조직적인 사람으로 변할 수 있다는 가능성을 보고서 열정을 갖게 될 것이다. 그들은 거창한 꿈을 꾸고, 그 꿈을 이루기 위해 자기 개발을 하고자 한다. 그러나 정작 이러한 과정을 시작하기는 쉽지 않다. 그들이 이런 과정에 참여하려고 마음먹었을 때는, 기록해 둔 자료를 상실한 지 이미 오래일 것이다.

　우울질은 자기 발전에 필요한 것을 기록하고, 그 프로그램에서 제시하는 모든 것을 분석해 볼 것이다. 또한 그것을 따를 때의 유익한 점이 무엇인지 평가할 것이다. 실제적인 부분은 몇 가지 실험도 해 볼 것이다. 그러나 자기 자신을 통째로 바꾸어야 한다는 것에 낙담하게 될 것이다.

점액질은 자기 발전을 위한 프로그램에서 몇 가지 유익하고 쉬운 일은 긍정적으로 받아들이겠지만 세미나의 전 과정은 너무 버거워하고, 도저히 감당할 수 없는 것으로 여길 것이다.

죄의식에서 자유함을 누리라

많은 사람들이 자기 발전을 위한 프로그램에 참여하면서, 자신은 소위 말하는 "정상적인 방법"으로는 발전을 이루지 못한다고 생각하고 죄의식에 빠진다. 그러나 기질이 서로 다른 사람들이 정해진 프로그램에 서로 다르게 반응한다는 것은 당연한 일이다. 기질에 대해 수년 동안 사람들을 가르치면서, 그들이 이 사실을 알고서 죄의식에서 자유함을 누리게 되는 것을 많이 보았다.

다혈질은 더 조직적인 사람으로 자기 발전을 이루어야겠지만, 모든 것을 체계적으로 잘 정리하지 못한다고 해서 죄의식을 느낄 필요는 없다. 우울질도 더 여유 있는 삶을 살도록 노력해야겠지만, 하루아침에 다혈질처럼 명랑하게 변하지 않는다고 죄의식을 느낄 필요는 없다. 점액질은 더 열정적으로 행동하는 자가 되어야 겠지만, 마음속에서 열정이 샘솟듯 솟아나지 않는다고 죄의식을 느낄 필요는 없다. 담즙질 역시 자신에게 유익한 것은 취하고 나머지는 모두 버리면서도 죄의식을 느낄 필요는 없는 것이다. 그러나 담즙질은 사람에 따라 기질의 차이가 있다는 것을 기억하고서, 자신의 역할을 제대로 수행하지 못하거나 그들을 따르지 않는 사람들을 조롱하고 비웃어서는 안 된다.

영적 에너지를 찾으라

사람들이 자기 발전을 위한 훈련 프로그램에 참여하면서도 지속적인 변화를 이루지 못하는 또 한 가지 이유는 초자연적인 변화를 이룰 수 있는 능력이 우리 안에는 없기 때문이다. 우리는 "영적" 에너지가 필요하지만, 대부분의 사람들은 그 에너지를 어디서 구할 수 있는지 모른다. 어떤 사람들은 기도문을 외우기도 하고, 기부금을 내기도 하며, 자선 사업을 하기도 하고, 히말라야로 순례 여행을 떠나기도 하지만, 그런다고 해도 내적 변화는 일어나지 않는다.

우리 부부는 뇌 손상을 입은 두 아들을 잃고서, 무엇인가 의미 있는 일을 찾고 있었다. 겉으로 보기에 우리는 성공적인 삶을 살고 있었지만, 내적으로는 깊은 상처를 안고 있었다. 삶의 의미를 찾던 중 프레드는 학교에서 종교에 대한 서적을 읽기 시작했고, 우리는 기독교 안에서도 신뢰할 만한 좋은 교단을 찾아야겠다고 마음먹었다. 종교나 교단이 우리를 변화시킬 수 없다는 것을 우리는 알지 못했다. 그런데 감사하게도 우리는 각자 다른 곳에서, 다른 때에 예수 그리스도께서 우리를 변화시키신다는 것을 알게 되었다. 진정으로 우리를 변화시킬 수 있는 "영적" 에너지를 발견한 것이다: "영접하는 자 곧 그 이름을 믿는 자들에게는 하나님의 자녀가 되는 권세를 주셨으니"(요한복음 1:12).

우리는 "권세", 즉 에너지를 얻은 것이다. 우리는 예수 그리스도를

"믿고", 그분을 마음속에 "영접"했다. 우리는 로마서에서 우리가 나아가야 할 방향을 발견할 수 있었다.

> 그러므로 형제 여러분, 내가 하나님의 자비를 생각하며 권합니다 여러분의 몸을 하나님이 기뻐하시는 거룩한 산 제물로 드리십시오 이것은 여러분이 드릴 영적 예배입니다 여러분은 이 세상을 본받지 말고 마음을 새롭게 하여 변화를 받으십시오 그러면 하나님의 선하시고 기뻐하시고 완전하신 뜻이 무엇인지를 알게 될 것입니다
>
> [로마서 12:1-2 현대인의 성경]

너희 몸을 드리라

우리는 하나님께 모든 것을 드려야 한다. 우리의 몸, 시간, 마음, 영혼, 기질, 강점, 그리고 약점까지도 드려야 한다. 그리고 이렇게 고백해야 한다: "주여, 여기 나의 모든 것이 있습니다. 모두 주의 것입니다. 당신이 원하시는 대로 나를 빚으소서."

이 세대를 본받지 말라

하나님께 이렇게 기도하라: "내 눈이 이 땅의 것만 바라보지 말게 하소서. 이 세상의 재물과 명예는 일순간에 지나가 버린다는 것을 알게 하소서."

마음을 새롭게 함으로써 변화를 받으라

여기에 소망이 있다. 여호와의 성령이 나의 마음을 새롭게 하고 변화시킬 수 있다. 나의 모든 삶을 하나님께 맡기고, 내 삶의 목표를 육적인 것에서 성령의 뜻을 따라 살기로 바꾸고, 여호와께서 내 피곤한 마음을 새롭게 하시도록 간구하면, 그 때에 우리는 하나님의 뜻을 "분별"할 수 있게 된다. 이 세상의 것이라도 우리가 모르는 것이 많다. 그런데 성경은 하나님의 뜻을 추측하거나 소망하는 것이 아니라, "분별"할 수 있다고 했다: "하나님의 선하시고 기뻐하시고 온전하신 뜻이 무엇인지 분별하도록 하라"(로마서 12:2).

"하나님께서 내 생애를 통해서 무엇을 하기 원하시는지 내가 알 수 있다는 말인가요?"

그렇다. 당신은 하나님의 온전하신 뜻을 알 수 있다. 프레드와 나는 성경과 기질을 함께 공부하기 시작했고, 성경에서도 사람의 기질에 대한 것을 배울 수 있다는 것을 알게 되었다. 우리 부부는 상대방을 나와 같은 사람으로 바꾸려고 노력해 왔지만 성경을 보면서 하나님께서는 우리를 있는 그대로 받아 주시고 격려하신다는 것을 깨달았다. 성경 어디를 보아도 내가 프레드의 행동에 책임을 져야 한다는 말씀은 없었고, 프레드가 나의 행동을 판단할 수 있다는 말도 없었다. 성경은 우리에게 자신의 행동을 살펴보라고 말씀하지만, 다른 사람을 살피고 판단하라고 하지는 않는다.

> 각각 자기의 일을 살피라(갈라디아서 6:4).
> 사람이 자기를 살피고 그 후에…(고린도전서 11:28).
> 너희 자신을 시험하고…(고린도후서 13:5).

여호와여, 나를 살피시고 시험하셔서 내 마음의 생각과 동기를 알아보소서(시편 26:2 현대인의 성경).

하나님이시여, 나를 살피시고 내 마음을 아시며 나를 시험하셔서 내 생각을 아소서. 나에게 무슨 악한 행위가 있는지 보시고 나를 영원한 길로 인도하소서(시편 139:23-24 현대인의 성경).

우리는 기질에 대해 연구하면서 자신의 마음을 살피고 자신을 시험하기 시작했다. 또한 부부들을 집으로 불러서 우리가 알고 있는 지극히 작은 것들을 함께 나누기 시작했다. 우리 자신의 삶에서, 그리고 다른 사람들의 삶에서 변화가 일어나는 것을 우리는 분명히 체험했다.

우리는 각자 독특하고 유일한 존재이다

하나님은 우리를 똑같은 복제품으로 만들지 않으셨다. 우리는 각자 독특하고 유일한 존재이다. 사도 바울은 우리 자신을 살펴보고 하나님께서 우리에게 무엇을 선물로 주셨는지 알아야 한다고 했다. 또한 하나님은 우리의 의지와 그분의 능력으로 우리의 약점을 극복하기를 바라신다. 바울은 우리를 몸에 비유했다. 그리스도께서 몸의 머리가 되시고 우리는 그 지체가 된다.

그리스도의 지도를 통하여 온 몸이 완전하게 서로 조화되고 각 지체가 그 기능대로 다른 지체를 도와서 온 몸이 건강하게 자라고 사랑으로 그 몸을 세우게 되는 것입니다

[에베소서 4:16 현대인의 성경]

하나님은 각 사람을 다르게 만드셨다. 그래서 우리는 각자 자신만의 역할을 수행할 수 있다. 우리들 중의 어떤 사람들은 '발'로 만드셔서 움직이고, 행정적인 일을 하고, 일을 끝까지 완수하게 하셨다. 이들이 바로 담즙질이다. 어떤 사람들은 '마음'으로 만드셨다. 그래서 깊이 생각하고, 느끼고, 글을 쓰게 하셨는데, 이들이 바로 우울질이다. 어떤 사람들은 '손'으로 만드셔서 섬기고, 위로하는 역할을 하게 하셨는데, 이들이 점액질이다. 또한 어떤 사람들은 '입'의 역할을 하도록 만드셨다. 그래서 말하고, 가르치고, 격려하게 하셨는데, 이들이 다혈질이다.

> 그러나 하나님은 자기가 원하시는 대로 한 몸에 여러 가지 다른 지체를 두셨습니다
>
> [고린도전서 12:18 현대인의 성경]

만일 하나님께서 우리 모두를 다혈질로 만드셨다면, 우리는 모두 재미있게 살겠지만 이루는 것은 별로 없었을 것이다. 우리 모두를 우울질로 만드셨다면, 우리는 모두 조직적으로 일하겠지만 별로 명랑하고 즐겁게 살지는 못했을 것이다. 또 우리 모두를 담즙질로 만드셨다면, 우리는 모두 지도자가 되고 따르는 자들은 아무도 없었을 것이다. 우리 모두를 점액질로 만드셨다면, 평화로운 세상에서 살 수는 있었겠지만 삶에 대한 열정은 없었을 것이다.

몸이 제대로 활동하려면 각 부분이 제 기능을 발휘해야 하는 것처럼, 우리들도 각각 제 기질을 따라 자신의 기능을 다해야 한다. 각자-

가 자신의 역할을 잘 감당할 때 조화로운 세상이 될 것이다.

예수 그리스도가 없이는 완전할 수 없다

몸의 지체들이 각각 제 기능을 발휘한다고 해서 모든 문제가 해결되는 것은 아니다. 몸의 지체를 통제하는 머리가 있어야 한다. 이처럼 머리 되신 예수 그리스도께서 우리들을 통제하셔야 한다. 만일 그리스도께서 통제하지 않으신다면 어떻게 되겠는가? 다혈질은 말하고, 우울질은 생각하고, 담즙질은 행동하고, 점액질은 중재하겠지만, 이들이 아무런 영적 분별력도 없이 이런 일을 한다면 어떻게 되겠는가? 어떤 일관성 있는 목표도 발견하지 못할 것이고, 아무것도 이루지 못할 것이다. 각 개인이 올바로 제 기능을 발휘하려면 그리스도께서 우리 가운데 계셔야 한다.

나는 이 원리를 두 아들을 통해서 배웠다. 나의 두 아들은 뇌에 손상을 입었다. 그러나 그들은 모두 겉으로 보기에 아름다운 아이들이었다. 맑고 푸른 눈, 갈색 머리, 오똑한 코, 보조개가 있는 뺨… 그리고 팔과 다리도 모두 정상이었다. 그러나 그들의 두뇌는 정상적이지 못했다. 그들의 지체는 모두 정상이었지만, 이것들을 조종하고 통제하는 두뇌에는 문제가 있었던 것이다. 그들에게는 눈이 있었지만 보지 못했고, 귀가 있었지만 듣지 못했으며, 손이 있었지만 아무것도 만질 수 없었고, 다리가 있었지만 걸을 수가 없었다. 겉으로 보기에는 아무 문제 없이 아름다워 보였지만, 두뇌가 없었기 때문에 아무런 활동도 할 수 없었다.

우리들 중에서 많은 사람들이 내 아이들과 같다. 겉으로 보기에는 아무 문제도 없어 보인다. 그러나 그리스도께서 우리의 머리가 되어 주시지 않으면 우리는 제대로 우리의 기질을 발휘할 수 없게 된다. 바울은 이렇게 말했다.

> 내가 원하는 것은 그리스도를 바로 알고 그분의 부활의 능력을 체험하며 그분의 고난에 참여하고 그분의 죽음을 본받아 어떻게 해서든 나도 부활하는 것입니다
> [빌립보서 3:10-11 현대인의 성경]

당신의 가장 좋은 친구

당신에게는 너무나 사랑스러워서 늘 함께 있고 싶고 날마다 더 알아 가고 싶은 그런 친구가 있는가? 함께 있으면 인생이 밝게 느껴지고 힘이 나는 그런 친구인가? 그가 어려움을 당하고 있으면 그의 짐을 대신 지고 어떤 희생을 치르더라도 돕고 싶은 마음이 있는가? 그를 항상 바라보며 가까이 지내기에 그 사람의 모습을 닮아 가고 있지는 않는가? 예수 그리스도께서는 당신과 그런 관계를 맺고 싶어하신다. 그분은 당신이 그분의 말씀을 읽고 그분과 대화를 나누고 그분을 더 알아 가기를 바라신다. 그분은 당신이 그분의 능력을 힘입어 당신의 약점을 극복하게 되기를 바라신다. 그분 역시 당신처럼 고통을 당하셨기에 당신의 마음을 다 아신다. 그분은 당신과 함께 많은 시간을 보내고, 당신이 그분을 닮아 가기를 원하신다.

그분을 닮아 간다면, 당신은 능력을 더욱 발휘할 수 있고 약점을 극복할 수 있게 된다. 예수께서는 각 기질의 가장 좋은 점들을 다 갖고 계시기 때문이다. 그분은 이 땅에 계실 때 다혈질처럼 이야기

를 잘하는 재능이 있었고, 우울질의 사려 깊은 마음과 민감함도 있었으며, 담즙질의 행정 능력도 있었고, 점액질의 평화로운 성품도 있었다.

예수 그리스도께서는 지금도 그분을 믿는 사람들 중에 살아 계신다. 그러므로 당신이 자신의 발전을 이루고 싶다면, 그분의 능력을 힘입어야 한다. 그리스도의 능력만이 이것을 가능하게 하기 때문이다. 당신의 기질에 그리스도의 능력을 더하면 성공적인 사람이 된다!

정말 여호와께서 우리를 위해 큰 일을 행하셨으니…
[시편 126:3 현대인의 성경]

부록: 기질 테스트에 나오는 단어들의 정의

여기 나오는 내용은 라나 베이트먼(Lana Bateman)의 「기질 유형」(Personality Patterns, Huntington House, Inc., Lafayette, LA)에서 참조한 것이다.

강점

1. **모험적인**: 새롭고 도전적인 일을 꼭 이루고야 말겠다는 결심으로 시작하는
   융통성 있는: 어떤 상황에서도 편안하게 잘 어울리는
   생동감 있는: 손이나 팔을 활발하게 사용하고 표정에 생기가 있는
   분석적인: 어떻게 해야 적합한지 세세한 부분까지 살펴보기를 좋아하는

2. **끈기 있는**: 한번 시작한 일은 끝까지 완수하는
   쾌활한: 재미있고 유머가 많은
   설득력 있는: 다른 사람을 홀리거나 억지를 쓰지 않고 논리와 사실로 확신을 갖게 하는
   평온한: 심란해하지 않고 잔잔하며 다툼으로부터 물러서는

3. **순응하는**: 자신의 의견을 관철하려고 하지 않고 다른 사람의 관점과 원하는 것을 쉽게 받아들이는
   희생적인: 다른 사람의 필요를 채워 주고 그들을 위해 기꺼이 자신을

포기하는
사교적인: 다른 사람들과 함께 지내는 것을 사업을 위한 기회로 생각하지 않고 자신을 아름답게 나타내 보이고 그들을 재미있게 하려고 하는
의지가 강한: 자신이 뜻한 바는 꼭 이루겠다고 결심하는

4. **매력 있는**: 독특한 개성과 방법으로 상대방으로 하여금 어떤 일을 하도록 이끄는
   감정을 다스리는: 감정은 있지만 이것을 겉으로 나타내려고 하지 않는
   경쟁심이 강한: 어떤 상황이나 사건이나 게임을 시합으로 간주하고 항상 이기려고 하는
   상대를 배려하는: 다른 사람들의 필요와 감정을 고려하는

5. **활기를 주는**: 사람을 자극하여 활기를 되찾게 하거나 기분을 회복하게 하는
   상대를 존중하는: 사람을 경의와 존경으로 대하는
   표현을 자제하는: 자신의 감정이나 열정을 표현하기를 자제하는
   신속히 대처하는: 거의 모든 상황에서 신속히 그리고 효과적으로 대처할 수 있는

6. **수용하는**: 어떤 상황이나 환경을 쉽게 받아들이는
   민감한: 다른 사람이나 일어나는 일에 대해 깊이 마음을 쓰는
   독자적인: 자신의 능력과 판단과 자원을 의지하며 독립적인
   생기발랄한: 생기발랄하고 흥분하는

7. **계획하는**: 어떤 사업의 목표를 달성하기 위해서 미리 세세한 준비를 하지만, 실제로 수행하는 과정에 참여하기보다 이것을 계획하는 단계와 마지막 결과에 더 관심을 보이는
   참을성 있는: 일이 지연되어도 동요하지 않고 평온을 유지하며 참는
   긍정적인: 자신이 책임을 맡게 되면 모든 일이 잘될 것이라고 생각하는
   함께 권장하는: 개성과 매력으로 다른 사람들이 함께 참여하고 투자하도록 역설하고 권하는

8. **확신 있는**: 자신감이 있어서 망설이거나 취소하지 않는
   충동적인: 어떤 계획에도 제한을 받지 않으며 미리 생각하지 않고 행하기를 좋아하는
   계획에 따라 하는: 매일 계획을 세우고, 그 계획을 따라서 행동하고, 그 계획을 변경하기를 싫어하는
   과묵한: 조용하고 쉽게 대화를 주도하지 않는

9. **체계적인**: 일정한 규칙을 따라 체계적으로 행하는
   포용력 있는: 다른 사람의 방법을 즉시 받아들이고 행하는
   솔직한: 아무런 거리낌없이 자신의 감정을 표현하는
   낙천적인: 모든 일이 잘될 것이라고 자신과 다른 사람에게 확신을 주는 밝은 성격을 가진

10. **주관이 뚜렷한**: 강하게 자기 주장을 펼치기 때문에 다른 사람들이 감히 맞서서 반대하지 못하는
    꾸준하고 성실한: 믿음직하고, 꾸준하고, 충성스럽고, 헌신하는
    재담 있는: 재치가 있어서 어떤 사건이라도 즐거운 이야기로 꾸며서 말할 수 있는
    상대를 따르는: 어떤 일을 시작하기보다는 따르는 자로서, 먼저 대화를 시작하는 일이 거의 없는

11. **겁 없는**: 두려움 없이 담대하게 모험을 하는
    즐거운: 낙천적이고 행복해하며 함께 있으면 재미있는
    외교적인: 다른 사람을 민감하고 끈기 있게, 그리고 적절하게 대하는
    섬세한: 일어난 모든 일들을 분명히 기억하고 모든 일을 적당한 순서대로 이행하는

12. **명랑한**: 늘 기분이 좋고 다른 사람의 행복을 바라는
    정서적으로 안정된: 정서적으로 안정되어 있어서, 그가 어떻게 반응을 보일지 예측할 수 있는
    문화 예술적인: 연극, 교향곡, 발레 등 지적이고 예술적인 것을 추구하는
    자신감 있는: 자신의 능력과 성공에 대해 확신하는

13. **즐거움을 주는**: 다른 사람들이 참여하고 함께 일하도록 격려하고, 모

든 일에 즐거움을 주는
남을 불편케 안하는: 다른 사람에게 불쾌하거나 못마땅한 일은 결코 행하지 않고 말하지 않는
독립적인: 자신의 힘으로 능히 할 수 있고 자신감도 있어서 다른 사람의 도움을 필요로 하지 않는
이상을 추구하는: 어떤 일의 완전한 형태를 그려 보고 자신을 그런 수준까지 올리고자 하는

14. **결단력 있는**: 즉각적으로 판단을 내리는 능력이 있는
    감정을 표현하는: 자신의 감정, 특히 애정을 공개적으로 표현하고 말하면서 피부 접촉을 주저하지 않는
    순간 위트 있는: 위트 있는 말을 정색을 하면서 하는(보통 짤막한 농담으로서 냉소적인 의미가 있을 수 있다.)
    몰두하는: 피상적인 대화를 싫어하고 일에 열정적이고 종종 내성적인

15. **중재하는**: 분쟁을 피하기 위해 서로 다른 점을 해소하고 중재하는 역할을 자주 하는
    음악을 좋아하는: 음악 감상을 좋아하되, 음악을 흥밋거리로 생각하지 않고 예술로 생각하며 음악에 전념하는
    행동가 적인: 생산하기 위해 활동하고, 다른 사람들이 따르는 지도자가 되며, 가만히 앉아 있지 못하는
    쉽게 어울리는: 파티를 좋아하고, 가만히 앉아서 사람들이 오기를 기다리는 것이 아니라 다른 사람에게 먼저 다가가며, 누구를 만나도 친구처럼 지내는

16. **사려 깊은**: 사람들의 경조사를 기억하고 친절하게 대하며 생각이 깊은
    목표 지향적인: 목표를 달성하기까지 굳건하고 고집스럽게 붙잡으며 포기하지 않는
    말하기 좋아하는: 다른 사람을 편안하게 하기 위해 침묵이 흘러서는 안 된다고 생각하고, 주위에 있는 사람들을 재미있게 하기 위해 우스운 이야기를 계속해서 하는
    관대한: 다른 사람들의 생각이나 일하는 방식을 반대하거나 바꾸려

하지 않고 남의 잘못을 쉽게 용서하는

17. **잘 경청하는**: 상대방의 말을 언제든지 귀기울여 듣는
신의 있는: 사람들에게나 사상 또는 직업에 성실하여 신의가 두터운
책임을 지는: 무슨 일에든 책임을 지려고 하지만 다른 사람이 그 일을 할 수 있다는 것은 믿으려 하지 않으며, 천성적으로 지도자인
열정적인: 생동감이 넘치고 정열적이며 원기가 왕성한

18. **지도력 있는**: 통솔력을 발휘하고 다른 사람이 자신을 따라 주기를 기대하는
현실에 만족하는: 자신이 가지고 있는 것에 만족하고 시기, 질투하지 않는
조직적인: 해야 할 일을 정리하여 체계화하고, 목록이나 그래프나 도표 만드는 것을 좋아하는
무대 체질인: 귀엽고 멋있는 모습에 다른 사람들이 반하고, 무대의 중심에서 사람들의 시선 받는 것을 좋아하는

19. **편안한**: 다른 사람들과 이야기를 나누고 함께 지내기에 편안한
완벽을 추구하는: 자신에게, 때로는 다른 사람에게도 높은 기준을 정하여 모든 것이 언제나 적합하게 잘 정돈되어 있기를 바라는
뭔가를 성취하는: 항상 뭔가를 성취해야 하며, 편히 쉬지 못하는
인기 있는: 파티를 좋아하기 때문에 파티에 자주 초대받는

20. **활기 있는**: 원기가 왕성하고 생동감이 있는
담대한: 무슨 일에든지 겁 없이 도전하며, 모험을 두려워하지 않는
예의 바른: 자신이 적합하다고 생각하는 범위 내에서 행동을 자제하기를 원하는
치우치지 않는: 어느 쪽으로도 치우치지 않고 안정적으로 중도의 길을 걷는

약점

21. **무표정한**: 얼굴 표정에 감정을 거의 나타내지 않는
    숫기 없는: 사람 대하는 것을 꺼리고 다른 사람들의 시선을 받는 것도 싫어하며 피하는
    허세를 부리는: 뻐기고 겉으로 번지르르하며 잘난 체하는
    남을 압도하려는: 다른 사람을 지배하려 하며, 인간 관계에서도 남을 압도하려고 하는

22. **규율이 없는**: 삶에 도무지 질서가 없는
    동정심이 없는: 문제나 아픔을 당한 사람을 어떻게 대해야 할지 모르는
    열정이 없는: 무슨 일에 열심이 없고, 해도 안 될 것이라는 생각을 종종 하는
    오래 용서 안하는: 자신이 당한 불의한 일이나 상처를 잊거나 용서하지 못하고 원한이나 유감을 품곤 하는

23. **상관하지 않는**: 복잡한 일에는 관여하는 것을 극히 꺼리는
    상처가 오래 가는: 누군가 자신에게 무례하게 대했을 때, 또는 그렇다고 추측될 때에 나쁜 감정을 오래 갖는
    대항하는: 자신의 방법이 아닌 것은 받아들이기를 망설이거나 이에 대항하여 일하는
    한 말 또 하는: 어떤 이야기나 사건을 전에도 몇 번이나 이야기했다는 것을 기억하지 못하고서 계속해서 말하며, 늘 무엇인가 말을 해야 한다고 느끼는

24. **까다로운**: 사소하고 별로 중요하지도 않은 일에 주의를 기울이면서 자기 주장을 고집하는
    두려워하는: 자주 불안해하고 걱정하는
    건망증이 있는: 재미있지 않은 일은 염두에 두지 않고, 자기 수양을 하지 않아서 기억하지 못하는
    노골적인: 자신이 생각하는 바를 거리낌없이 정확하게 말하는

25. **마음이 조급한**: 사람을 기다리는 일이나 화나는 일을 조급한 마음으

로 참지 못하는
자신감 없는: 할 수 있다는 확신이 부족하고 두려워하는
결단력 없는: 결정을 내리는 데 어려움을 느끼는(완전한 결정을 내리기 위해서 오랫동안 심사 숙고하는 사람을 말하는 것은 아니다.)
중간에 끼어드는: 듣기보다는 말하기를 좋아하고, 다른 사람이 이미 말하고 있는 중에도 말하는

26. **재미없는**: 남에게 완벽을 요구하기 때문에 주위에 사람이 없는
예측할 수 없는: 기분이 좋았다가도 다시 나빠지고, 도와 주겠다고 약속했다가도 나타나지 않고, 참여하겠다고 했다가도 잊어버리는
애정 표현이 없는: 남에게 다정하게 말을 건넨다거나 친절을 베푸는 것을 어색해하는
모임, 활동에 흥미없는: 어떤 모임이나 활동, 또는 다른 사람들의 삶에 대해서 흥미가 없는

27. **완고한**: 자신이 원하는 대로 해야 한다고 고집하는
되는대로 하는: 일관된 법칙이 없이 일하는
불만스러운: 원하는 기준이 너무 높아서 만족하지 못하는
망설이는: 느릿느릿 행동하고 일에 잘 참여하지 않는

28. **미리 걱정하는**: 최상의 것을 바라면서도 잘못될 경우를 먼저 생각하는
감정이 밋밋한: 감정의 기복이 없고 감정 표현도 별로 하지 않으며 개성이 없는
항상 내가 옳은: 자존감이 너무 강하여 자신이 항상 옳고 모든 일에 가장 적합한 자라고 생각하는
인기에 민감한: 남들이 자신을 싫어할까 염려하여 다른 사람들이(어린이도 포함하여) 하자는 대로 하는

29. **쉽게 흥분하는**: 어린애처럼 쉽게 짜증을 내며 즉시 잊어버리는
목표가 없는: 목표를 세우려는 욕망이 없는
논쟁을 좋아하는: 상황이 어찌 되었든지 자신이 옳다고 여기기 때문에 논쟁하려고 하는
소외감을 느끼는: 다른 사람들이 자신을 좋아하지 않는다고 생각하여

두려움과 불안감으로 소외된 감정을 느끼는
30. **깊이가 없는**: 단순하고 어린애 같은 관점으로 인생의 깊은 의미를 알지 못하는
부정적인: 긍정적이지 못하고 상황의 어두운 면만 보는
자만하는: 나쁜 의미에서 자신감이 과하고, 불굴의 의지를 가진
안일한: 무슨 일이든지 상관하지 않고, 흥미를 보이지 않는

31. **염려하는**: 지속적으로 근심하고 염려하며 불안해하는
혼자 있으려 하는: 혼자 있기를 좋아하고, 고독한 시간을 많이 갖는
일만 하는: 공격적으로 목표를 세우고, 항상 무엇인가 생산을 해야 하며, 휴식을 취하면서 죄의식을 느끼고, 완벽하게 일해야 한다는 생각이 아니라 무엇인가 보상을 받아야 한다는 생각으로 일하는
칭찬을 바라는: 다른 사람들로부터 인정받기 위해서 열심히 노력하며, 다른 사람들의 칭찬과 웃음과 인정을 받아야 만족하는

32. **과민한**: 과도하게 내성적이고 다른 사람들의 오해를 받을 때에는 쉽게 상처를 받는
무례한: 때때로 예의없고 경솔하게 자신을 표현하는
소심한: 어려운 상황에서는 물러서는
말이 많은: 다른 사람이 말하는 것을 가만히 듣고 있지 못하는 자로서 충동적으로 말하는

33. **확신 없는**: 일이 제대로 될 것이라는 확신이 없고 의심하는
무질서한: 질서 있게 살아갈 능력이 없는
남을 지배하려는: 어떤 상황이나 사람을 충동적으로 조종하려 하고, 일반적으로 남에게 명령하는
기분이 저조한: 항상 기분이 저조해 있는

34. **일관성 없는**: 논리에 근거하지 않은 감정으로 모순되고 엉뚱한 일을 하는
내성적인: 마음과 생각이 자신의 내면으로 향하고, 혼자 살아가는
관대하지 못한: 다른 사람들의 태도나 관점, 또는 행동 방식을 받아들이지 못하는
무관심한: 일이 어떻게 되든지 상관하지 않는

35. **어지르는**: 주위를 잘 정리하지 않으며, 무엇을 어디에 두었는지 잊고 자주 찾는
    쉽게 우울해지는: 감정적으로 쉽게 불쾌해하고, 다른 사람들이 고마워하지 않을 때에는 쉽게 저조한 기분에 빠져드는
    불분명하게 말하는: 강요를 받을 때에는 매우 조용히 말하고, 분명하게 말하지 않는
    남을 조종하는: 자신이 원하는 것을 이루고 이익을 취하기 위해서 다른 사람을 조종하고 교묘히 영향을 주는

36. **느린**: 생각하고 행동하는 것이 빠르지 못하고, 귀찮아하는
    고집센: 작심하고 행하며, 다른 사람으로부터 쉽게 설득당하지 않고 고집스러운
    과시하는: 다른 사람의 주의와 관심을 집중적으로 받고자 하는
    회의적인: 무슨 말을 들으면 그 동기를 의심하고 믿지 못하는

37. **사람을 가리는**: 개인적인 시간을 많이 갖기를 원하고, 사람을 피하려는
    주장하는: 자신이 옳고 자기 뜻대로 일할 수 있다는 것을 주저 없이 알리는
    게으른: 얼마나 힘든가로 일을 평가하는
    시끄러운: 다른 사람보다 더 큰 소리로 웃고 말하는

38. **나태한**: 일을 늦게 시작하고, 독촉해야 일을 하는
    의심 많은: 다른 사람이나 그들의 생각을 의심하고 신뢰하지 않는
    성미가 급한: 급하게 화를 잘 내며 다른 사람들이 해야 할 일을 완성하지 못했거나 빨리빨리 움직이지 않을 때에 화를 내는
    산만한: 주의력과 집중력이 부족하고 경솔한

39. **마지못해 하는**: 무슨 일에든지 참여하는 것을 싫어하고 피하려고 하는
    쉽게 싫증내는: 똑같은 일을 하는 것이 재미없어서 항상 새로운 것을 좋아하는
    마음을 닫는: 자신에게 상처를 입힌 자에게서 우정과 애정을 거두어들이며 마음을 닫고 앙심을 품는
    경솔한: 무슨 일이든 잘 생각해 보지 않고 서둘러 경솔하고 급하게 행동하는

40. **타협하는**: 다투지 않기 위해서 자신이 옳은 경우에도 그의 입장을 관대하게 양보하는
비판적인: 항상 평가하고 판단하면서 부정적인 반응을 나타내는
약삭빠른: 자신이 원하는 바를 이룰 방법이라면 어떻게 해서든지 찾아내는
변덕스러운: 어린애처럼 오랫동안 주의를 집중하지 못하고, 지루해 하지 않도록 여러 가지 변화가 있어야만 하는